Ulrich Metzner
Silberland Erzgebirge

Impressum

Bibliografische Information der Deutschen Nationalbibliothek
Die Deutsche Nationalbibliothek verzeichnet diese Publikation
in der Deutschen Nationalbibliografie; detaillierte bibliografische
Daten sind im Internet über http://dnb.d-nb.de abrufbar.

© 2015 Verlag Anton Pustet
5020 Salzburg, Bergstraße 12
Sämtliche Rechte vorbehalten.

Lektorat: Dorothea Forster
Grafik und Produktion: Nadine Löbel
Coverfoto: Chris Gonz, Manufaktur der Träume, Annaberg-Buchholz
Druck: Těšínská Tiskárna, Český Těšín
ISBN 978-3-7025-0813-5
1 2 3 4 5 6 7 / 21 20 19 18 17 16 15

www.pustet.at

Silberland **Erzgebirge**

VERLAG ANTON PUSTET

Inhalt

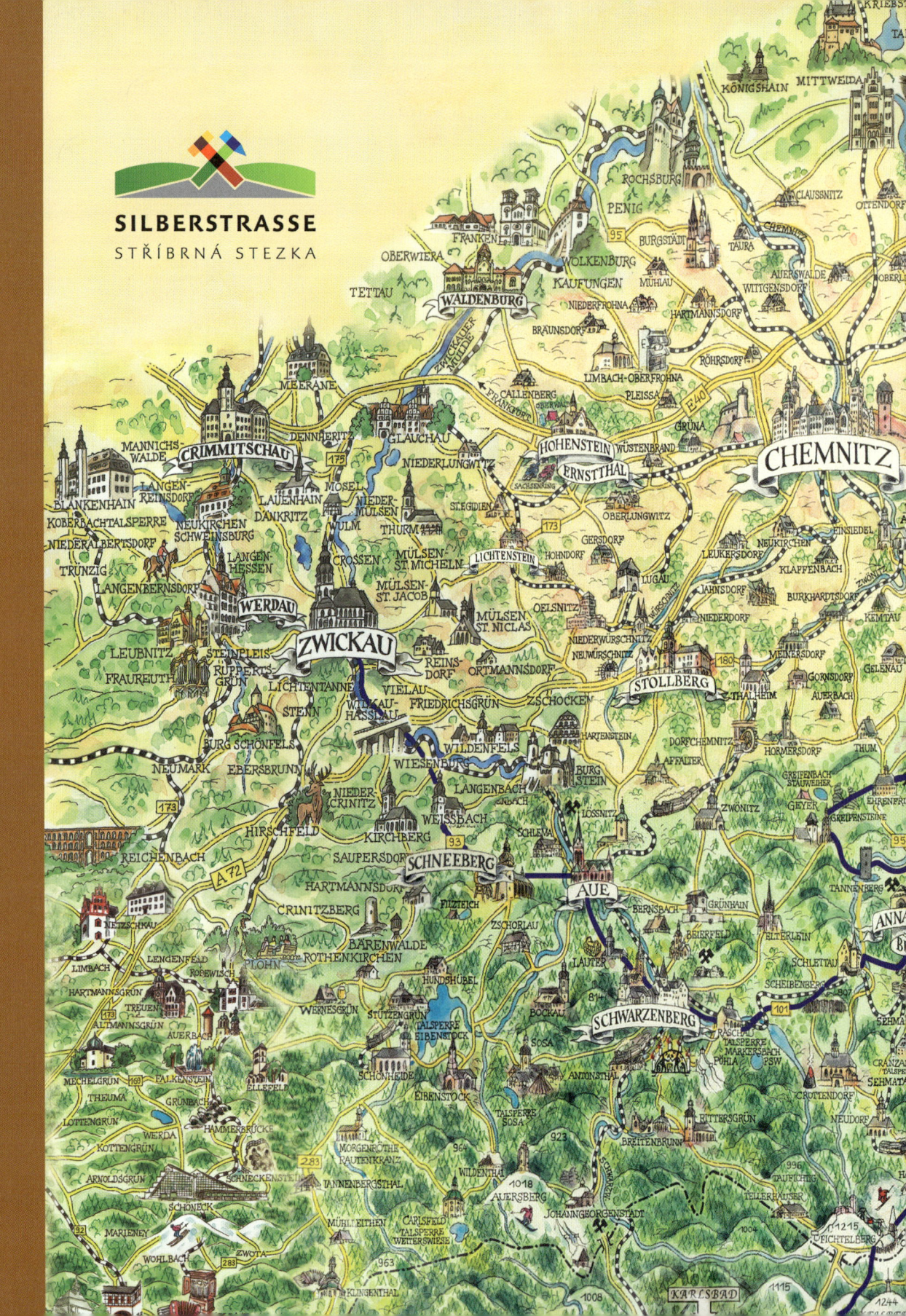

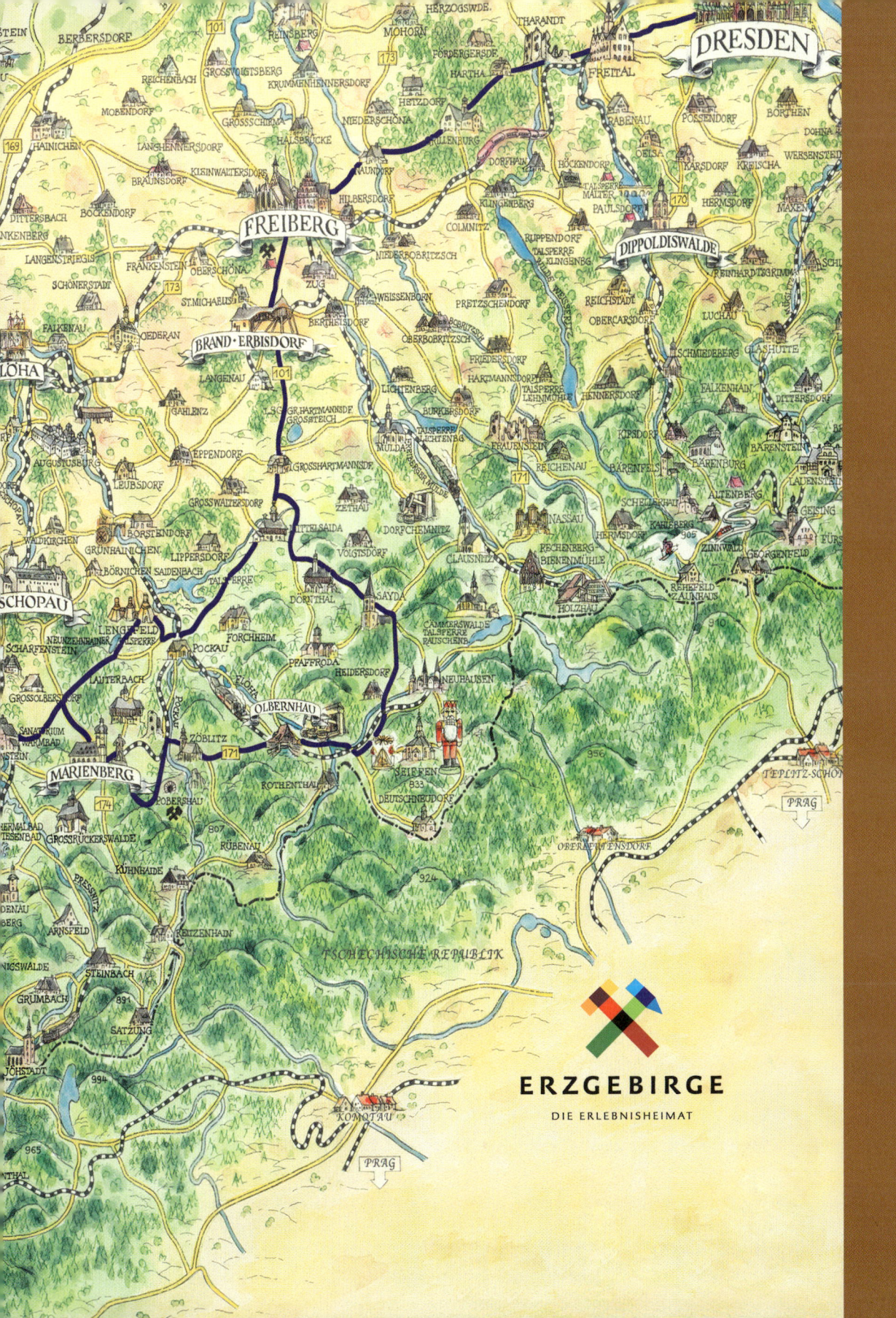

Die Kapelle im Schloss Augustusburg.

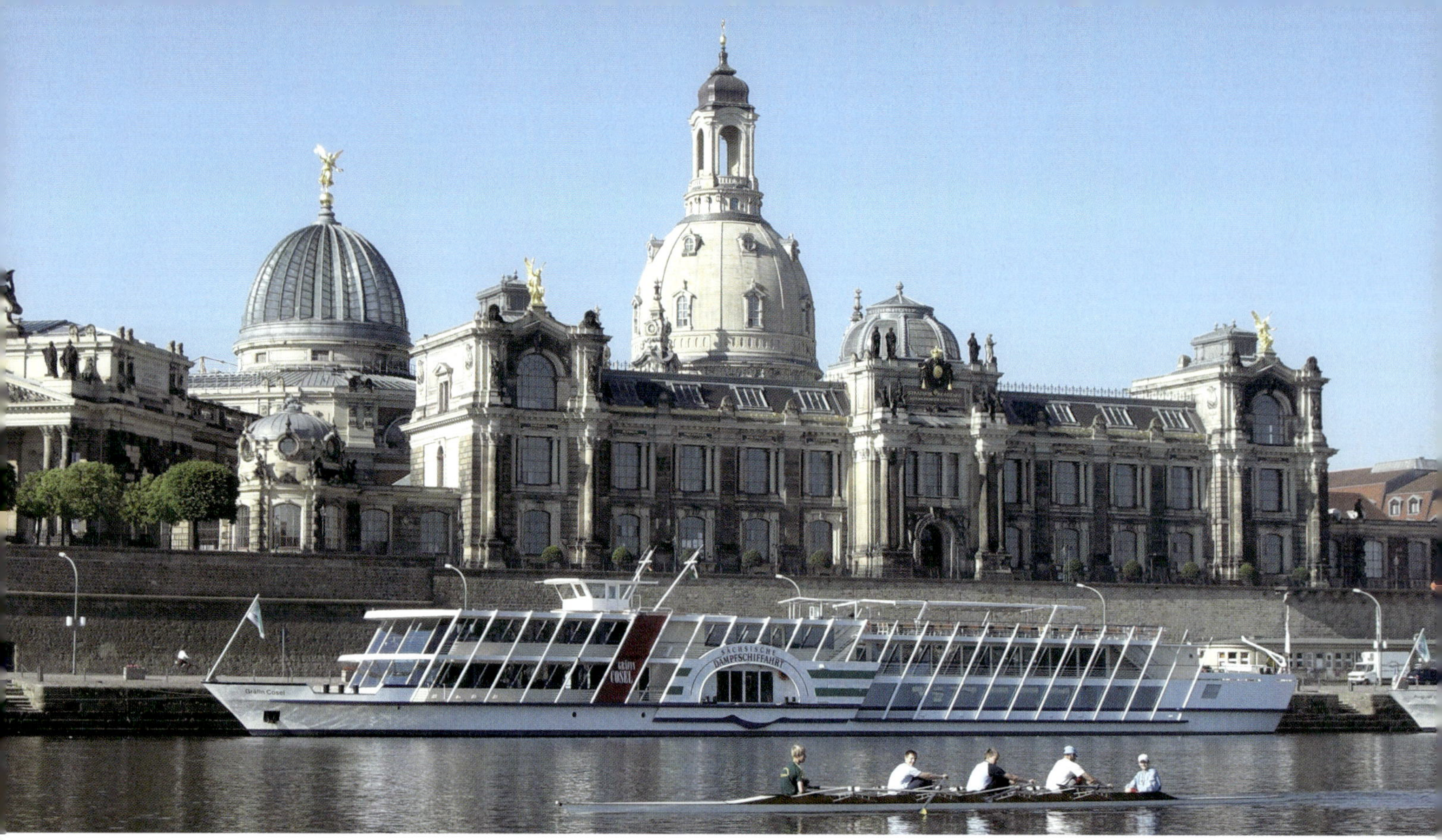
GRÄFIN
COSEL
SÄCHSISCHE
DAMPFSCHIFFAHRT

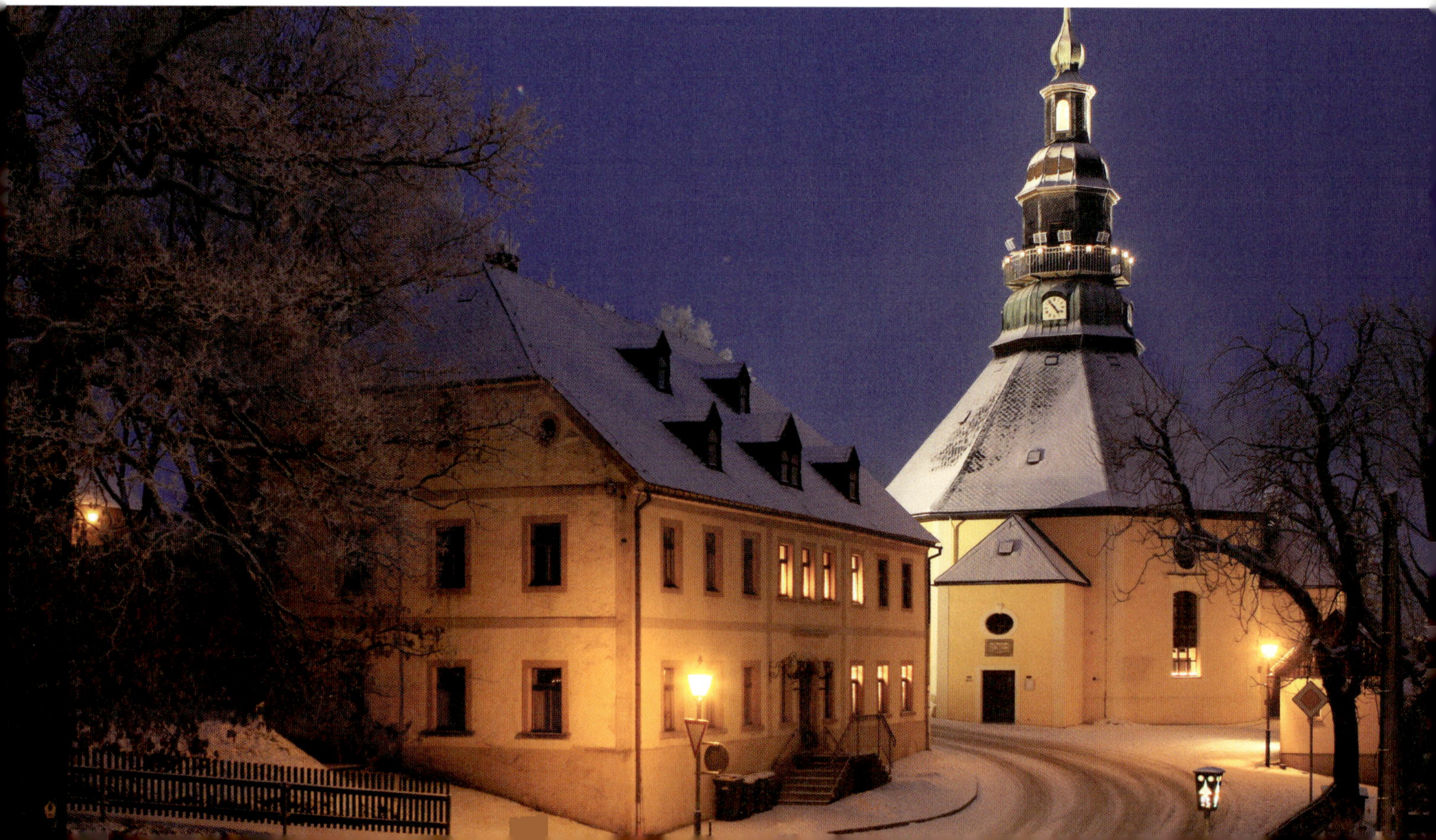

links oben: Elbflorenz mit der Frauenkirche.
links unten: Bergkirche zu Seiffen.
rechts: Die Kunst des Holzbildhauers.

Goldene Pforte des Freiberger Doms.

Bevor sich das Erzgebirge zu einer in der Welt außergewöhnlichen Kulturlandschaft wandelte, bedeckten dichte Wälder noch vor tausend Jahren die nahezu undurchdringliche, von Sagen und Legenden durchwobene Natur. Nach den ersten großen Funden des von nun an alles beherrschenden Edelmetalls brach er aus, der Silberrausch, in die Geschichte eingegangen als das *Große Berggeschrey*. In ganz Mitteleuropa war die Kunde von den reichen Erzvorkommen zu vernehmen. In Scharen strömten Bergleute, Köhler, Kaufleute, Handwerker und fahrende Händler, auch Gauner und Gaukler ins sächsisch-böhmische Gebirge, im Tschechischen als das *beschwerliche*, Krušné hory, bezeichnet. Längst im Blickpunkt des UNESCO-Welterbes, begründet das schimmernde Band des edlen Erzes die von Zwickau nach Dresden verlaufende Silberstraße, gesäumt von historischen Städten und Ortschaften mit all ihren Kunstwerken, von Burgen, Schlössern und den Zeugen der montanen Historie auf 140 Kilometern. Der allein fürs Erzgebirge stehende Wahlspruch „Alles kommt vom Bergbau her" beinhaltet zugleich das Entstehen einer unverwechselbaren Volkskunst neben einem ganz besonderen Brauchtum zur stillen Zeit des Jahres. All das formte das Erzgebirge in anrührender Weise zum deutschen Weihnachtsland, einzigartig in der Welt. Wenn das vor Jahrhunderten entstandene Heilig-Abend-Lied erklingt, die halbrunden Schwibbögen und bunt bemalten Nussknacker in den Fenstern leuchten, wenn sich die Pyramiden beschaulich im warmen Kerzenlicht drehen, die Räuchermännchen winzige Kegel zu Wohlgeruch verglühen und wenn das Neunerlei, das Weihnachtsessen der neun Gerichte, auf die Tische kommt, dann wird das Gefühl von Heimat auch dem Gast zum unvergesslichen Erlebnis.

Lassen Sie sich durch eine aus dem Dornröschenschlaf erwachte Welt bewegender Einmaligkeiten führen, gehegt und gepflegt von liebenswerten Leuten.

Ulrich Metzner

Rau, romantisch und reich an Erzen
Vom Saltusbohemicus über den Beheimer Wald bis zum dunklen Miriquidi

Auf den Höhen klirrt es im Winter „sächsisch-sibirisch", vom Frühling bis zum Herbst weht
warm in den Tälern der böhmische Wind, der einfallende Föhn bei Südwetterlagen.

Einst galt er als kaum überwindbar, undurchdringlich,
rau und bedrohend zugleich: der im Winter nicht selten von Stürmen umtoste und von klirrender Kälte
umfangene Höhenzug des Erzgebirges. Dann wurde
das im alles bis in den letzten Winkel bedeckenden
Weiß auftürmender Schneemassen versenkte Gebirge
zur Wiege der deutschen und westböhmischen Weihnachtstradition. Noch heute knüpft im Tschechischen
der Name Krušné hory, das *beschwerliche Gebirge*, an

die Unwegsamkeit an. Auch das zu Sachsens späterem Reichtum führende Silber ruhte noch unentdeckt
in den Tiefen der dunklen Berge. Gelegen zwischen
Zwickau und Elbflorenz, der weithin der barocken Architektur und der Kunstsammlungen wegen gerühmten Sachsen-Kapitale Dresden, verläuft nördlich der
Kammlinie die Grenze zwischen Deutschland und der
Tschechischen Republik. Der Klínovec (1 244 m), ehemals zu deutsch Sonnenwirbel, später Keilberg, in der

Karlsbader Region, Karlovarský kraj, überragt den nahe gelegenen Fichtelberg (1 215 m) im Wintersportzentrum Oberwiesenthal nur knapp. Acht weitere Gipfel rahmen mit einer Höhe von rund 1 000 Metern die reizvoll romantische Landschaft des sich auf 120 Kilometern erstreckenden Naturparks Erzgebirge-Vogtland; 22 sind es mit 900 Metern.

Die Chronik des Bischofs

Spät kam das 150 Kilometer lange und 40 Kilometer breite Mittelgebirge zu seinem Namen. Um 1200 noch wurde vom Böhmerwald gesprochen, lateinisch Saltusbohemicus, dann Beheimer und Oberpfälzer Wald, schließlich Český les im Tschechischen. Zuvor war es Thietmar von Merseburg (975–1018), Bischof ebendort, Geschichtsschreiber und Geograf, der den das Erzgebirge bedeckenden Urwald mit dem altsächsischen Wort Miriquidi für Dunkel-, Finsterwald, benannte. Zuvor war Ferguna auch ein Begriff für das weitgehende Vorkommen von Föhren und Fichten. Peter von Weiße wiederum, bekannt geworden als Petrus Albinus (1543–1598), Professor in Wittenberg und Begründer der sächsischen Geschichtsschreibung, vermerkte 1589 den Begriff *Erzgebirge* in seiner *Meißnischen Land- und Bergchronik*. Ab 1600 war auch vorübergehend der Name *Meißener Berge* aktenkundig, da der Markgrafschaft Meißen zugehörig. Keine 30 Jahre danach setzte sich verbindlich der durch den Bergbau bedingte Name Erzgebirge durch.

Silber, Kupfer, Zinn

Eine Vielzahl von Erzen birgt das Gebirge in unterschiedlichem Aufkommen: Silber, Kupfer, Zinn, Wismut, Nickel, Blei, Zink, Kobalt, Wolfram und Uran. Von Bedeutung sind auch die Gesteine: Glimmerschiefer, Phyllite, Basalt, Granite, Gneise und Quarzporphyre. Die häufig vorkommenden Minerale Fluss- und Schwerspate (Baryte) sind beispielsweise in der Tiefbohrtechnik wie auch als Bestandteil von Kontrastmitteln bei Röntgenuntersuchungen des Magens von Bedeutung. Spat, ein alter Bergmannsbegriff, steht

links: Die höchsten Erhebungen: Fichtelberg (l.) und Keilberg.
rechts: Exkursion im Besucherbergwerk.

17

Wandern über den Kammweg zwischen Sachsen und Böhmen.

für spätige, für gut spaltende Minerale. Zu den geologischen Besonderheiten zählen Erzgänge, Basaltsäulen und Tropfsteinhöhlen.

Schnee und Kälterekord

Viele Geschichten ranken sich um das raue Klima von einst, vor allem in den Wintern war es rauer als heute. Nicht selten erfror das Vieh in den Ställen. Oft fiel im April noch so viel Schnee, dass die Umwelt zu den Dörfern keinen Zugang mehr fand, womit sich einst das Gebirge auf den Höhen den Beinamen *Sächsisch Sibirien* einhandelte. Die Streusiedlung Kühnhaide auf 700 bis 750 Metern im Schwarzwassertal bei Pobershau hält als Ortschaft den deutschen Kälterekord: minus 34,4 Grad Celsius, zuletzt 2011/2012. Wintersportler wiederum schätzen alljährlich die optimale Schneesicherheit im Vergleich zu den deutschen Mittelgebirgen. In der Nähe von Satzung, einem Ortsteil von Marienberg, ließ das Klima ein in 900 Metern Höhe gelegenes Latschenkiefer-Gebiet entstehen; in den Alpen kommt der *Pinus mugo*, auch Bergföhre genannt, erst ab 1 600 Metern vor. Eine Besonderheit ist der Böhmische Wind, der auftretende Föhn bei Südwetterlagen.

Flora und Fauna

In besonderem Maße prägte hier der Mensch seit dem Mittelalter die Natur. Bergbau und Hüttenwesen verbrauchten Unmengen an Holz, Siedlungen benötigten Freiräume für die Landwirtschaft. Trotz aller Eingriffe entstand eine Kulturlandschaft mit schützenswerten Biotopen. Selbst Relikte aus der Zeit des Untertagebaus bieten längst einer Vielzahl von Pflanzen und Tieren eine neue Heimat auf Halden, in künstlich angelegten Teichen und Gräben. Einhalt geboten wurde dem beginnenden Waldsterben, bedingt durch die Emissionen der Braunkohlenkraftwerke jenseits der Grenze. Im Verlauf der Wiederaufforstung wichen zum Teil die Mono-Kulturen der Fichten dem widerstandsfähigen Mischwald. Vom Regen gespeiste Hochmoore, wie der *Kleine* und *Große Kranichsee* nahe Johanngeorgenstadt, bestimmen das Bild ebenso wie Steinrückenlandschaften, die Berg- und Feuchtwiesen mit Kräutern und Wildblumen, wie Feuerlilie, Alpenflachbärlapp, Frauenschuh oder Türkenbund, ergänzt von Enzian- und Orchideenarten. Zurückgekehrt ist der Luchs, wieder angesiedelt der Ziesel aus der Gattung der Erdhörnchen. In den der Elbe und zuvor der Zwickauer und Freiberger Mulde zuströmenden Flüssen und Bächen aus dem sächsischen und böhmischen Erzgebirge hat die Perlmuschel eine neue alte Heimstatt gefunden. Der stimmbegabte, auf Laub- und Nadelbäumen nistende Schwarzstorch, nach dem Mythos einer der Begleiter des nordischen Göttervaters Odin, hat wieder heimgefunden, wie der zur Nacht jagende Uhu auch. Wildkatze, Wildschwein, Reh und Hirsch, Fuchs und Haselmaus ergänzen die Fauna des Gebirges, gleichermaßen der prachtvoll gefiederte Birkhahn und die emsige Bachstelze.

Der schönste Baum

Des Erzgebirglers Zuneigung gilt ganz besonders der Vogelbeere, bekannt auch als Drossel-, Krametsbeere oder Quitsche, der rot leuchtenden Frucht der Eberesche, des Symbol- und Charakterbaumes, angepflanzt bevorzugt in der Nähe von Häusern. Mit dem Volks- und Heimatlied *Dar Vuglbärbaam* in fünf Strophen setzte ihm der Förster und Mundartdichter August Max Schreyer (1845–1922) ein Denkmal. Gereimt hatte er auf die Melodie im Altausseer Walzertakt des vor 1850 in Österreich verbreiteten Volksliedes *Mir san ja die lustign Hammerschmiedgsölln*. Als „schönster Baum" wird die Eberesche seit Ende des 19. Jahrhunderts noch heute besungen, beginnend mit „Kann schinn'rn Baam gippt's, wie dann Vuglbärbaam", den man eines Tages

aufs Grab gesetzt bekommen möchte: „Do pflanzt off mei Grob fei ann Vuglbärbaam." Das verfügte für sich auch der aus Johanngeorgenstadt Stammende, dessen Grabstätte im sächsischen Pulsnitz eine Eberesche schmückt. Heilig war den Germanen der dem Donnergott Thor geweihte Baum. Den Kelten gereichte er als Symbol des Wiedererwachens nach dunkler Winterszeit, was sich durchaus ebenso fürs Erzgebirge einbringen lässt. Den Iren diente er als Schutzbaum gegen Hexenzauber und Blitzschlag. Verwendung findet die ungiftige(!) und sehr gesunde Vogelbeere heutzutage in der Medizin und der Naturheilkunde, als Konfitüre, im Erzgebirge als feinfruchtig-aromatischer Likör, in Tirol, im Salzburger Land und in der Steiermark als einfacher Schnaps oder Edelbrand. Baum des Jahres war die Vogelbeere 1997 in Deutschland, 2004 in Österreich.

Das Weihnachtsland
Erlebnis des Heimatlichen vom ersten Advent bis zum 6. Januar

Die nach Silbererz schürfenden Bergleute schufen in Jahrhunderten ein ebenso einzigartiges wie mannigfaltiges Brauchtum voller Liebreiz und mancher Einmaligkeit.

Alles kommt vom Silber her. Ein Wort von ungebrochener Tradition, die seit über 800 Jahren währt und im Advent sowie zu den christlichen Festen das Erzgebirge zum Weihnachtsland werden ließ. Fortdauernd ist der Bann des Einzigartigen mit der stillen Vorfreude auf das alljährlich Bewegende, beständig die Sehnsucht nach Wärme und Geborgenheit im besinnlichen Beisammensein, sanft erhellt von den Lichtern in der Dunkelheit des Winters. Alles kommt vom Silberbergwerk her und damit aus den Tiefen und Tälern des die Sachsen und Böhmen verbindenden Gebirges. Und zum Silber wie zu anderen Erzen auch fand einst der unerschrockene, der von der Not umfangene Bergmann in grauer Vorzeit, bewehrt mit seinem Gezähe, dem Schlägel, dem Schlaghammer, und dem am Stiel verkeilten Spitzeisen. „Wir sind's, die ins Verborg'ne dringen, bis an der Erde steinern Herz", heißt es in einem alten Lied der Berghauer, „und mühevoll zum Lichte bringen, Gesteine, Kohlen, Salz und Erz."

Das Licht im Dunkeln
So fuhr er ein in den gefahrvollen Berg, mit sich führend das für seine schwere Arbeit unverzichtbare Geleucht, sein Licht, die Grubenlampe aus Ton, Messing oder Eisen mit offener Flamme, gespeist von Talg und dem aus Raps gewonnenen Rüböl. Ab dem 17. Jahrhundert setzte sich die Freiberger Blende durch, ein mit Messingblech ausgeschlagener Holzkasten mit Glasscheibe, versehen mit einer Kerze oder einem Öllämpchen. All das, um das Erz im tauben Gestein erkennen zu können. „Ein Bergmann ohne Licht", weiß das Sprichwort,

„ist ein armer Wicht." Die Dunkelheit war im Winter sein ständiger Begleiter, bereits morgens vor und auch abends nach getaner Arbeit, was der Volksmund schon von alters her trefflich zu beschreiben wusste: „Do gieht in daare Winterschzeit dr Bargma of senn Schacht. Dort trifft'r seine annern Leit, un fährt nort nei dr Nacht. Un fährt'r rauf, do is fei Nacht. Un fährt'r ei, is aah noch Nacht. Un hot'r dann sei Schicht g'macht, is's Nacht, is's Nacht, is's Nacht!" So wurde Sehnsucht nach mehr Licht zur Wiege eines außergewöhnlichen Brauchtums, zum stimmungsvollen deutschen Weihnachtsland mit all seinen Gegebenheiten voller Liebreiz und mancher Einmaligkeit. Das spiegeln die weihnachtlichen Illuminationen vom ersten Advent bis zum 6. Januar eines jeden Jahres.

Hohe Zeit im Kerzenschein
Der Mundartdichter, Pastor und Heimatforscher Karl Hans Pollmer (1911–1987), Sohn eines Strumpfwirkers aus Herold nahe Ehrenfriedersdorf an der Silberstraße, fand hierzu diese Worte: „Lauter klaane Lichter sei nun agebrannt, uns se leuchten und se flimmern, das sie hall un goldig schimmern, un es glänzt es ganze Land." In der hohen Zeit sind es dann die fast hinter jedem Fenster warm leuchtenden Lichter, die in den heimeligen Stuben zur Besinnlichkeit der Adventsabende beitragen, wie auch die sich im Kerzenschein geruhsam drehenden Weihnachtspyramiden mit ihren Figuren und die kunstvoll gefertigten Schwibbögen. Die Nachbarn sind sich nicht fremd, finden sich zu manchem Hutzenabend zusammen. Es duftet nach eben gebrühtem

Der Nachtwächter im Zwönitzer Advent.

Kaffee, dem frisch aufgeschnittenen Christstollen und nach gebrannten Mandeln. Legion sind die liebevoll gefertigten Figuren der Bergmänner, Nussknacker, Krippen in allen Größen, Engel, Puppen und die Mannel mit den Räucherkerzchen. Dann gewinnen wunderschöne Worte an Gewicht, wie die von Anton Günther (1876–1937), dem Volksdichter, Sänger und Erfinder der Liedpostkarte: „Ihr Leitle, freit eich alle! Guckt naus, wie's draußen Greipele schneit! De Weihnachtszeit is kumme, vergaßt alln Zank un Streit!"

Bekenntnis zur Weihnacht
Jahrhunderte schon währt die Tradition des Schnitzens und Drechselns im Erzgebirge. Was einst eine beschauliche und zugleich als erholsam empfundene Beschäftigung am Feierabend der Bergleute und deren Familien

war, erwuchs nach dem Niedergang des Bergbaus zur wichtigsten Erwerbsquelle. Holz- und Spielwaren sind seitdem Teil der Markenzeichen des Weihnachtswunderlandes von weltweitem Ruf, was heutzutage das überaus selbstbewusste (Glaubens-)Bekenntnis „Wir sind Weihnachten" bewirkte, da nirgendwo ebenso zu finden. Alles kommt vom Silber her und damit auch das einzigartige Brauchtum, entstanden aus dem so vieles von einem abverlangenden Beruf des Bergmanns mit den damit verbundenen Gefahren. Befragt, ob er, der Pressesprecher der Großen Kreisstadt Annaberg-Buchholz, den Mythos mit wenigen Worten umschreiben könne, antwortet Matthias Förster: „Die erzgebirgische Weihnachtstradition gründet auf der Suche des Bergmanns nach innerem und äußerem Licht."

Peremett, die Weihnachtspyramide
Ein sich drehendes Kunstwerk, wie von Zauberhand bewegt

Im heidnischen Brauchtum fand das weihnachtliche Symbol seinen Urprung.
Einst waren es von Zweigen umwundene und an der Spitze zulaufende Stäbe.

Wenn sie sich alljährlich zum Advent wieder sanft in Bewegung setzt, die filigrane Pyramide, beschaulich wie von Zauberhand sich dreht – dank der aufsteigenden Wärme der Kerzenlichter, dann ist Weihnachten nicht mehr weit. „In Aarzgebirg is wahrlich schie (schön), wenn's draußen stürmt un schneit, un wenn de Peremett sich dreht, is unner schennste Zeit", schwärmte einst die Annaberger Heimatdichterin Johanne Amalie von Elterlein (1784–1865). Berühmtheit erlangte die Tochter des Krämers Christian Ehregott Benkert und Gemahlin von Carl Heinrich von Elterlein, Gerichtsherr auf Drebach und Mitbesitzer der Hammerwerke in Rittersgrün, mit dem *Heiligobndlied*, dessen erste 16 Strophen sie bereits mit 15 Jahren verfasste. Besinnlich klingt die seinerzeit letzte aus: „Ihr Kinner, gieht in's Bett nu nuff, der Seeger zeigt seh u ens. Ob mer ä Weihnacht wieder erie'm? Wie Gutt will, su gescheh's." Inzwischen sind es 156 Verse geworden, da eifrige Verseschmiede im Lauf der Zeit für Weiterdichtungen sorgten. Heute gilt das heitere Weihnachtslied als das längste der Welt.

Karussell mit Flügelrad
Die aus Holz geschnitzten Kunstwerke, karussellartig in vielerlei Größen mit dem charakteristischen Flügelrad aufgebaut, sind über einen Stab verbunden. Das sich nach oben verjüngende Gestänge ruht auf einer mehreckigen Grundplatte, die Platz lässt für gedrechselte Figuren, wie da sind allerliebst anmutende Engelchen, das selig lächelnde Christ(us)kind wie auch Weltliches, kunstvoll verziert, aus dem Wald mit Wildmotiven oder aus dem Alltag des Bergmanns.

Verwobene Bräuche
Die Historie des weihnachtlichen Symbols reicht weit ins Mittelalter zurück und erinnert an zwei in Europa weithin verbreitete Riten. Von immergrünen Zweigen, wie etwa vom strauchartigen Buchsbaum mit den olivgrünen Blättern, in den Häusern aufgehängt, erhoffte man, in der dunklen Zeit des Winters das Unheil abwenden zu können. Anderswo war es das Licht der Kerzen und das der Öllampen zu Schutz und Trutz. Mit der Peremett verwoben sich um 1700 beide Bräuche zu einem der Wahrzeichen des Weihnachtsfestes im Gebirge. Ursprünglich waren es vier Stäbe gewesen, umwunden von Zweigen und an der Spitze zusammengebunden, die schließlich zu mit Kerzen geschmückten Lichtträgern wurden.

Lichtergestelle auf fürstlicher Tafel
Was später namentlich zur Pyramide, erzgebirgisch *Peremett*, von heute wurde, das ist wahrscheinlich auf eine Weihnachtsdekoration zur Christmette in der St.-Wolfgangs-Kirche zu Schneeberg anno 1716 zurückzuführen. Es soll sich um ein Gebilde aus brennenden Kerzen in Pyramidenform gehandelt haben. Eine andere Version zur Entstehung des Namens führt zurück ins 16. Jahrhundert, als handwerklich geschickte Bergleute in ihrer Freizeit Lichtergestelle mit mehreren Stockwerken schufen, auf denen die Welt des Bergbaus und der Eisenhämmer dargestellt war, gleichsam die Urform der späteren Weihnachtsmotive mit christlichen Darstellungen. Sie gefielen derart, dass sie fortan sogar auf den festlichen Tafeln der Kurfürsten zu sehen waren.

Namentliches von Napoleon

Die dritte Version besagt, dass die zeitgenössischen Berichte, Zeichnungen und Gemälde über Napoleons Ägypten-Feldzug von 1798 bis 1799 indirekt Pate standen, beispielsweise *Die Schlacht bei den Pyramiden* von Francois Louis Joseph Watteau (1758–1823). Die Motive mit den Pyramiden im Bild fanden bei den Bergleuten Anklang, da sie in der Form ihren Lichtergestellen ähnelten. Weithin sollen die gigantischen Bauwerke der Pharaonen in den abgeschiedenen Dörfern jedoch nicht bekannt gewesen sein, war man doch vom großen Weltgeschehen kaum berührt. Den Siegeszug der Peremett beflügelte um 1830 das wachsähnliche Paraffin, das sehr viel preiswerter als die teuren Talgkerzen und Rapsöllämpchen war. Dem Einfallsreichtum schienen von nun an keine Grenzen gesetzt. Es entstanden Darstellungen in reicher Zahl. Sie waren stilistisch von orientalischer ebenso wie von gotischer Anmutung. Waldmotive wechselten mit Tierdarstellungen und der Geburt des Christuskindes.

Stille Nacht, heilige Nacht

Bis zu Beginn der 1930er-Jahre schmückte die Weihnachtspyramide ausschließlich die gemütlichen Wohnstuben. Das änderte sich, als ein gewisser Traugott Pollmer, ehemals Steiger in Frohnau, 1926 auf die Idee kam, eine Pyramide für alle unter freiem Himmel errichten zu lassen. Dazu kam es allerdings erst 1933, fünf Jahre nach seinem Tod. Federführend war der Frohnauer Schnitzverein in Zusammenarbeit mit Annaberger Handwerkern, Gemeinderäten und dem Kunstschnitzer Paul Schneider. Wieder abgebaut wurde sie nach zwei Jahren. Die Krauß-Pyramide in Schwarzenberg wiederum genießt den Ruf, die älteste nach wie vor betriebene Freilandpyramide zu sein – und das weltweit. Vorangetrieben hatte das Bauwerk mit den fünf Etagen aus metallenen Stangen und Stäben der Industrielle und Erfinder Friedrich Emil Krauß (1895–1977). Das Flügelrad der sieben Meter aufragenden Peremett mit dem Gewicht von 1,5 Tonnen misst 3,3 Meter im Durchmesser. Wenn es sich dreht, schlagen die Flügel vier kleine Bronzeglocken an und es erklingen die ersten vier Töne des Weihnachtsliedes „Stille Nacht, heilige Nacht".

Blickfang Großpyramiden

Der Welt größte erzgebirgische Stufenpyramide steht auf dem Dresdner Striezelmarkt, seit 1999 mit exakt 14,62 Metern im Guinness-Buch der Rekorde vermerkt. Ebenfalls aus dem Erzgebirge stammt die Pyramide auf dem Weihnachtsmarkt vor dem Roten Rathaus in Berlin-Mitte. Im Erzgebirgskreis war es zum anderen die Partnerstadt Wolkenstein mit dem Ortsteil Warmbad, Sachsens ältester und wärmster Thermalquelle, die dem niedersächsischen Bad Bentheim nahe der Grenze zu den Niederlanden eine Großpyramide zum Dank für das Geschenk von zwei Feuerlöschzügen verehrte. Pyramiden mit örtlichem Bezug sind nicht nur in Sachsen, sondern auch in Thüringen und Sachsen-Anhalt ein unübersehbarer Blickfang zur Weihnachtszeit.

Kunstwerk in der Flasche

Dem Einfallsreichtum der Erzgebirgler ist auch die Flaschenpyramide zu verdanken. Die ersten Exemplare entstanden um 1900. Sie waren das Ergebnis von viel Zeit und noch mehr Geduld, was nur wenige, doch diese liebend gern, in ihrer Freizeit in Kauf nahmen. Bekannt geworden sind Exponate mit einem Flügelrad, die Kristallpyramide mit vier Flaschen und vier Flügelrädern und die sogenannte Geduldsflasche ohne Flügelrad, auch *Eingerichte* genannt. Sie beinhalten religiöse wie auch Motive aus dem Bergbau und sind ebenso im Harz, im Vogtland und im Slowakischen Erzgebirge der Westkarpaten anzutreffen. Eine Besonderheit ist die Heiliggeistkugel, längstens seit 1700 ein Bestandteil des Brauchtums in Süd- und Norddeutschland, in Österreich und Skandinavien. Es handelt sich hierbei um eine in die Glaskugel eingelassene, aus Holz geschnitzte Taube mit einem Strahlenkranz, den Heiligen Geist symbolisierend. Platz findet sie aufgehängt über dem

Esstisch, über der Kinderwiege zu Geburt oder Taufe oder im Herrgottswinkel, dem Eck mit Kruzifix in katholischen Stuben.

Mundart von Glück und Glanz

Eines der schönsten Gedichte zur Weihnachtspyramide ist von dem Mundartdichter und Komponisten Erich Lang (1895–1940) überliefert. In dem ersten der fünf Verse heißt es: „Dr Vater hat ne manche Stund mit Basteln, Baue zugebracht, ar hot geschnitzt und hat geleimt bis tief nei in dr Nacht. Nu stieht sei Wark. Dr gute Mah hält's Hölzel an de Lichter nah. Un de Peremett dreht sich, dreht sich in Glanz, gelickliche Aagn gucken nei. Von dr Hamet [Heimat] e Bild und dr heiligen Nacht, ganz still wie in Traam [Traum] zieht's vorbei." Max Wenzel (1879–1946), der Lehrer und Verfasser von elf Bänden der *Erzgebirgsbücher* „guckt dem Spiel behaglich zu" und philosophiert: „Is des gonze Labn net ah e su?"

Die Krauß-Pyramide in Schwarzenberg. Wenn sich das Rad dreht, schlagen die Flügel kleine Bronzeglocken an und lassen die ersten vier Töne des Weihnachtsliedes erklingen.

Der Räuchermann, das Raachermannel
Der unverwechselbare Duft von Advent und Weihnachten

Eine Vielzahl an Motiven vom Bergmann bis zur Kloßfrau. Was da beispielsweise in deren Topf dampft, verheißt Glück und ein gutes Auskommen im neuen Jahr.

Der Duft von Weihrauch und Tanne, von Honig und Zimt ist unverkennbar, wenn er aus dem kleinen Mundloch des Räuchermännchens beschaulich aufsteigt. Zu Advent und Weihnacht ist das Bildwerk allüberall im Gebirge gegenwärtig, gleichberechtigt neben den Engel- und Bergmannsfiguren mit Kerze, mit Schwibbogen und Pyramide. Der gemütlich blickende und liebevoll bemalte kleine Kerl, erzgebirgisch das *Raachermannel*, erstmals um 1830 erwähnt, birgt im Innern das abbrennende Räucherkerzchen. Es gehörte bereits vor der Erfindung des Räuchermannes zum erzgebirgischen Brauchtum und ist zurückzuführen auf die Weihrauchzeremonien der katholischen Liturgie. So heißt es schon im Heiligabendlied des Erzgebirges: „Jahr, zindt ä Weihrauchkärzel an, doß a wie Weihnacht riecht; un stell's ner of des Scherbel dort, dos unnern Ufen liegt."

Der Nürnberger Husar
Einer der Vorläufer des eindrücklichen Männchens war die Darstellung eines am Kaffeetisch die Pfeife schmauchenden Husaren, entdeckt um 1800 in einem Nürnberger Spielzeugmusterbuch. Aus Papiermasse gefertigte Räucherfiguren, entstanden zwischen 1820 und 1830, sind aus dem Umfeld der thüringischen Stadt Sonneberg bekannt. Belegt ist die Herstellung der kegelförmigen Kerzchen, der *Raacherkarzel*, in Crottendorf bereits um 1700. Sie entstehen aus dem Harz des Weihrauchbaumes, aus Holzkohle, Sandelholz, Kartoffel- und Rotbuchenmehl. Heute werden sie im Erzgebirge vornehmlich in eben diesem Crottendorf, in Mohorn-Grund, Neudorf, Bockau und Aue hergestellt.

Förster und Rastelbinder
Die Räuchermännchen werden samt und sonders aus dem Holz heimischer Bäume (hohl-)gedrechselt, gedreht, gefräst und zugesägt, aus Ahorn, Birke, Buche, Fichte, Erle und Linde. Zu guter Letzt verleimt man die Einzelteile und bemalt die Figuren von Hand. Längst gibt es sie in einer Vielzahl von Varianten. In der Regel symbolisieren sie klassische Berufe, wie den des Bergmanns, Försters, Soldaten und des Rastelbinders beziehungsweise Kesselflickers und auch den der *Kloßfrau*, ein typisches Motiv, entlehnt aus dem *Neunerlei*, dem traditionellen Weihnachtsessen. Das Räucherkerzchen lässt die Klöße als Garanten für genügend Geld im neuen Jahr im Topf der *Räucherfrau* dampfen. Nicht zu vergessen der Bauer, Hausierer, Baumfäller, Schankwirt und Bergwichtel.

Rauch aus kleinen Häusern
Seit geraumer Zeit ergänzen Räucherhäuser aus bemaltem Holz oder Blech die bunte Phalanx der Räuchermänner. Winterlich, weihnachtlich und märchenhaft sind die Motive. Bei manchen der kleinen Gebäude glühen die Kerzchen auf der Spitze ruhend „kopfüber" ab, was das Schwärzliche auf der Unterlage verhindert. Alles zur durchaus auch heiteren Thematik vermittelt das Erste Räuchermann-Museum in Sehmatal-Cranzahl nahe Annaberg-Buchholz auf 200 Quadratmetern in der Alten Färberei mit über 2000 verschiedenen

Figuren aus über 100 Jahren. Die kleinste ist gerade mal fünf, die größte 80 Zentimeter hoch.

Komm, nu stehste auf!

Es war zur Adventszeit des Jahres 1937, als der Mundartdichter Erich Lang in Text und Ton dem Räuchermännlein ein Denkmal setzte. Seitdem erklingt alljährlich das Lied vom Raachermannel ab dem ersten Adventssonntag in Funk und Fernsehen, auf allen erzgebirgischen Weihnachtsmärkten und überall dort, wo weihnachtliche Musik zu hören ist. Dann wird die Paradefigur des festlichen Brauchtums aus dem Schrank, aus der Dachkammer oder vom Boden heruntergeholt. So heißt es unter anderem in der ersten Strophe nebst Refrain: „Gahr [Jahr] für Gahr gieht's zum Advent of'n Buden nauf, wird e Mannel aufgeweckt: ‚Komm, nu stehste auf!' Is es unten in dr Stub, rührt sich's net vom Flack, stieht wu's stieht, doch bald gieht's lus, 's blest de Schwoden weg. – Wenn es Raachermannel nabelt [nebelt] un es sat kaa Wort drzu, und dr Raach stiegt an dr Deck nauf, sei mr allezamm su fruh. Un schie ruhig is in Stübel, steigt dr Himmelsfrieden ro, doch im Harzen lacht's und jubelt's; Ja, de Weihnachtszeit is do."

Gedrechselt gedreht, gefräst und zugesägt: Die Räuchermännlein symbolisieren klassische Berufe, wie den des Bergmanns und Försters, auch des Soldaten und Kesselflickers.

Hebelmann, der Nussknacker
Der Obrigkeit waren sie einst als grimmig-gedrechseltes Spiegelbild gewidmet

Respekt einflößen sollten die dekorativen Figuren mit dem riesigen Mund.
Sie faszinierten auch Designer der kunstgeschichtlichen Epoche des Jugendstils.

Nussknacker gibt es weltweit viele. Doch keine genießen den Ruf der Außergewöhnlichkeit so wie die aus dem Erzgebirge, einst geboren aus der Not, als der Niedergang des Bergbaus nicht aufzuhalten und eine neue Erwerbsquelle zu finden war. Und da half wieder das Holz, an dem kein Mangel war, was die Erzgebirgler in ihren Waldglashütten schon seit dem 13. Jahrhundert in Böhmen und Sachsen zu nutzen wussten. Nach 1800 verlegten sich die Leute aufs Drechseln, im Besonderen in den Ortschaften Seiffen, Olbernhau und Neuhausen, bekannt geworden als der *Spielzeugwinkel*. Neben diversem Mobiliar vom Stuhl bis zum Schrank war es vor allem das Figürliche vom Englein bis zum Räuchermännchen und dem Nussknacker, das gefertigt wurde.

Faszination und Respekt
Großer Beliebtheit erfreute sich der grimmig blickende *Hebelmann* bei den Kindern, die ihn vor allem als Spielzeug liebten. Das mag auch an der Faszination des riesigen Mundes mit den bedrohlich großen Zähnen, die alles zu zermalmen schienen, gelegen haben. Ordentlich Respekt einflößend waren die Nussknacker zudem mit ihren martialisch wirkenden Gesichtern in der Gestalt von Soldaten, Gendarmen oder Königen. Da grüßte sinnbildlich die Obrigkeit, was selbst vor Napoleon (1769–1821) nach der Völkerschlacht bei Leipzig anno 1813 nicht haltmachte. Der Kaiser der Franzosen teilte das Spielzeug-Schicksal als Nussknacker-Karikatur sogar mit Otto von Bismarck (1815–1898), Preußens Ministerpräsidenten und späterem deutschem („eisernem") Reichskanzler ab 1871. Auf der Schwelle zum 20. Jahrhundert waren es Designer der kunstgeschichtlichen Epoche des Jugendstils, die sich des Spielzeugs annahmen.

Märchen und Ballett
Ein gewisser Ernst Theodor Amadeus Hoffmann (1776–1822), berühmt geworden als E.T.A. Hoffmann, Schriftsteller der Romantik und Mozart-Bewunderer, begeisterte 1816 mit dem Weihnachtsmärchen *Nussknacker und Mausekönig*, gewidmet den Kindern seines Freundes und Verlegers Julius Eduard Hitzig (1780–1849), der neben anderem biografische Arbeiten über E.T.A. Hoffmann verfasste. Eine Aufsehen erregende Premiere feierte im Advent des Jahres 1892 in Sankt Petersburg das Ballett *Der Nussknacker* von Pjotr (Peter) Iljitsch Tschaikowski (1840–1893). Die Vorlage hierfür war Hoffmanns Nussknacker-Werk.

Struwwelpeter und König
Ein anderer Hoffmann (1809–1894), Heinrich mit Vornamen, Psychiater, Lyriker und Kinderbuchautor des unsterblichen *Struwwelpeter*, den er 1844 zum Christfest für seinen ältesten Sohn geschrieben hatte, veröffentlichte 1851 die Weihnachtsgeschichte *König Nussknacker und der arme Reinhold*. Inspiriert worden war er von Figuren aus dem Erzgebirge, die er auf dem Nürnberger Christkindlesmarkt erstanden hatte. Trefflich lässt er den Monarchen stolz bekennen: „König Nussknacker, so heiß' ich, harte Nüsse, die zerbeiß' ich. Süße Kerne schluck' ich fleißig, doch die Schalen, ei, die schmeiß' ich lieber anderen hin, weil ich König bin."

Aristoteles und die Grimms

Der erste Nussknacker mit zwei Hebelarmen wird übrigens dem Philosophen Aristoteles (384–322 v. Chr.), zugeschrieben, der sich auch als Forscher und Erfinder einen Namen machte. In einem Grab bei Tarent in Apulien am Ionischen Meer fanden Archäologen ein ansehnliches Modell aus Bronze, hergestellt etwa um 300 vor unserer Zeitrechnung. Selbst das Universalgenie Leonardo da Vinci (1452–1519) befasste sich mit dem knackenden Gerät. Weithin unbekannt ist, dass er eine Drehbank zum Drechseln entwickelte. Jacob Ludwig Carl Grimm (1785–1863), Bruder des jüngeren Wilhelm Carl (1786–1859), wusste wiederum zu berichten, dass sich der Nussknacker aus einer Götzenfigur entwickelt habe, die einst zur Besänftigung von Hausgeistern herzuhalten hatte. Weltberühmt wurden die beiden Gründungsväter der Germanistik mit den *Kinder- und Hausmärchen.*

Füchtner und die Urform

Von einer ersten Blütezeit der dem Nussknacker gleichenden Figur wird aus dem Grödner Tal und aus Oberammergau berichtet. In Südtirol waren es maßgeblich Erscheinungen der lustigen Art, in Oberbayern vielmehr orientalische Darstellungen. Mit Schnitzmesser und Drechseleisen schlug sich beispielsweise die Füchtner-Familie aus Seiffen im Erzgebirge schon vor rund 200 Jahren durchs Leben. Der Altvordere Gotthelf Friedrich Füchtner (1766–1844) bot bereits 1808 seine Spielwaren auf dem Dresdner Striezelmarkt an. Wilhelm Friedrich (1844–1923), der Sohn, schuf 1870 die Urform des aus dem Holz der Fichte gefertigten Nussknackers. Heute sind es Werner Füchtner und dessen Söhne Volker und Gunter, die das Handwerk des Spielzeugs, der Nussknacker und der Räuchermänner in Ehren halten.

Größer und Kleinster

Europas erstes Nussknackermuseum im im Flöhatal gelegenen Neuhausen, bekannt als Wintersportort und für das um 1200 errichtete Schloss Purschenstein, ist den Familien Uwe und Jürgen Löscher zu verdanken. Seit 1966 versammeln sie in der Alten Stuhlfabrik die unterschiedlichsten Figuren, deren Zahl inzwischen mit über 5 000 zu beziffern ist. Damit nicht genug. Mehrere Einträge im Guinness-Buch der Rekorde künden vom Exklusiven: Der größte funktionsfähige Nussknacker der Welt misst exakt 3,86 Meter. Mit 5,87 Metern beeindruckt ein anderer, ein pneumatisch betriebener, untergebracht vor dem Museum in einem eigenen Haus. Ein weiterer überragt mit 10,10 Metern bislang die gesamte Szenerie der Besonderheiten. Hierzu zählt auch der weltweit kleinste Nussknacker mit gerade mal 4,9 (!) Millimetern, erschaffen aus einem Zahnstocher von Günter Götz aus dem württembergischen Giengen an der Brenz. Um den Winzling bewundernd in Augenschein nehmen zu können, hilft die vor ihm postierte große Lupe.

Umringt von grimmig blickenden Artgenossen:
„Du bist mer ja a lustiches Männ'l!"

Schwibbogen, Symbolik der Lichter
Ein Halbrund des Himmels mit Sonne, Mond und Sternen

Kerzen leuchten dem Bergmann heim in kalter Winternacht. Zu den beliebtesten Varianten des Lichterbogens zählen Tiere im Wald und Motive aus der Weihnachtsgeschichte.

Der Lichterbogen, in der Form einem Schwebe- oder Strebebogen gleichend, ist im Erzgebirge ein fester Bestandteil fürs weihnachtliche, fürs stimmungsvolle Wohlgefühl, aufgestellt hinter den Fenstern und in den Stuben. Gern diskutiert wird die Symbolik; sie fußt auf zwei Varianten. Für die einen entspricht die Form dem Mundloch, dem Eingang eines Stollens, erzgebirgisch *Stolln*, in den Berg unter Tage. Für die anderen versinnbildlicht das Halbrund Sonne, Mond und Sterne, den Himmelsbogen symbolisierend, was auch metallene Exponate aus früheren Zeiten vermitteln. Eine weitere Symbolik wird dem Schwibbogen mit den aufgesetzten Kerzen zugeordnet: Er soll dem Bergmann im wahren Sinne des Wortes wegweisend heimleuchten.

Klöpplerin und Schnitzer

Die Lichter auf dem Bogen sind den Bergleuten und deren Sehnsucht nach Tageslicht gewidmet, das ihnen im Winter durch den frühen Beginn und das späte Ende der Schicht verwehrt blieb. Offensichtlich folgerichtig sind die Motive aus dem Alltag der Bergmänner entlehnt, wie auch aus dem ihrer Familien. Eine der bekanntesten Darstellungen beinhaltet zwei Bergleute, eine Klöpplerin und einen Schnitzer. Augenfällig ist somit der deutliche Hinweis auf die Haupterwerbsquellen der Bevölkerung im 18. und 19. Jahrhundert. Wie bei der Weihnachtspyramide gehören Motive aus der christlichen Weihnachtsgeschichte oder von Tieren im Wald zu den beliebten Varianten. Das gilt auch für die Abbildung der Kirche des Kur- und Volkskunstortes Seiffen. Nicht mehr zu sehen sind heutzutage die im

17. und 18. Jahrhundert geschätzten Abbildungen des Sündenfalls und der Vertreibung von Adam und Eva aus dem Garten Eden.

Lichterspitzen und gotische Bögen

Der ebenso bekannte wie weit verbreitete Schwarzenberger Schwibbogen resultierte aus einem von dem Fabrikanten Friedrich Emil Krauß (1895–1977) initiierten Wettbewerb, den die Leipziger Buchillustratorin und Malerin Paula Jordan (1896–1986) für sich entschied, indem sie frühere Elemente in dem sieben mal vier Meter großen Schwibbogen miteinander verband. Sein Standort befindet sich im Freien in Johanngeorgenstadt – ebendort, wo der älteste bekannte Schwibbogen um 1740 entstand. Nach 1945 nahmen die Handwerker Abstand vom Arbeitsmaterial Metall und fertigten vornehmlich aus Holz. Abweichungen von der traditionell halbrunden Form führten seit den 1990er-Jahren zur sogenannten dreieckigen Lichterspitze mit Sakralbauten, wie beispielsweise der Dresdner Frauenkirche, mit Waldszenen, mit dem Nikolaus und den Christkrippen. Als Neuheit aufgefallen sind seit 2010 die gotischen Bögen im Stil des mit einer Spitze versehenen Kirchenfensters, ausgefüllt mit winterlich-weihnachtlichen Motiven.

Tannenreisig und Blumen

Der Begriff *Schwibbogen* stammt aus der Architektur und besitzt mehrere Bedeutungen. So wird beispielsweise ein waagerechter Bogen, der Gebäudeteile spreizt, genannt. Oder die Öffnung einer Mauer, die bis Ende des

18. Jahrhunderts mit einem Bogen überdacht wurde. In Nieder- und Oberösterreich soll er Glück bringen, der von den Nachbarn vor dem Haus des Hochzeitspaares aufgestellte Schwibbogen, umwunden von Tannenreisig und geschmückt mit Blumen.

Beispielhaftes vom Weihnachtlichen, vom religiösen Empfinden und der Naturverbundenheit.

Leuchterspinnen, Lichterengel, Lichtertürken
Drei Besonderheiten des Brauchtums

Von der Erleuchtung im Berg bis zur „eingewanderten" Figur.
Sie schwebt als himmlischer Jüngling mit jungfräulichen Zügen herab.

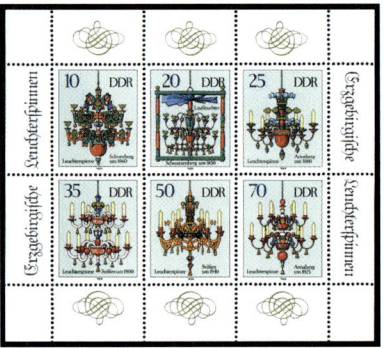

Sie haben etwas gemeinsam, die Leuchterspinnen, Lichterengel und Lichtertürken. Sie sind nicht nur zur Weihnacht allgegenwärtig, sondern ebenso übers Jahr als schwebender Schmuck oder Teil einer liebevoll arrangierten Dekoration in den Häusern. Eine weitere Gemeinsamkeit: Nicht immer erhellt der Blick zurück den Ursprung dieses Teils der erzgebirgischen Volkskunst, doch was sich belegen lässt, ist allemal unterhaltsam.

Geleucht in der Grube
Bei der Leuchterspinne, einer speziellen Art des Kronleuchters, kann der mehrteilige Armleuchter oder Kandelaber Pate gestanden haben. Genannt werden hierzu als mögliche Ursprungsstätten der Stadtstaat Venedig, die Klöster des Hochmittelalters sowie das Walis der Gold- und Edelsteinsucher. Zu vermuten bleibt jedoch durchaus, dass die *Spinne* auf die Grubenbeleuchtung der Bergleute zurückzuführen ist. Das *Geleucht* war an den Stützbalken befestigt und mit Kerzen oder

Öllampen zur Erhellung des Stollens versehen. Um 1850 hatte es zur Zierde zuerst in achtarmiger Ausführung ins sächsische Gebirge Einzug gehalten, möglicherweise von böhmischen Handwerkern, die sich auf die Herstellung von Lüstern aus Kristallglas verstanden, mitgebracht. Später bevorzugte man Holz; es war reichlich vorhanden und zudem preiswerter.

Blattgold auf den Flügeln
Veit Stoß (1447–1533), der Bildhauer und Bildschnitzer, war es, der schon im 16. Jahrhundert für die Nürnberger Lorenzkirche lichtertragende Engel auf Knien schuf. Ihnen folgten bald flügellose Schwebeengel im altrömischen Untergewand, der Tunika, die sich allmählich ins Hemdartige wandelte. Immer mehr nahmen die himmlischen Jünglinge jungfräuliche Züge an. Manche(r) führte einen Blumenkorb oder ein dem griechischen Mythos nach glücksbringendes Füllhorn mit sich. Im Barock, zur Zeit der Entstehung der Weihnachtskrippen, wurden die Engel zu einem dem

Kleinkind ähnlichen Engelchen. Zum Metten- beziehungsweise Krippenspiel in den Kirchen schwebten sie von der Decke herab. Die im 18. Jahrhundert aufkommenden Figuren ähnelten dem Nürnberger Rauschgoldengel und der *Kronendocke*, einer Klapperpuppe für Kleinkinder. Der sogenannte *Seiffener Engel* von heute, schlank und dem Frauenprofil vor 200 Jahren entsprechend, ist versehen mit reflektierendem Blattgold auf den Flügeln und trägt in beiden Händen eine Kerze.

Aus Holz und Salzteig

Weiter Verbreitung erfreute sich ab 1850 zur Weihnacht der *eingewanderte* Lichtertürke neben den Kerzen tragenden Engeln und Bergmännern. Als Spielzeug zuvor schon in Bayern, Franken, Sachsen und Thüringen geschätzt, diente er nun auch als Nussknacker, als Räucherfigur und als Motiv auf Schwebe- und Standpyramiden. Er trug stets ein Kerzenlicht und eine lange Pfeife mit sich. Die hölzerne Figur war von kräftiger

Farbe, aus Salzteig gefertigt Arme und Beine. Mit ausschließlich aus Holz geschnitzten Lichterträgern hatte sich der Volkskünstler Paul Schneider (1892–1975), Sohn eines Annaberger Schlossermeisters, verdient gemacht. Gerühmt wird die Vielzahl der erzgebirgischen Figuren insgesamt, unter denen sich zum Beispiel Bergleute, Waldarbeiter, Holz- und Beerensammler, Pilzsucher und historische Berühmtheiten befinden; nicht zu vergessen die Krippen, Pyramiden und Bergparaden.

Der Bergmann, die Figur
Vom liturgischen Leuchter zum geschnitzten Symbol weihnachtlichen Brauchtums

Der sächsische Hof fand Gefallen und gab eine Figurengruppe aus Meissner Porzellan in Auftrag. Gewidmet war sie dem Saturnfest, an dem 1 500 Bergleute teilnahmen.

Seit dem 12. Jahrhundert sind sie in den Gotteshäusern in Gebrauch, die liturgischen Leuchter, die hohen Ständer mit den zumeist weißen Kerzen. Im 13. Jahrhundert hielten die aus Silber oder Bronze kunstvoll hergestellten, dreifüßig gestalteten Halter Einzug in die Kirchen des Erzgebirges. Allmählich wandelten sie sich im Laufe der Zeit zu einer regionalen Besonderheit, da verbunden mit Motiven aus der Welt des Bergmanns und der religiösen Rituale. Schon bei Prozessionen im 15. Jahrhundert waren große, Kerzen tragende Bergleute bekannt. Manche Kirchenausstattung zollte dem heimischen Bergbau Anerkennung in beeindruckender Darstellung. Das schönste Beispiel lässt sich in der Annaberger St.-Annen-Kirche finden, dem Wahrzeichen der Stadt. Anno 1521 mit mehreren Altären geweiht, fasziniert sie mit einem außergewöhnlichen Bergaltar und vor allem mit dessen Rückseite. Vier Bildtafeln, geschaffen von dem Tafel- und Glasmaler Hans Hesse (1497–1539), vermitteln zeitgenössische Impressionen von der Landschaft und dem Alltag des Bergmanns. Auf der Vorderseite sind geschnitzte Szenen aus der Passionsgeschichte zu sehen, im Mittelschrein die figurenreiche Darstellung der Weihnacht. Die biblische Szenerie ergänzen Bergmannsfiguren. Sie verweisen verhalten auf den Auftraggeber des Altars, die Annaberger Bergknappschaft.

Beutegut der Marodeure
Die ursprünglichen, wertvollen liturgischen Leuchter waren ein bevorzugtes Beutegut der marodierenden Söldnertruppen im Dreißigjährigen Krieg (1618–1648),

was in der Folgezeit im Erzgebirge zur Herstellung von weniger kostspieligen Objekten führte. Die Altarkerzen trugen nunmehr aus Zinn gegossene Bergmänner. Den Anstoß gegeben hatten hierzu 1672 die Unternehmer der Grube *Gewerke uf der Weintraube* in Pobershau, als sie der dortigen Kirche zwei derartige Leuchter stifteten. Ein Beispiel, das in den folgenden Jahren in Bockau, Sosa, Schellerhau, Geising und Crandorf Schule machte. Bald fand auch der sächsische Hof Gefallen an der Neuerung und ließ Exponate zu Huldigungs- und Repräsentationszwecken anfertigen. Weltberühmtheit erlangte beispielsweise um 1750 die von Johann Joachim Kändler (1706–1775), dem bedeutenden Modelleur der Meissner Porzellanmanufaktur, geschaffene Figurengruppe in Erinnerung an das Saturnfest August des Starken (1670–1733), Kurfürst von Sachsen und König von Polen, anno 1719 im Plauen'schen Grund bei Dresden. Aufmarschiert waren zu diesem Anlass über 1 500 Bergleute aus dem Erzgebirge mit viel Geleucht.

Der hölzerne Steiger
Die heute zum weihnachtlichen Brauchtum gehörenden, geschnitzten oder gedrechselten Bergmannsfiguren, sie verbreiteten sich um 1850, als hölzerne Steiger beschrieben. Die damaligen Zünfte, Gewerke genannt, also auch die Knappschaft, sind beispielsweise auf einer Schneeberger Weihnachtspyramide von 1870 verewigt. Was sich im Kerzenlicht geruhsam dreht, das steht für Hoffnung und Glück, für das Licht im Dunkel, heute wie damals. Jeweils kerzentragend, wird gern die Bergmannsfigur neben die eines Engels gestellt. Sie

symbolisieren das duale Prinzip von Mann und Frau wie auch den weltlichen und geistlichen Aspekt des Lebens. Ein alter Brauch kam einer schönen Pflicht gleich: Nach der Geburt eines Sohnes hatte der Vater einen Lichterbergmann zu schnitzen und der Tochter einen Lichterengel.

Sehnsucht nach Licht

Der Mundartdichter Erich Lang (1895–1940) textete und komponierte 1939 eines der schönsten Weihnachtslieder, das die Sehnsucht nach Licht und Herzensfrieden beinhaltet. *Der Bergma*, rührend volkstümlich verfasst, erzählt von den Wechselfällen des Lebens, von schlechten und von guten Zeiten. Stimmungsvoll die erste Strophe: „Durch de Gassen weißbeschneit laaf ich garn zer Weihnachtszeit, bleib an manning Fanster stieh: Ach, wie sieht's do schie! Überol, aus jeden Haus guckt be Tog der Bargma raus, un daar denkt an Lichterpracht wuhl in der heilign Nacht." Tröstliches vermittelt die letzte Strophe: „Wenn ich in menn Stübel bi, guck ich zu menn Bargma hi, un ich waß: Noch jeder Plog kimmt e Feiertog. Wart när! Un de Zeit is ra, noochert stieht daar Lichterma wieder in der Lichterpracht wuhl in der heilign Nacht."

Der bergmännische Krippenweg in St. Marien zu Annaberg, Sachsens einziger Sonderkirche. Die Großfiguren sind alle aus Holz geschnitzt. Die Besonderheit: Josef ist als Bergmann dargestellt.

Oederan, Klein-Erzgebirge und die Riesen
Faszination der geschnitzten Landschaft auf 17 000 Quadratmetern

Imposante Figuren und die Hallenkirche mit der berühmten Silbermannorgel.
Die langen Kerls in Gahlenz fanden Eingang in das Guinness-Buch der Rekorde.

Klein und doch groß mit Sehenswertem mal drei: Oederan, das Städtchen der rund 8 200 Einwohner, gelegen im nördlichen Vorland des Erzgebirges zwischen Chemnitz und Freiberg. Groß in mehrfacher Bedeutung: mit Klein-Erzgebirge, dem Miniaturpark auf 17 000 Quadratmetern, der den Ruf genießt, der älteste der Welt zu sein. Um die 200 aus Holz geschnitzte Modelle im Maßstab von 1:25 präsentieren detailgetreu Architektur, Handel und Wandel im Gebirge, in Nordböhmen und Sachsen mit Darstellungen der Landschaft, mit Figuren und Tieren, in faszinierender Art und Weise wiedergegeben. Mit Wasserkraft betrieben sind zum Teil die Szenerien, zu der auch eine Garten-Modelleisenbahn, gehört. Nicht zu vergessen zum Mitfahren für Kinder und Erwachsene die Parkeisenbahn, die es ermöglicht, das ganze Erzgebirge an einem Tag zu erleben. Im zugehörigen Haus am Klein-Erzgebirge

etablierte sich ein Service-Zentrum der Schnitzkunst, wo auch zu reparierendes Schnitzwerk angenommen wird. Wer sich für den heimischen Bergbau interessiert, der wird im Rahmen einer Ausstellung fündig. Nach all dem verlockt die Einkehr zu Kostproben aus dem Erzgebirge. Begonnen hatte alles um 1910 mit dem Oederaner Krippenverein, als deren Mitglieder über die alljährliche christliche Weihnachtsgeschichte hinaus begannen, erzgebirgische Besonderheiten en miniature zu schnitzen und zu basteln. So entstanden neben Burgen und Kirchen allein acht Schlösser, wie beispielsweise Purschenstein in Neuhausen, Schlettau und Wolkenstein.

Der hölzerne Gardist
Im Ortsteil Gahlenz sind es Holzfiguren von derart enormer Größe, dass sie Eingang ins Guinness-Buch

der Rekorde gefunden haben. Die zündende Idee zu den in der Manufaktur *Erzgebirgische Holzkunst* entstandenen *Gahlenzer Riesen* ist auf einen Nussknacker in der Uniform der Potsdamer Leibgarde zurückzuführen, welche die *langen Kerls* zur Zeit von Preußens Soldatenkönig Friedrich Wilhelm I. (1688–1740), Vater Friedrichs des Großen (1712–1786) genannt wurden. Der hölzerne Gardist von heute misst in der Größe exakt 7,14 Meter. Als von kaum minderem Maß erweisen sich der Räuchermann *Holzsammler* (5,60 m), Schwibbogen aus massivem Holz (4,30 m und 9 m lang) und der Osterhase (6,80 m). Noch überragt werden alle von der nachgebildeten Pyramide des Dresdner Weihnachtsmarktes: Die *Striezelmarktpyramide* ragt mit 14,62 Metern in den Gahlenzer Himmel.

Die berühmte Orgel

Oederan, entstanden aus einem im 12. Jahrhundert gegründeten Waldhufendorf und 1583 von Sachsens Kurfürst August I. mit dem Privileg einer Freien Bergstadt versehen, ist im Erscheinungsbild von der Evangelischen Kirche St. Marien geprägt und von überregionaler Bedeutung. Die dreischiffige Hallenkirche gilt als Zeugnis obersächsischer Baukunst der Spätgotik mit Zügen des Historismus. Die Geschichte des Gotteshauses reicht zurück bis ins 13. Jahrhundert. Nach einem schweren Brand von 1467 wandelte sie sich im Rahmen der Erneuerung, um schließlich um 1890 die heutige Form zu erlangen. Der barocke Turmaufbau mit einer Höhe von 63 Metern stammt aus dem Jahr 1725 und war verbunden mit der Errichtung des Orgelwerks von Gottfried Silbermann (1683–1753), dem bedeutendsten mitteldeutschen Orgelbauer des Barock. Es besteht aus 24 sogenannten klingenden Stimmen, 300 Pfeifen und zwei Manualen. Der in Kleinbobritzsch bei Frauenstein im Erzgebirge geborene Sohn eines Bauern und späteren Zimmermanns, baute insgesamt 50 Werke und prägte somit Sachsens Orgellandschaft in besonderem Maße. Zu sehen und zu erleben sind sie beispielsweise in Freiberg, Schloss Frauenstein, Dresden und Glauchau.

Detailgetreu en miniature nachgebildet: Oederans Stadtkirche St. Marien mit dem 1725 von Gottfried Silbermann geschaffenen Orgelwerk.

Buckelbergwerk und Weihnachtsberg
Der Schaukasten der Bergfertigen mit der bewegten Szenerie

Die Verbindung von Religiösem mit der Nähe zur Heimat. Berühmt geworden sind „Schlahmendes Schrank" und das Kunstwerk einer Crottendorfer Familie.

Was der „Boarch-kastenmaa" auf dem Rücken durch die Lande trug: das Buckelbergwerk.

Er trägt es auf seinem Rücken, das Buckelbergwerk. Er, das war der Schausteller, der arbeitslose, invalide Bergmann, genannt der *Bergfertige*, der nicht mehr einsetzbar war. Auf Volksfesten, Jahrmärkten und Messen hoffte er mit der Zurschaustellung nebst manch gereimter Erläuterung seines schrankartigen Schaukastens auf eine milde (Geld-)Gabe zur Verbesserung der misslichen persönlichen Lage. Das Buckelbergwerk, volkskünstlerisch anerkannt, vermittelt anschaulich Detailgetreues in einer Schnittdarstellung aus dem Bergwerk. Verstärkt werden die Bilder vom emsigen Treiben unter Tage mittels einer Handkurbel, die Bewegung bewirkt: Bergleute bei der Arbeit, das Klopfen des Pochwerks, Hammer- und Glockenschläge. Eine faszinierende Vorführung, die damals wie heute zum bewundernden Verweilen einlud. Und das umso mehr,

als das später aufkommende elektrische Licht die reizvolle Szenerie zusätzlich erhellt.

Das Stück trocken Brot
Ein unbekannter Autor vermerkte nach einer Vorführung: „Hier ist es zu sehen, das Bergwerk zu Freiberg. Ein Rad greift in das andere. Hier steigen die Leute herauf. Und hier steigen sie hinunter. Und wenn sie fünf Stunden gearbeitet ham, könne se ihr Stück trocken Brot essen." So ist es bei Holger Kühn, dem Drechsler und Holzspielzeugmacher aus Chemnitz-Kleinolbersdorf, zur Historie seines Handwerks nachzulesen, der nach alter Tradition Buckel- beziehungsweise Kastenbergwerke herzustellen weiß. Und er folgt den Zeichen der Zeit, indem er sich nicht nur auf die mechanische, sondern auch auf die elektronische Steuerung seiner Exponate versteht.
Der Schriftsteller Dankegott Immanuel Merkel (1765–1798) formulierte unter anderem zum Schaukasten in der *Erdbeschreibung von Kursachsen und den jetzt dazu gehörenden Ländern*, erschienen 1804 nach seinem Tod im Leipziger Barth Verlag: „Guckkästen, die das Ein- und Ausfahren der Bergleute, das Arbeiten der Häuer, das Karrenlaufen der Bergjungen, Bergaufzüge und dergleichen anschaulich und beweglich darstellen ..."

Des Schlahmendes Schrank
Der aus Freibergsdorf stammende Alfred Mende (1886–1975), im Verlauf seines Lebens zum Freiberger Original geworden, machte sich überdies einen Namen mit einem außergewöhnlichen Buckelbergwerk, allein

schon der Größe wegen: Es besteht aus einem massiven Kleiderschrank, ausgestattet mit farbigen Figuren, entstanden aus Brotteig, Blech und Holz. Zu sehen ist das liebevoll gefertigte Anschauungsstück im historischen Ratskeller am Freiberger Obermarkt. Mende, genannt auch *Schlahmende* (für *schlagen* oder auf *schlampig* anspielend) und *Kalmus* (wegen des Verkaufs der Pflanzen), war Dachdecker, Schausteller, Händler, Modellierer und Kenner des Bergbaus in einem.

Das Crottendorfer Kunstwerk

Als Gegenstück zum Buckelbergwerk bietet sich in der erzgebirgischen Volkskunst der Weihnachtsberg an. Schon um 1650 entstanden die ersten mit Darstellungen von der Geburt des Christuskindes. Aufgestellt wurde er in der Weihnachtszeit, daher der Name. Gut 100 Jahre später verband sich das rein religiöse Bild mit viel Nähe zur Heimat, was Abbildungen von der Landschaft und vom Bergwerk unter Tage zur Folge hatte. Um 1800 hielt der Berg Einzug in den privaten Bereich. Bald bastelte im Advent die ganze Familie am Berg, der seinerzeit aus Papier, Gips, Holz und Pappmaché gefertigt wurde. Das kunstvolle Gebilde zur Weihnacht ist heute zum Teil sehr viel größer als das von einst; zehn mal drei Meter sind keine Seltenheit. In Gang gebracht werden die eingesetzten Figuren und Mini-Maschinen über eine Mechanik per Knopfdruck. Zu erleben sind die unterschiedlichsten Weihnachtsberge beispielsweise im Spielzeugmuseum Seiffen, Vereinsheim Niederwürschnitz, im Bergmagazin Marienberg, Museum Olbernhau und im Schneeberger Museum für bergmännische Volkskunst. Als einer der schönsten und wohl einmaligsten gilt der im Hause der Crottendorfer Familie Frieder Günther. Im oberen Teil, dem orientalischen, ist die Weihnachtsgeschichte dargestellt, im unteren sind es Motive aus dem Erzgebirge. Unterlegt ist das Ganze für eine Viertelstunde mit Musik und besinnlichen Texten.

Ansichten vom Crottendorfer Weihnachtsberg mit dem Einzug der Könige, der Muttergottes und den Bergleuten.

Bergparaden und Mettenbräuche
Die letzte Schicht vor Heiligabend, die Laterne und das Licht der Kurrende-Sänger

Aufmärsche im Advent in der einst von einem gewissen Herrn von Treba verordneten Tracht. Wer diese nicht trug, der hatte mit Geldstrafen zu rechnen.

Die Tradition der Bergparaden nahm im Erzgebirge einst ihren Anfang, als es darum ging, bei besonderen Anlässen dem Landesherrn, seinem Gefolge und hochgestellten Gästen zu huldigen. Eine Zeremonie, die heute vor allem zur Weihnachtszeit zum unverzichtbaren Bestandteil des Brauchtums zählt. Der Auftakt der Aufmärsche ist stets der Vorabend zum ersten Advent, beendet wird die Veranstaltung mit der großen Abschlussparade, der größten in Deutschland, am vierten Advent in Annaberg-Buchholz. Vereint sind dann die sächsischen Bergbrüderschaften und Knappschaften mit rund 1 200 Trachtenträgern aus Deutschlands Bergbauregionen. Tausende aus nah und fern säumen dann die Straßen, um sich am Schauspiel der in Viererreihen Marschierenden zur Musik der Bergkapellen zu erfreuen. Das gilt gleichermaßen für die uniformartige Tracht, die seit 1769 getragen wurde. Verfügt hatte den schwarzen Berghabit Friedrich Wilhelm Heinrich von Treba (1740–1819), der aus Allstedt am Harz stammende Oberberghauptmann und Freund des Dichterfürsten Johann Wolfgang von Goethe (1749–1832), zur Hebung des Standesbewusstseins der Bergleute. Wer dem nicht nachkam, der hatte mit Geldstrafen zu rechnen. Treba, Sohn eines Offiziers der Landmiliz, war zuletzt für den gesamten Bergbau im Kurfürstentum Sachsen zuständig.

Steigerhäckel und Bergparte
Die ursprüngliche Tracht des Bergmanns im Mittelalter bestand aus Grubenhose, Schuhen und Kittel. Nach und nach kam Unverwechselbares hinzu, wie *Arschleder*,

Kniebügel und *Schachthut*. Diverse Erkennungsmerkmale im Hinblick auf die Rangordnung bildeten sich heraus. Die Aufsichtsperson, der Steiger, führte das *Steigerhäckel* mit sich, der einfache Hauer das Grubenbeil. Der Doppelhauer, der Aufsteiger in der Hierarchie, war mit der Bergparte ausgerüstet, einer Axt mit langer Spitze, Waffe und Werkzeug zugleich. Bei Bergaufzügen wird sie über der rechten Schulter getragen. Federbüschel schmücken die Bergkappen der Steiger, weiß sind die Hosen der Hauer, schwarz die Jacken. Prächtig der Berghauptmänner samtene Uniformen, versehen mit den gestickten Symbolen der verschiedenen Brüderschaften. Die schönsten Bergparaden alljährlich in der Adventszeit auf einen Blick: Annaberg-Buchholz, Chemnitz, Zwönitz, Oelsnitz bei Zwickau, Thum, Aue, Brand-Erbisdorf, Stollberg, Olbernhau, Freiberg, Schneeberg, Seiffen, Schwarzenberg und Marienberg.

Bergsegen nach der Schicht
Zum Brauchtum zählt seit Jahrhunderten die Mettenschicht der Bergleute. Es handelt sich um die letzte, die sogenannte *verfahrene* Schicht vor Weihnachten. Sie ist namensgebend im Zusammenhang mit der darauf folgenden Christmette vom 24. auf den 25. Dezember. Diese beginnt traditionell um Mitternacht. Beendet wird die Schicht mit den Klopfzeichen des Steigers. Im geschmückten *Huthaus*, dem Zechenhaus, dem Verwaltungsgebäude, hält er eine predigtartige Ansprache. Für den *Bergsegen* danken die Männer mit Liedern, wie beispielsweise der Volksweise „Glück auf, der Steiger kommt", gesungen im Erzgebirge wie auch bei den

Bergparaden im Ruhrrevier und im Saarland. Nach der Andacht bedenken die Kumpel den Steiger mit kleinen Aufmerksamkeiten für all seine Umsicht unter Tage, der mit ihnen „nach unten und nach oben geht", der sie bedachtsam führt und dafür sorgt, dass auch alles vorhanden ist, was benötigt wird. Beendet wird die Mettenschicht bei Bratwurst, Kartoffelbrei und Sauerkraut, abgerundet mit einem Kräuterschnaps und dem *gaalen Gelecht*, dem gelbem Geleucht – einer Zigarre.

Feiern im Bergwerk

Bewirkt hat der Brauch eine Reihe von Veranstaltungen. Sie reichen von der Weihnachts- bis zur Jahresabschlussfeier für Ehrenamtliche, Freunde und Förderer der Besucherbergwerke bis zu touristischen Glanzlichtern unter Tage. Das sind die Ortschaften der Mettenschichten im Advent: Bad Schlema: Besucherbergwerk *Markus-Semmler* und Kulturhaus *Aktivist*. Breitenbrunn-Antonsthal: Technisches Museum *Silberwäsche*, Pochwerk. Deutschneudorf: Abenteuerbergwerk *Fortuna Stollen*. Ehrenfriedersdorf: Besucherbergwerk *Zinngrube*. Grünhain-Beierfeld, Ortsteil Waschleithe: Schaubergwerk *Herkules Frisch Glück*; auch Kinder-Mettenschicht. Johanngeorgenstadt: Schaubergwerk *Glöck'l*. Marienberg: Pferdegöpel auf dem Rudolphschacht. Pobershau: Tiefer Molchner Stolln. Schlettau: Rittersaal im Schloss. Schwarzenberg-Pöhla: Besucherbergwerk *Zinnkammern*. Zinnwald: Besucherbergwerk. Zwönitz: Huthaus. – Auch Höhlenforscher pflegen den Brauch im Bereich ihres Standorts in der Tiefe der Berge.

Das Großereignis: Bergparade und Lichtelfest in Schneeberg.

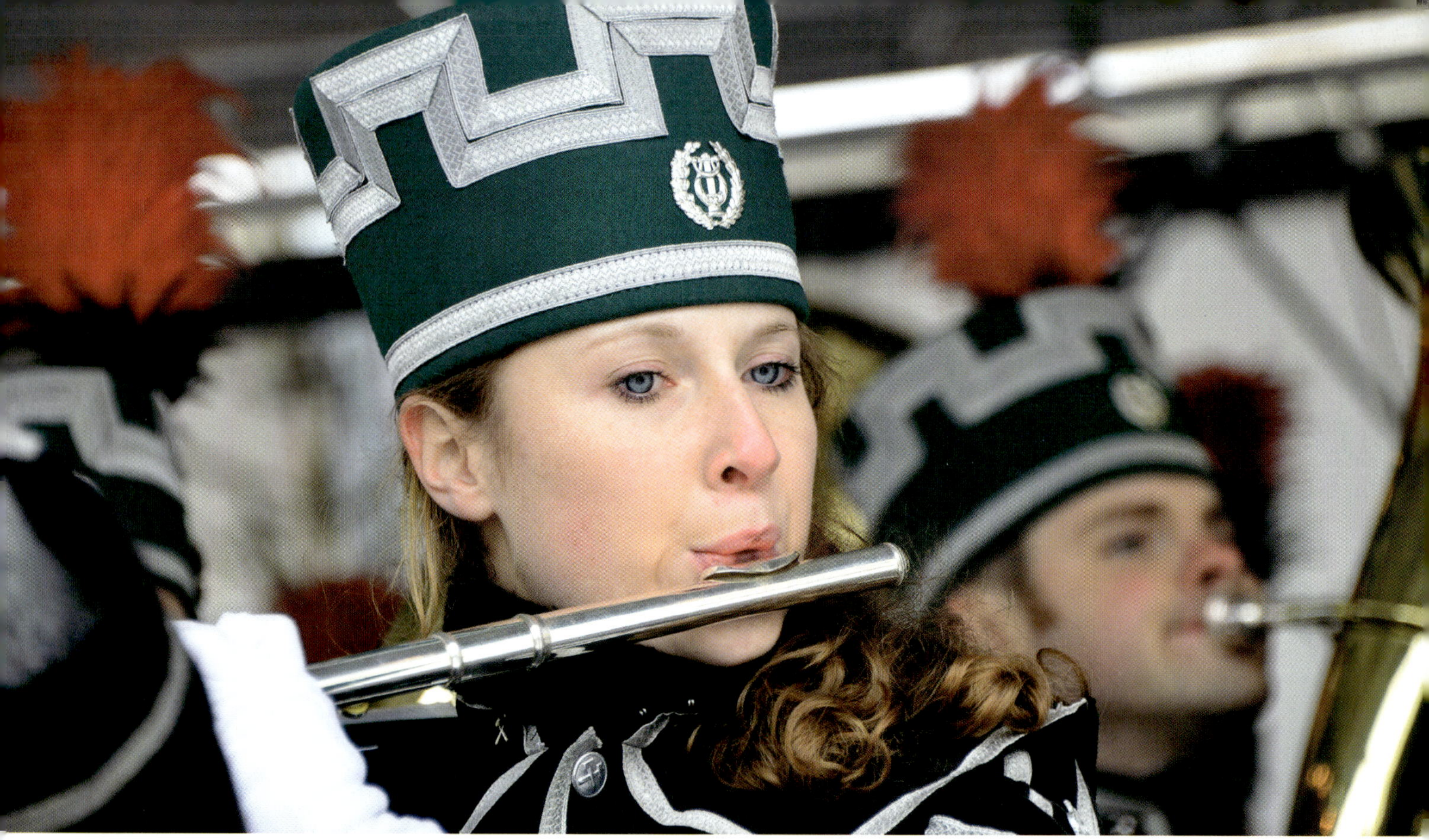

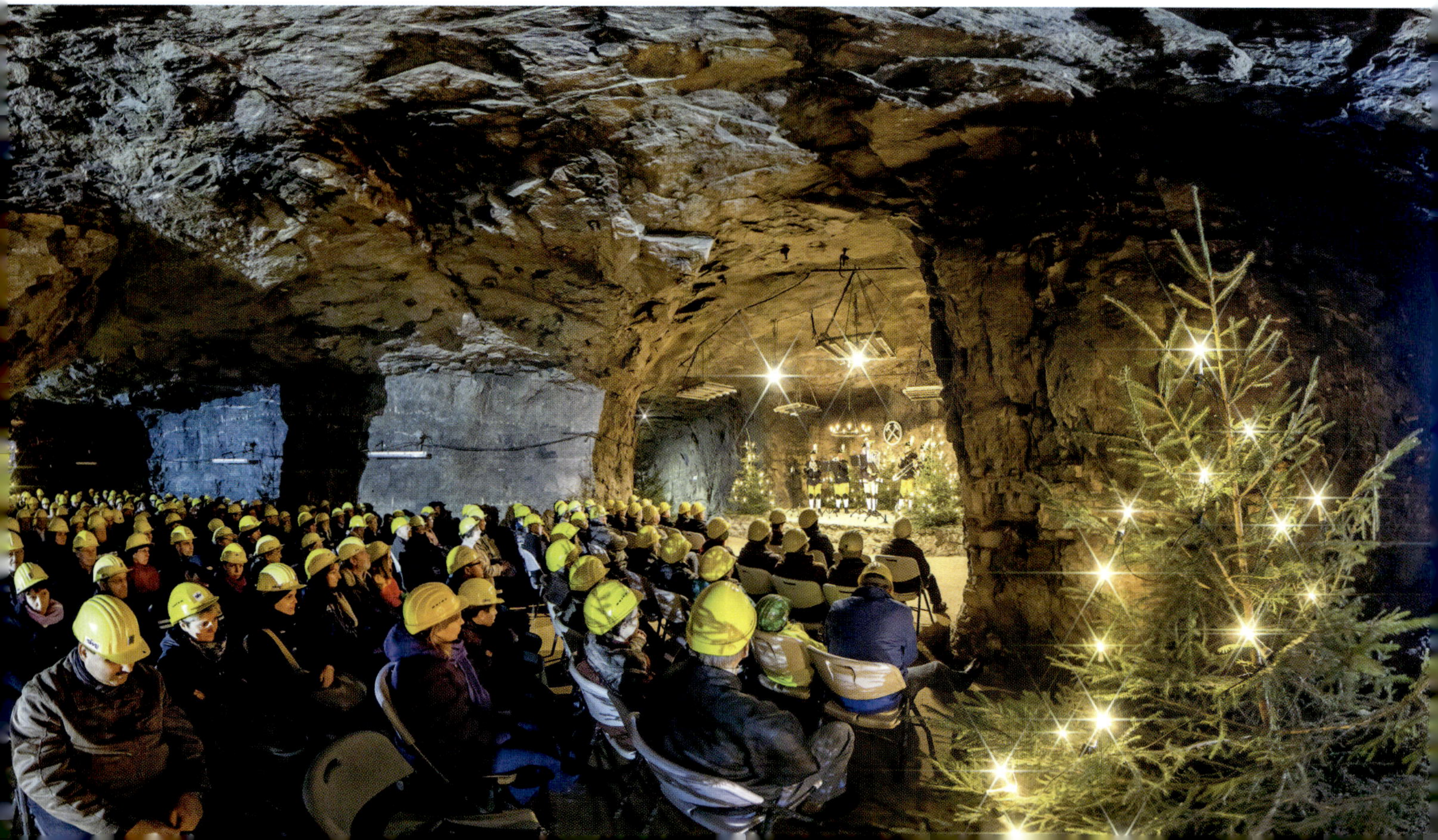

Geleucht und Aberglauben

Zur Mette gehört auch die drei- oder vierseitige Metten-laterne mit Motiven vom Bergmann, den Engeln und der Geburt des Heilands, verbreitet auch im Vogtland und in Thüringen. Im Erzgebirge werden die Weihnachts-laternen während der Christmette um den Altar oder vor die Kirchentür gestellt. Der Brauch beruht auf der alten Tradition der Bergleute, die Kirche mit dem „Geleucht" zu erhellen. Das Mettenlicht war noch um das Jahr 1700 ein fackelähnliches, rußendes Grubenlicht, ehe es auf-grund der Brandgefahr in geschlossenen Laternen eine sichere Bleibe fand. Trotz der Religiosität der Bergleute war das Licht vom Aberglauben behaftet. So durfte es nur daheim entzündet und gelöscht werden. Erlosch es unterwegs oder am Altar, kam das der Ankündigung des nahen Todes gleich. Zum Schutz von Haus und Fami-lie wurde bei Unwettern und Katastrophen während des Jahres der Rest der Kerze wieder angezündet.

Kurrendaner und Alleingebliebene

Das Mettenlicht gehört auch zur *Kurrende*, einem Chor armer Schüler, der einst singend durch die un-mittelbare Heimat zog oder auch bei Beerdigungen und Hochzeiten für Geld auftrat. Die Kurrendaner waren an ihren flachen Hüten und den schwarzen Radmän-teln zu erkennen. Besonders im Erzgebirge wird der alte Brauch nach wie vor gepflegt. Dann sind die Jungen und Mädchen zwischen sechs und 14 vornehmlich zu Alleingebliebenen unterwegs, die an den hohen Festen zu Christi Geburt nicht teilhaben können, und tragen ihnen Weihnachtslieder vor. Ansonsten ist die Kurren-de an der Gestaltung der evangelischen Gottesdienst-Liturgie und den Wechselgesängen mit der Gemeinde beteiligt. Landesweit bekannt wurde sie in den Figuren der Seiffener Holzschnitzer.

Die Andacht zur Mettenschicht, der letzten *Verfahrung* vor Weihnachten. Danach das traditionelle Anstoßen mit einem Kräuterschnaps.

„Glückauf" und „Gliggauf"
Seit über 600 Jahren des Bergmanns Gruß der Hoffnung

Der Zuruf des Zusammenhalts in guten und in schlechten Zeiten, verbreitet auch im Harz, im Saarland, im Ruhrrevier und unter den Höhlenforschern beim Einfahren.

Der Gruß ist ein sächsischer, einer aus dem Erzgebirge und das schon seit über 600 Jahren. „Glückauf" oder Glück auf", im Briefverkehr „mit einem freundlichen Glück Auf", lässt sich zurückführen auf den verkürzten Ausdruck der Hoffnung der Bergleute, dass sich „Erzgänge auftun mögen", ergänzt mit den Worten „Ich wünsche dir Glück, tu einen neuen Gang!". Denn ohne Glück konnte das ergebnislose Erkunden von Erzvorkommen bittere Folgen haben: Dann blieb er aus, der Lohn. Mit einem „Glückauf" war und ist weiterhin der Wunsch verbunden, heil und gesund wieder „auszufahren". In den Jahren zwischen 1500 und 1700 war es immer wieder zu tödlichen Unfällen gekommen. So lebte mancher, wenn er „einfuhr", mit der Befürchtung, dass der Freund und Nachbar nicht mehr mit ihm „ausfahren" könnte, da er im Berg verunglückt und in den ewig finsteren Tiefen des Gebirges ungeborgen geblieben war.

Das holde Sonnenlicht
Eines der anrührenden Gedichte verfasste Moritz Wilhelm Döring (1798–1856), gebürtiger Dresdner, Dichter und Lehrer, seit 1820 Konrektor in Freiberg, wo er dem Bergmannsleben nahe war, mit dem „Bergmannsgruß" von 1838. Einfühlsam fasste er das Wechselspiel von Glück, von Licht und Dunkelheit in Worte: „Glück auf, du holdes Sonnenlicht, sei innig mir gegrüßt! Der achtet deiner Strahlen nicht, der täglich sie genießt. Ich aber steige Tag für Tag hinab in tiefen Schacht, wo bei des Fäustels munterm Schlag kein Sonnenlicht mir lacht. Drum grüßt dich auch der Bergmann froh, steigt er zum Licht hinauf; kein ander' Herz begrüßt dich so, kein Mund ruft so: Glück auf!" Vertont wurde das Gedicht vom Komponisten und Sänger August Ferdinand Anacker (1790–1854), Sohn eines Freiberger Schuhmachers. Die Kantate für Solo und Orchester fand auch als Chorwerk weite Verbreitung und wurde als das *Hohelied des Bergmanns* gewürdigt. Freundschaftlich verbunden war Anacker seinerzeit mit den größten Komponisten, unter ihnen Ludwig van Beethoven, Richard Wagner und Felix Mendelssohn Bartholdy.

Der Berge uralt Zauberwort
Mit dem noch heute zu jeder Tageszeit üblichen Gruß brachte einst Theodor Körner (1791–1813), der Dichter und Dramatiker, in dem Gedicht *Der Berge uralt Zauberwort* sein tiefes Empfinden für die Welt des Bergmanns zum Ausdruck: „Glück auf! mein Ruf hinab den Schacht, Glück auf! mein Wunsch in Bergesnacht, Glück auf! mein Gruß dem Sonnenlicht, Glück auf!

„Glückauf" unterm Türbogen und der Weihnachtsbaum zur Begrüßung. 1935 in Hartenstein als Erholungsheim für Bergleute eröffnet, heute das Romantik-Hotel Jagdhaus Waldidyll.

mein Trost, wenn's Auge bricht." Der Freiheitskämpfer im Lützow'schen Freikorps, gefallen im Kampf gegen die napoleonische Fremdherrschaft, wusste sehr wohl von der schweren Arbeit unter Tage, wo er sich mit der mächtigen Natur verbunden fühlte. Als Student der Freiberger Bergakademie war er in zünftiger Tracht mehrfach der Praxis wegen eingefahren. Den Bergen blieb er zeit seines kurzen Lebens treu. Eine der längsten Wanderungen führte ihn von Dresden aus über die Sächsische Schweiz und das Böhmische Mittelgebirge zum Riesengebirge, was ihn zu manchem Naturgedicht inspirierte. Siehe hierzu auch *Naturjuwel Riesengebirge*, Verlag Anton Pustet.

Zusammenhalt zu allen Zeiten

Der Bergmannsgruß, im Erzgebirge mundartlich „Gliggauf!", bürgerte sich im Lauf der Zeit auch in den Erz verarbeitenden Hütten ein, verstanden als Zuruf des Zusammenhalts der Leute von „Kohle und Stahl" in guten wie in schlechten Zeiten. Das „Glückauf" im Alltag, nicht nur unter Bergleuten, ist im Harz und im Saarland wie im Ruhrrevier zwischen Dortmund und Duisburg ebenso verbreitet wie im Erzgebirge, seit 1890 gleichermaßen unter Höhlenforschern beim „Einfahren". Auch zu Begegnungen von *Schalke 04* (Gelsenkirchen), *Rot-Weiß Essen* und *FC Erzgebirge* (Aue) begrüßt der Stadionsprecher die Fußballfans mit einem „Glück auf!".

Des Hammers Kraft

In Leoben, der zweitgrößten Stadt nach der Landeshauptstadt Graz in Österreichs Bundesland Steiermark, ist der Gruß an der Montanuniversität von 1840 zu Beginn des Unterrichts unter den rund 42 000 Studierenden zu vernehmen, bei den studentischen Verbindungen gleichermaßen. Das ist auf die steirische Historie des Berg- und Hüttenwesens, der Eisen- und Stahlindustrie zurückzuführen, verstanden als ein Ausdruck der Gratulation zum Gelungenen, als ein Stück *steirischen Glücks*. Selbst im *Dachsteinlied*, der Landeshymne, findet das Montane mit diesen Worten Erwähnung: „Wo die Kohlenglut und des Hammers Kraft, starker Hände Fleiß das Eisen zeugt".

Bergmanns Schätzelein

Zum Bergmannsgruß in Deutschland, wieder ausgehend vom Erzgebirge, ist das alte Lied „Glück auf, der Steiger kommt", auch „Steigermarsch" genannt, schon um 1550 gesungen worden, ursprünglich beginnend mit „Wache auff, der Steyer kömmt". Die letzten zwei der sechs Strophen des „Steigermarsches" vermitteln anrührend die Gefühlswelt der Bergmänner: „Ade, nun ade! Lieb' Schätzelein! Und da druntn in dem tiefen finst'ren Schacht, bei der Nacht, da denk' ich dein." Und: „Und kehr ich heim zum Schätzelein, dann erschallet des Bergmanns Gruß bei der Nacht, Glück auf, Glück auf!"

Ein „Glück auf!" ist auch der heiligen Barbara, der Schutzpatronin der Bergleute, im *Bergmännischen Liederbuch* gewidmet, herausgegeben 1956 von Erzbergbau Siegerland AG in Betzdorf. So heißt es in der vierten und fünften Strophe: „Die du im Kampf mit Geistern der Tiefe unser Schutz, hilf uns auch heute meistern der bösen Feinde Trutz. Und schlägt die Feierstunde, geht es zum Tag hinauf, so grüßt aus treuem Munde dich jubelnd ein Glückauf." Barbara, eine christliche Jungfrau, Märtyrerin und Heilige, soll der Legende nach auf der Flucht von einem sich öffnenden Felsen geschützt worden sein. Das ist der Grund, warum sie zur Patronin erkoren wurde. Am 4. Dezember, dem *Barbara-Tag*, hat sich bis heute ein uraltes Brauchtum mit dem Abschneiden von Zweigen von Obstbäumen oder Forsythien erhalten. Ins Wasser gestellt, sind die Barbara-Zweige verbunden mit der Hoffnung, dass sie bis Weihnachen zu blühen beginnen, um Licht in die dunkle Jahreszeit zu bringen. Der Brauch fußt auf der Überlieferung der Begebenheit, als Barbara auf dem Weg ins Gefängnis mit ihrem Gewand an einem Zweig hängen blieb und diesen abbrach. Sie stellte ihn in ein mit Wasser gefülltes Gefäß. Am Tag, als sie zum Tode verurteilt wurde, blühte er auf …

Glanz der Weihnachtsmärkte
Tradition des Brauchtums von märchenhafter Anmutung

Der Advent im Zeichen des Anlichtelns und des Pyramidenanschiebens.
Besonderheiten aus der Historie, Konzerte und Krippenspiele runden die kulturelle Vielfalt ab.

Es gibt kaum einen Ort im tief verschneiten Erzgebirge, der nicht mit einem kleineren oder größeren Weihnachtsmarkt das Stimmungsvolle der *hohen Zeit* zu vermitteln weiß. Tradition und Brauchtum beherrschen das heitere und zugleich besinnliche Bild, das sich im Advent mit märchenhafter Anmutung darzustellen beginnt. Da ist das *Anlichteln*, das Einschalten der Lichter an den festlichen Dekorationen, das Entzünden der ungezählten Kerzen der Peremetten, unter den Schwibbögen ebenso wie auch an den kunstvoll geschnitzten Motiven von Engel und Bergmann. Vielerorts freudig erwartet wird das *Pyramidenanschieben*, das Ingangsetzen der Hauptattraktion, des sich gemächlich drehenden Flügelrades über der Vielfalt der paradierenden Figuren der zum Teil mehrstöckigen Kunstwerke in der Nachbarschaft der nicht selten geradezu riesigen Christbäume.

Historisches Annaberg
Kein Weihnachtsmarkt gleicht dem anderen. Ein jeder überrascht mit Besonderheiten aus der Historie. Die Marktpyramide von Annaberg-Buchholz, überragt von der St.-Annen-Kirche, erzählt von den erstmals anno 1397 von Franken gegründeten Siedlungen der heutigen Vororte Frohnau, Geyersdorf und Kleinrückerswalde, vom Bergbau und der Weihnachtsgeschichte. Über 80 fantasievoll geschmückte Buden bieten feil, was vom exklusiven Faltstern bis zum Weihnachtsduft reicht, vom Räucherkerzchen über den Nussknacker bis zu fast allem aus der Mannigfaltigkeit der erzgebirgischen Holzkunst. Des Weiteren faszinieren die sogenannten

Weihnachtswelten: die Manufaktur der Träume, die Bergmännische Krippe in der Bergkirche St. Marien, das Weihnachtshaus Erzhammer, Adventskonzerte und die Mettenspiele.

Freiberger Fackelzug
Der Freiberger Weihnachtsmarkt mit der neun Meter hohen Pyramide beinhaltet eine weitere Erlebniswelt aus der Zeit des Silberbergbaus. Da passt der für den Glühwein verantwortliche *Schmelzer* (des Edelmetalls) ins Bild, die *Kleine Bergwerkstatt für Kinder* ebenso. Rund 90 einfallsreich gestaltete Holzhütten bieten neben anderem süße Leckereien, handgefertigtes Spielzeug und manche bergmännische Rarität, all das zu erstehen rund um des Stadtgründers Brunnendenkmal auf dem historischen Obermarkt. Otto der Reiche (1125–1190), Markgraf von Meißen, war es, der um 1165 den Grundstein legte, den Silberbergbau förderte und vom Zehent prächtig profitierte. Zur Mettenschicht marschiert die *Historische Freiberger Berg- und Hüttenknappschaft* im Schein der Fackeln durch die Altstadt. Konzerte wie das Weihnachtsoratorium von Johann Sebastian Bach (1685–1750) im Dom St. Marien und die *Freiberger Weihnacht*, ein Krippenspiel in bergmännischer Tradition, sind weitere Programmpunkte.

Schwarzenberg und Zwönitz
Die erste Erwähnung fand der Schwarzenberger Weihnachtsmarkt in den Gassen der Altstadt im Jahr 1534. Er gilt als der schönste im Erzgebirge. Zu den Höhepunkten gehören der Märchenumzug und die Bergparade mit

Der Weihnachtsmarkt in der historischen Mitte von Annaberg-Buchholz.

dem Bergzeremoniell in der um 1150 zum Schutz des Handelsweges zwischen dem Pleißenland und Böhmen entstandenen Befestigungsanlage und der heutigen Großen Kreisstadt. Zu den besonderen Weihnachtsmärkten zählt auch der von Zwönitz. Eröffnet wird er mit dem als Weckruf verstandenen Turmblasen vom Rathaus. Höhepunke sind die Weihnachtsmannparade mit Ponykutschen, das Anschieben der Pyramide, der Anschnitt eines Riesenstollens, die Krönung des Stollenkönigs und der abendliche Bergaufzug mit 400 Trachtenträgern, Kapellen und Musikvereinen. Der *Hutzen- und Lichtelnachmittag* setzt den Schlusspunkt der weihnachtlichen Gemeinsamkeiten im Rahmen der traditionellen Hutzentage im Dezember.

Von Oelsnitz bis Dresden

Weitere Märkte auf einen Blick: Oelsnitz bei Zwickau, Kurort Oberwiesenthal, Seiffen, Schneeberg, Marienberg, Olbernhau, Aue, Thum, Grünhainichen-Waldkirchen, Altenberg-Schellerhau, Stollberg, Zschopau im Schloss Wildeck, Brand-Erbisdorf, Pobershau, Dippoldiswalde, Schloss Schlettau, Altenberg, Johanngeorgenstadt und Sayda. Urkundlich erwähnt wurde der Dresdner Weihnachtsmarkt bereits im Jahre 1434, bekannt geworden als der *Striezelmarkt* mit der 14,62 Meter hohen Stufenpyramide und dem größten begehbaren erzgebirgischen Schwibbogen. Der Name des Marktes lässt sich auf das mittelhochdeutsche Wort *Struzel* für Stollen zurückführen. Mehr als 250 (!) Händler und Schausteller präsentieren überwiegend volkstümliches Kunsthandwerk, dem wiederum das *Naschwerk* vom Stollen über den Pulsnitzer Pfefferkuchen bis zu den gebrannten Nüssen kaum nachsteht. Siehe hierzu auch das Kapitel *Der Weihnachtsstollen* Übrigens, das an der Spree gelegene Bautzen, die historische Hauptstadt der Oberlausitz, nimmt für sich in Anspruch, Heimat des ältesten Weihnachtsmarktes im Sachsenland zu sein. Und das seit dem Jahr 1384.

Hutzenstube und Hutzenobnd
Die Klöpplerinnen von einst begründeten das erzgebirgische Mundartlied

In fröhlicher Runde wurde viel erzählt und noch mehr gesungen.
Zu später Stunde kamen die Männer mit der Zither zu Kaffee und Kuchen.

Das winzige Hutzenstübchen von Gunter Flath aus Seiffen.

Beiderseits des Erzgebirges, im Sächsischen wie im Böhmischen, lebt stets im Advent ein alter Brauch auf, der im Privaten ebenso gepflegt wird wie in kulturellen Einrichtungen und manch gastlicher Einkehradresse. Dann heißt es einladend heiter: „Heit is wieder Hutzenobnd, komm mer alle zamm!" In der Hutzenstube fanden sie sich „zamm", die Klöpplerinnen, der Einladung der jeweiligen Nachbarin folgend, um in deren Hutzenstube, dem eigentlichen Arbeitsraum von einst, einen Hutzenabend zu verbringen. So sparten sie daheim an Feuerung und Kerzenlicht. Gemütlich saßen sie beisammen, klöppelten, plauderten, erzählten sich lustige Geschichten und aßen und tranken nach Herzenslust vom Mitgebrachten und von dem, was die Gastgeberin an Bescheidenem, dennoch großzügig, auftischte. Es wurde viel gelacht und noch mehr gesungen. Dabei entstanden viele Reime, was die Hutzenabende zur Wiege des erzgebirgischen Mundartliedes werden ließ. *Hutzen*, der Begriff, ist vom Namen her schwer zu ergründen. Vermutet wird von Heimatkundigen,

dass er vor Jahrhunderten in einem alten Dialekt von in Böhmen siedelnden Pfälzern im Sinne von *zurücken*, *zusammenkommen* vorkam. *Hutze* im Alemannischen hingegen steht für die getrocknete Birne als Dörrobst, bayerisch-österreichisch auch Kletze.

Gaffee und Bäbe
Gegen Abend kamen schließlich die Männer der fröhlichen Frauenschar vorbei. Sie blieben auf „e Dippel [Tasse] Gaffee" und auf ein Stück „Bäbe", ein Hefenapfkuchen und sächsischer Klassiker, ehemals aus einfachen Zutaten, heute mit Rosinen, Butter und gehackten Mandeln. Gestärkt beteiligten sie sich voller Sangeslust mit der Zither am heiteren Treiben. Dieses Brauchtum ist eng mit dem Bergbau verbunden, als er um 1600 allmählich an Bedeutung verlor. Der Verdienst der Bergleute schrumpfte aufgrund der Kostensteigerung beim Abbau der nunmehr in tiefer gelegenen Schichten vorkommenden Erze. So war zunehmend ein Nebenverdienst vonnöten, der sich nach dem Erlernen des Klöppelns den Frauen anbot. Die aus Italien stammende Handwerkskunst schuf Spitzenerzeugnisse als dekorative Zierde an den schweren Kanten kostspieliger Kleidungsstücke betuchter Zeitgenossinnen und -genossen.

Wenn's wattern tut
Anton Günther (1876–1937), des Erzgebirges bekanntester Volksdichter, Sänger und Erfinder der Liedpostkarte (*Drham is' drham*), geboren auf der böhmischen Seite in Gottesgab, heute Boží Dar, trug 1902 mit dem *Hutznlied* maßgeblich zur Bekanntheit des Brauchs bei.

rechts oben: Erzgebirgische Klöppelstube von einst auf einer Ansichtskarte.
rechts unten: Vereint mit Gegenwart und Vergangenheit: Hutzenabend im Sulzer Haus in Kühnheide.

Es beginnt mit diesen Worten: „In Winter Obnd, wenn's wattern tut, do sitzt sich's halt in Stübel gut, wenn's draußen wattert, störmt und schneit, do sitzen den Ufen de Hutzenleit." Zum Essen und Trinken wusste er zu schildern: „Itze, wenn nu alle hungrig sei, do kömmt ene Schüssel vom Ardäppel rei; 'n Quark dan schmiert mer mit n Löffl auf, on e Topp Kaffee kömmt ubn drauf nauf." Und zu guter Letzt der feinsinnige Hinweis zum Aufbruch: „Nu wird dan Alten de Zeit ze lang, do stieht'r auf ve der Ufenbank, sogt: Alte, wolln mehr schlofn gieh, denn de Hutzenleit wolln aah hamgieh."

Der Seiffener Stübelmacher

Eingang fand die Hutzenstube auch in die Seiffener Häuser der Holzschnitzkünstler. Gunter Flath, spezialisierter Stübelmacher seines Zeichens, schuf beispielsweise eine Miniaturversion von geradezu winzigen Maßen, wie da sind 11 mal 6 mal 4 Zentimeter. Sein Hutzenstübchen vermittelt einen Einblick in die ganz eigene, die ebenso verspielte wie arme Welt des früheren Erzgebirges in liebevoller Art. Weitere Miniaturen sind in der Zündholzschachtel oder in Rähmchen entstanden. Die Kunst des Vaters ließ auch die Töchter Christina und Cornelia nicht unberührt. Als sogenannte Holzspielzeugmachermeisterinnen sind sie längst in seine Fußstapfen getreten.

Bornkinnel und Mothsgungel
Der Kerzen tragende Knabe mit der goldfarbenen Schärpe

Vom Kind in der Krippe zum kindlichen Gott auf dem Altar. Martin Luther ließ das „Kinnel" im Kontrast zur Nikolausbescherung zum Christkindel werden.

Es ergab sich im 15. Jahrhundert, als das *Bornkinnel* genannte Jesuskind in den muttersprachlich gefeierten Weihnachtsgottesdiensten, den Metten, im Erzgebirge, Vogtland und in Nordbayern nicht nur windelgewickelt in den Krippen lag, sondern auch herausgehoben als Einzelfigur auf den Altären stand. Somit aus der Mutter-Kind-Anmutung gelöst, erfuhr das geschnitzte Motiv vom kindlichen Gott bald eine besondere Verehrung, vornehmlich gefördert in den Habsburger Ländern. Die ältesten Figuren sind im sächsischen Kamenz nachgewiesen, ebenso in Zwickau und im oberfränkischen Hof im Flusstal der Saale, wo das Bornkinnel auf den sogenannten Heischegängen der Kinder zum Erheischen, zum Erbitten von Gaben mitgetragen wurde.

Verbreitung durch den Reformator

Martin Luther (1483–1546), der Reformator, sorgte mit der Einführung des Protestantismus in Sachsen insofern für die weitere Verbreitung, als er die Nikolausbescherung auf Weihnachten verlegte, was das Bornkinnel zum Geschenke bringenden Christkind werden ließ und den Erwachsenen zum wohltätigen *Heiligen Christ*. Erhaltene Figuren sind Mitte des 17. Jahrhunderts entstanden, im Besonderen an dem in der mitteldeutschen Stadt Halle an der Saale beginnenden Handelsweg über Zwickau, Hartenstein, Schlettau und den Preßnitzer Pass zum Böhmischen Steig. In diesen Bereichen stand die bergmännische Schnitzkunst bereits in hohem Ansehen.

Aufklärung gegen den Gabenbringer

Im 18. Jahrhundert sorgte die Aufklärung für das Ende des einem Knaben ähnelnden Gabenbringers zur Weihnachtszeit. Damit verbunden war auch das Verbot des Aufstellens von Krippen, von Umzügen und Heischegängen bis zur Verbannung der Bornkinnel-Figuren aus

oben: Das nackte Mothsgungel mit der goldfarbenen Schärpe aus Scheibenberg
unten: Das Bornkinnel, der kindliche Gott, erfuhr eine besondere Verehrung.

den Kirchen, weil nunmehr als *vorreformatorisch* betrachtet. Das hinderte die gläubigen Erzgebirgler allerdings nicht an der weiteren Verehrung im heimischen Umfeld. Auch die Kinder verkleideten sich weiterhin als Bornkinnel, wenn sie Geschenke zu überbringen hatten.

Die Zeichen der göttlichen Herkunft

Schriftliche Nennungen der Figur sind um 1750 belegt, beispielsweise zu finden in einem Inventarverzeichnis der Pfarrei Bockau nahe der Zwickauer Mulde, dem Hauptverbreitungsgebiet im Verlauf des Flusses: „1 Bohrn Kindel, in rothen Damast gekleidet." Zur Herkunft des Namens wird davon ausgegangen, dass es sich um das Wort *neugeboren* handelt, was schon anno 1594 auf einer Rechnung der Stadt Schneeberg im Ausdruck *dem geboren Kindel* Erwähnung findet, anderswo als Christkindlein oder *gebohrnes Kind* bezeichnet. Es trug nicht selten einen roten Mantel über dem weißen Hemd. Goldenes Haar, Krone oder Strahlenkranz waren die Zeichen der göttlichen Herkunft, der Erd- beziehungsweise Reichsapfel Symbol der Herrschaft über das Universum. Die erhobene Hand kam der Segnung gleich, verbunden mit Wahrheit und Verlässlichkeit. Gegenwärtig vorzufinden sind Bornkinnel an rund 40 Standorten im Erzgebirge, beispielsweise in Hartenstein-Thierfeld, Zwönitz, Zwickau, Marienberg, Annaberg-Buchholz, Scheibenberg und in der erzgebirgischen Handwerkskunst als bekrönter kindlicher Engel.

Der Glücksbringer aus Pappmaché

Außergewöhnlich ist eine weitere Figur, das *Mothsgungel* aus der kleinen Bergstadt Scheibenberg auf der gleichnamigen Höhe. Heutzutage nur hier und in der näheren Umgebung verbreitet, überrascht es mit einem stark abweichenden Aussehen im Vergleich zu den bekannten Weihnachtsmotiven. Dieses etwa 35 Zentimeter große Christkindel auf grünem Sockel und zwei Kerzen tragend ist nackt. Lediglich eine goldfarbene Schärpe bedeckt die Lenden des schwarzhaarigen Knaben, einst

gefertigt aus Pappmaché, Holz oder Ton. Als Glücksbringer ganzjährig verehrt, von böhmischen Bauern, Köhlern und Bergleuten im Nebenerwerb hergestellt, war er um 1800 als *Prager Engel* ein Begriff, ehe er 1815 den Weg mit einem Tongefäßhersteller namens Kunze, vermutlich Otto mit Vornamen, nach Scheibenberg gefunden haben soll. Drei Jahre später brannte dessen kleine Fabrik ab. Zwei Jahrzehnte darauf widmete sich ein gewisser Friedrich Gottfried Mothes, ein ehemaliger Angestellter, dem Mothsgungel und hausierte mit den Figuren bis in die Chemnitzer Region, was zur Popularität und letzlich zur Namensfindung beitrug: Mothes und *Gung* beziehungsweise *Gungel*, erzgebirgisch für *Junge*, gleich Mothsgungel.

Die Scheibenberger Rarität

Der Tradition folgend, hat sich der Schlettauer Künstler Ray Kunzmann der Restauration und Nachbildung der Figuren angenommen. 1997 erhielt er eine offensichtlich sehr alte zur Überarbeitung, die nur noch aus Fragmenten bestand. „Nach dem Abschleifen der Bemalung fand ich als Urfarbe eine hautfarbene Körperbemalung und einen blauen Lendenschurz vor", schildert er seine Erkenntnisse auf der Internet-Seite der Stadt Scheibenberg. „Erstaunt war ich, als ich bemerkte, dass die Figur nicht aus Pappmaché bestand. Hier waren bis zu zehn Lagen Papier mit einer Art Mehlkleister verleimt und um einen Knäuel Papier gewickelt worden. Zum ersten Mal hatte ich eine Figur vor mir, die wahrscheinlich nicht aus Scheibenberg stammte, denn tschechische Wortfetzen auf dem Papier waren mir bislang unbekannt." Wie auch immer, dass das Mothsgungel als Scheibenberger Rarität bis heute überlebt hat, freut Ray Kunzmann ganz besonders. „Denn", so sagt er, „selbst in Tschechien, wo die Wurzeln der Figur sind, werden heute keine mehr hergestellt." Inzwischen aber ist im Erzgebirge ein alter Brauch zu neuem Leben erwacht: Dem jüngsten Kind einer Familie wird zum ersten Geburtstag ein Mothsgungel als Glücksbringer geschenkt.

Neunerlei, das Neinerlaa
Das traditionelle Weihnachtsessen im Spiegel der Zeiten

Die besondere Bedeutung der variantenreichen Speisen erschöpfte sich nicht allein mit den Zutaten. Auch Münzen unterm Teller standen für Glück und Reichtum.

Wenn es ein typisches, ein unverwechselbares Mahl im Erzgebirge gibt, dann ist es das *Neunerlei*, mundartlich *Neinerlaa*, das traditionelle Weihnachtsessen mit den neun verschiedenen Speisen, die jeweils symbolhaft für all das stehen, was das Leben lebenswert macht. Land- auf, landab präsentiert es sich überaus variantenreich. Nicht nur jede Ortschaft, jede Familie, jedes Gast- haus pflegt Überliefertes auf ganz eigene Art. Grund- sätzlich aber sind im Kern die Hauptbestandteile der menüähnlichen Folge identisch. All das ist ansprechend angerichtet auf den besonderen, mit neun Vertiefungen versehenen Tellern.

Blick in die Historie
Schon die Heimatdichterin Johanne Amalie von Elter- lein (1784–1865) widmete dem Neunerlei einen Vers in ihrem noch heute gesungenen *Heiligohmd-Lied*: „Mir hom aah Neinerlei gekocht, a Worscht un Sauer- kraut. Mi Mutter hot sich oh geploocht, die gute alte Haut." Ein historisches Neunerlei aus dem Jahr 1809 ist von Christian Gottlob Wild (1785–1839) überlie- fert, dem Pfarrer zu Breitenbrunn und Begründer der Mundartdichtung im Erzgebirge:
(1) Bratwurst oder Schweinebraten mit Linsen; Letztere, damit man im kommenden Jahr viel Geld einnimmt oder besitzt. (2) Hering mit Apfelsalat. (3) Grütze, Graupen oder Hirsebrei, damit das Geld nicht ausgeht. (4) Buttermilch, damit man keine Kopfschmerzen be- komme. Oder Semmelmilch, damit die (geklöppelten) Spitzen weiß bleiben. (5) Rotrübensalat, damit man rote Backen behält. Oder Krautsalat oder Erdäpfelsalat.

(6) Süßkraut, damit die Arbeit leichter werde oder Sauerkraut mit Braten oder Wurst, auch Karpfen, Schöpsenfleisch (Hammel) und Weißkraut. (7) Klöße, damit viele Taler einkommen. (8) Getrocknete Pilze, sauer oder gedämpft. (9) Gebackene Pflaumen.

Glück und rote Backen
Die allgemein gültige Version in der Mundart, anknüp- fend an des evangelisch-lutherischen Gottesmannes Nie- derschrift von einst, liest sich rührend einfühlsam: • „Doß mr Harzhaftigkeit [Herzlichkeit] un Kraft bewohrt", das ist der Bratwurst zugeschrieben. • „Doß ens Labn [Le- ben] net sauer wird", das bedingt das Sauerkraut. • „Doß ens kleene Gald net ausgieht", dafür sorgen die Linsen. • „Doß' s net an großen Gald fahlt", das hat mit Klößen, Karpfen und Hering zu tun. • „Doß ens Glück trei [treu] bleibt", das bewirken Gans, Schwein und das *Kuhhase* genannte Kaninchen. • „Doß man sich's ganze Labn free [freuen] kah", dafür steht das Kompott. • „Doß en de Nos net truppt in neie Gahr [Jahr]", wird mit der Sem- melmilch mit Nüssen verhindert oder – mit der Butter- milch: „Doß mr ka Kuppwiding [Kopfschmerzen] hat." • „Doß dr Lebensogn [Lebensalltag] gut geölt durchs neie Gahr fährt", das sei den Nüssen und Mandeln zu verdanken. • „Freed [Freude] un Glück un rute Backen", das sollte mit Pilzen und Roten Rüben zu erzielen sein wie auch ein gutes Wachstum des Getreides.

Münzen unterm Teller
Damit auch alles in Erfüllung gehe, sieht das Brauch- tum zum Neunerlei diverse Erweiterungen vor. So lege

man zum Beispiel etwas Stroh unter die Tischdecke, ein paar Münzen unter den Teller und ein zusätzliches Gedeck für den „fremden, den armen Gast", den unverhofft Einkehrenden. Wer das Essen unterbricht, indem er sich vorübergehend vom Tisch entfernt, der werde bestohlen. Eine heitere Variante unterstreicht zudem die Möglichkeit, „dass die Hühner die Eier verlegen". Der Volksglaube weist der Neun als höchster einziffriger Zahl eine besondere Bedeutung zu. Neun gleich drei mal drei, das wird mit Vollendung, Erfüllung und dem Ganzen in Verbindung gebracht. Und überdies sei die Drei doch zusätzlich seit jeher als Glückszahl geschätzt.

Ardäppel und griene Kließ

Der Blick auf die Küche im Erzgebirge offenbart vermeintlich Einfaches, was ehemals in der Armut der Bergbevölkerung den Ursprung findet. Nach der großen Hungersnot von 1771 konzentrierte man sich auf die Anpflanzung der „Ardäppel", die bald variantenreich in den Mittelpunkt allen Kochens rückten. Süß oder herzhaft werden sie noch heute zubereitet, die Kartoffelpuffer, die sogenannten *Fratzen, Klitscher, Buttermilch-* und *Heidelbeergetzen*. Beliebt sind die *Rauchemaad*, die mit Zucker bestreuten Reibekuchen aus gekochten Kartoffeln zum Apfelmus. Braun gebraten auf nur einer Seite und nicht angebrannt, sonst „fängt's a wenig' ze rauche a". Manche Zutat liefer(e) der Garten mit Obst und Gemüse, die kleine Landwirtschaft, der Wald mit Pilzen und Beeren. Zu hohen Festtagen servierte man die *griene Kließ*, die grünen Klöße, gerieben und geformt aus rohen Kartoffeln, die unverzichtbare Beigabe zur Roulade, zum Kaninchen und Gänse-Sauerbraten. *Griene Kließ und Schwammebrie*, nicht selten in Landgasthöfen im Angebot, das ist ein Ragout aus Waldpilzen. Zu allem, das ist Tradition, viel Soße, des Auftunkens wegen mit zerdrückten Erdäpfeln und Klößen. Zum Alltag zählen die Pellkartoffeln mit Kümmel im Quark und Leinöl, ebenso die deftige Kartoffelsuppe mit Schinkenspeck und Zwiebeln wie auch der *Falsche Hase*, der in Scheiben geschnittene Hackbraten mit Kartoffelmus.

Kaffee, Kuchen, Kräuterliköre

Zu Kaffee und Tee sind die Blechkuchen präsent, so die *Eierschecke*, die *Dresdner*, aus Hefeteig mit dem Belag aus Äpfeln, Quark und Mohn mit einem Guss aus Sahne, Ei, Zucker und Mehl. Die *Freiberger* hingegen kommen ohne Quark aus. Versehen ist sie bei ihnen mit einem gehaltvollen Belag aus Eigelb, Mandeln, Rosinen, Zucker und Butter. *Quarkkeulchen* wiederum, das sind gebratene Klößchen aus Quarkteig und geriebenen Pellkartoffeln, versüßt mit Zucker und Zimt, auch mit Rosinen. Aller guten Dinge jedoch sind nicht drei (in Abwandlung der gängigen Redensart), sondern immer noch das Neunerlei. Dazu passt nach wie vor ein süffiges Bier aus der Gegend oder ein gutes Glas Wein von Sachsens malerischen Hängen am geruhsam fließenden Strom, gereift und gekeltert beiderseits der als „Elbflorenz" gerühmten Landeshauptstadt. Wer sich zu guter Letzt Besonderes zu Gemüte führen möchte, der versuche sich an einem der beliebten Frucht- und Kräuterliköre in großer Auswahl, so am Annaberger, Neudorfer, Grenzwalder, Fichtelberger, oder probiere den aus der Hagebutte oder der Vogelbeere, den von der Eberesche aus Lauter. An den Namen der Elixiere lässt sich so manches erkennen: Kräutrweibl, Glühwürmel, Grubenfeuer, Rachermannltroppen, Suppen-Tröppl, um nur einige zu nennen. Selbst dem berühmten Anton Günther (1876–1937), dem Volksdichter und Sänger, ist ein Kräuterlikör von milder Süße gewidmet.

Der Weihnachtsstollen
Vom Fastenbrot im Advent zum wohlschmeckenden Striezel

Symbolhaft verbunden mit dem Christkind in der Krippe. Der „Butterbrief" des Papstes von 1491 erlaubte die Verfeinerung des genussvollen sächsischen Backwerks.

Weihnachten ohne Stollen, das ist im Land der Sachsen undenkbar und im Erzgebirge erst recht. Der Kuchen aus schwerem Hefeteig, aus viel Butter, Milch, Mehl, Ei, Gewürzen wie Kardamom und Zimt, Mandeln und Rosinen oder Sultaninen, Zitronat und Orangeat ist einst aufgrund der brotähnlich gerollten und dick mit Puderzucker bestreuten Form symbolhaft fürs windelgewickelte Christkind in Verbindung gebracht worden. Dafür stand schon um 1500 die Gütebezeichnung *Christbrot uff Weihnachten*, zumal erst zum Fest der Stollen angeschnitten werden durfte.

Der Butterbrief des Papstes
Der Ursprung des Stollens, auch Stolle, althochdeutsch *stollo* für Pfosten, Stütze, lässt sich im *Naumburger Innungsprivileg* von 1329, ausgestellt von Bischof Heinrich I. von Grünberg (im Amt von 1316–1335) zur Gründung der Bäckerinnung erstmals finden. Vermerkt war unter anderem, dass die Zunft alljährlich „weissene Brothe, die man Stollen nennet", zu liefern verpflichtet

war, „an des heiligen Crist(us) Abende". Die Backware allerdings hatte da noch wenig mit der heutigen gemein. Das änderte sich um 1400 durch die allmähliche Verfeinerung des *Brothes*, um schließlich 1427 Eingang zum sächsischen Hof als *Striezel* zu finden, wenn auch noch ohne die edleren Zutaten, vor allem ohne Butter, da zur Fastenzeit im Advent nicht statthaft. Das gefiel der genussfreudigen kurfürstlichen Herrschaft auf Dauer nicht – mit dem Ergebnis, dass sich Ernst und Bruder Albrecht von Sachsen an Papst Innozenz VIII. (1432–1492) wandten, er möge doch gütigst das Butter-Verbot aufheben, was der Pontifex 1491 mittels des *Butterbriefes* huldvoll tat. Das allerdings unter der Bedingung, dass die Zutat, wie auch Eier und Käse, vor der weiteren Verarbeitung in den Gemeinden zwingend des Segens der Geistlichkeit vor Ort bedarf. Und der Dresdner *Striezelmarkt*, das ist seit Beginn des 16. Jahrhunderts bis heute auch der Name des ältesten deutschen Weihnachtsmarktes.

Der Rekord-Kuchen von 1730
Als sächsisches Großereignis ging 1730 das *Zeithainer Lustlager*, eine prachtvolle Truppenschau König Augusts des Starken (1670–1733) in die Geschichte ein. Zu Glanz und Gloria der Paraden kam selbst für die damalige prunkverliebte Zeit ein Rekord hinzu, aufgestellt von rund 100 Bäckern und deren Gesellen mit einem über acht Meter langen Stollen. Die Majestät war von dem unter großem Aufwand entstandenen Backwerk und den Paradierenden derart entzückt, dass sie den Super-Striezel Scheibe für Scheibe, angeschnitten mit einem 1,6 Meter langen Messer, auch an seine Soldaten verteilen

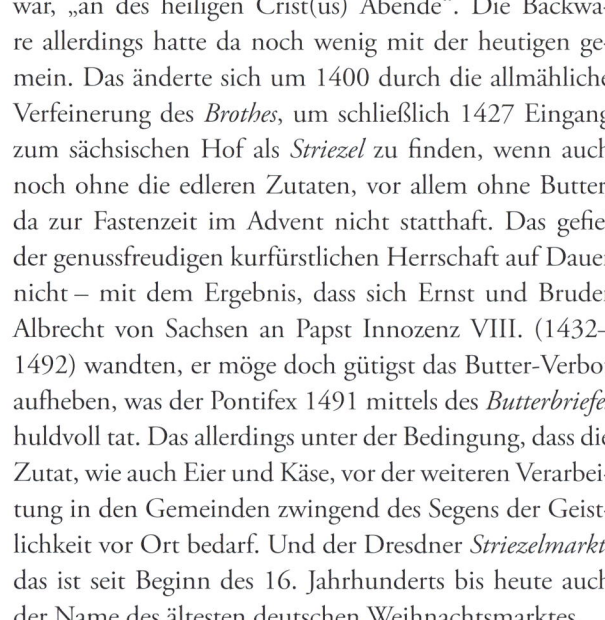

Das Dresdner Stollenfest mit dem tonnenschweren Riesen-Striezel, zu erstehen in Tausenden von Stücken.

ließ. Ob da für den Hofstaat und die 24 000 Gäste etwas übrig blieb, ist nicht überliefert. Bekannt hingegen sind teilweise die Mengen an Zutaten des 1,8 Tonnen gewichtigen Backwerks: 18 Scheffel Mehl, nach altsächsischem Maß etwa 1 872 Kilo, 82 Schock beziehungsweise 4 920 Eier, 3 Tonnen Milch, 1 Tonne Hefe und 1 Tonne Butter. Nicht überliefert worden sind die Angaben zu Zucker, Rosinen, Mandeln und Gewürzen.

Stollenfest und Stollenmädchen

An des Königs Riesenstollen erinnert alljährlich das am Sonnabend vor dem zweiten Advent auf dem Dresdner Schlossplatz stattfindende Stollenfest mit dem *Stollenmädchen*, der Botschafterin der weltweit vertriebenen Spezialität, und dem mehrere Tonnen schweren Striezel, dem Riesenstollen, zu erstehen in Tausenden von Stücken von den Besuchern aus Stadt und Land. Der Erlös dient caritativen Zwecken und der Förderung des Bäckernachwuchses. Geschützt ist das Weihnachtsgebäck mit der Gemeinschaftsmarke *Dresdner Christstollen in der Europäischen Gemeinschaft*. Hergestellt werden darf er nur in Dresden und den umgebenden Ortschaften Moritzburg, Radebeul, Arnsdorf, Ottendorf-Okrilla, Radeburg, Coswig, Pirna, Wachau, Freital, Radeberg, Weinböhla und Heidenau. Zu bestehen hat das Unikat der rund 130 Bäcker und Konditoren seit Jahrhunderten aus diesen Zutaten, Variationen hinsichtlich der Mengen sind traditionell erlaubt: Butter, Weizenmehl, Hefe, Vollmilch oder Vollmilchpulver, Kristallzucker, Butterschmalz, Zitronat, Orangeat, Sultaninen, süße und bittere Mandeln, Marzipanrohmasse, Zitronenschalenpaste, Speisesalz, Puderzucker, Stollengewürz (Zucker, Koriander, Kardamom, Macis, Nelken, Vanille) und Spirituosen wie beispielsweise Rum.

Haltbarkeit und Frische

Auch im Heilig-Abend-Lied der Annaberger Heimatdichterin Johanne Amalie von Elterlein ist der im doppelten Wortsinn *schwere* Kuchen eine fröhliche Strophe wert: „Mir hobn ah sachzn Butterstolln, su lang wie de

Ufnbank, unn wr die zsamm gassn hom, dan sei mr olle krank." Die Bedeutung des Stollens neben Plätzchen, Pfefferkuchen und anderen Naschereien war ehemals in der langen Haltbarkeit und Frische begründet, sodass das letzte Stück noch zu Ostern mundete. Das galt im Besonderen fürs Erzgebirge, da in den langen, strengen Wintern durch eisige Stürme bewirkte Schneeverwehungen viele Ortschaften von der Außenwelt abschnitten. Also deckte man sich rechtzeitig mit einem großen Stollenvorrat ein, etwa 20 bis 30 je anderthalb Kilo, auch mehr. Bäcker Steffen Rach im Marienberger Ortsteil Reitzenhain weiß von der einstigen Zutatenliste, einer bescheideneren als der von heute, für sechs Stollen zu berichten. Auf 10 Pfund Weizenmehl kamen 600 bis 1 000 g Zucker je nach Geldbeutel; 500 bis 1 000 g Fettigkeit, ebenfalls abhängig vom Verdienst; 500 g Rosinen mit Kern, Mandeln und Zitronat; wenn vorhanden Aromastoffe, wie Zitrone, Mandel, Vanille, Rum, und 150 g Hefe. Zubereitet wurde der Teig zu Hause, dann in Wäschekörben zum Bäcker gebracht, von diesem zu gleichen Stücken abgewogen, geformt und gebacken. Am Morgen angeliefert, konnten die Stollen am Abend wieder abgeholt werden, um dann daheim mit Butter bestrichen und überstäubt mit Puderzucker die Vervollkommnung zu erfahren.

Bleigießen und Bibelstechen
Geselliges Brauchtum zum Heiligen Abend und zur Silvesternacht

Der Heiden Mythen, der die Welt Heilende und die Hoffnungen. Wenn es zur Mitternacht die zwölfte Stunde schlug, hatte der Hausherr seinen großen Auftritt.

Das Brauchtum zur Weihnacht und zu Silvester entstand in Zeiten, als das Gebirge noch undurchdringlich schien, als die Natur im Winter die Welt schier erstarren ließ, das Denken und Handeln vom Überleben bestimmt war. Der Aberglaube schuf Mythen zwischen althergebrachten heidnischen Überlieferungen und den das Land allmählich vertraut werdenden Offenbarungen eines Heilands mit dem zuerst so fremd klingenden Namen Jesus Christus. Das war dem Reformator Martin Luther (1483–1546) Grund genug für das Adventslied *Nun komm, der Heiden Heiland!*. Dieser Erretter und die Welt Heilende versinnbildlichte das alljährliche, meist bescheidene Wunschdenken, die Hoffnung auf Besserung der Lebensumstände, verbunden mit erfreulichen Ereignissen und der Erwartung, gesund zu bleiben. All das fand Rückhalt in den bis heute erhaltenen Ritualen aus alter Zeit.

Bizarr und blank wie Silber
Hierzu gibt das *Heiligobndlied* der Heimatdichterin Johanne Amalie von Elterlein den Hinweis auf das sich im Mittelalter bald auf ganz Sachsen ausbreitende Bleigießen zu Weihnachten und in der Silvesternacht: „Heut' ist dr heil'ge Ohmd ihr Mäd, kummt rei, mehr gießen Blei. Lob, laf när glei zr Hannelies, die muß beizeiten rei." Wenn am Heiligabend zur Mitternacht die zwölfte Stunde schlug, holte der Hausherr das bereits am Vormittag geschlagene Blei, legte es auf eine Kohlenschaufel und schob diese in den Ofen. Im 2006 von der Technischen Universität Chemnitz herausgegebenen Adventskalender wird das weitere Vorgehen

anschaulich beschrieben: „Auf dem Fußboden stand schon eine Schüssel voll Wasser. Man konnte zusehen, wie das Blei langsam zerläuft und wie blankes Silber aussieht. In der linken Hand hatte der Vater einen großen Schlüssel." Gemeint ist der sogenannte *Erbschlüssel*, der von den Vorvätern ererbte. „Wenn das Blei ganz geschmolzen war, nahm er die Schaufel aus dem Ofen, hielt den Schlüssel über die Schüssel und ließ das glühend Blei durch den Schlüsselring laufen." Was dann ins Wasser zischte und sich zur bizarren Form verewigte, wurde als schicksalhaft empfunden, wobei auch ein gerüttelt Maß an Fantasie gefragt war. Der einem Löwen ähnelnde Kopf ließ beispielsweise Macht und Ehre vermuten. Noch unverheirateten Frauen schlug das Herz voll der Vorfreude, wenn ein *Mannel* sichtbar wurde. Herzförmiges wiederum steht für das im neuen Jahr zu erwartende Verliebtsein und Blumiges für eine neue Freundschaft. Sollte sich die Deutung als schwierig erweisen, dann war die fröhliche Wahrsagerei gefordert, worauf sich schon die alten Römer als die ersten Bleigießer verstanden, wenn auch mit durchdringendem Ernst.

Die Deutung von oben
Wem das noch nicht genügt, der versuche es mit dem Brauch des *Bibelstechens*. Man nehme einen Holzspan, schnitze ihn so flach wie möglich und schiebe ihn an irgendeiner Stelle ins Buch der Bücher. Die Spitze des Spans, auch die eines Messers, zeigt dann auf eine bestimmte Textstelle, die zur Deutung als Antwort von oben einlädt. Die *Dreigefährtenlegende* berichtet von

Franziskus von Assisi (1181–1226), Begründer des Ordens der Franziskaner, der sogenannten *Mineren Brüder*, der im Beisein dreier Begleiter den Allmächtigen bibelstechend nach seinem Auftrag befragte. Die (Bibel-)Antwort an den späteren Schutzpatron Italiens, der Natur mit all ihren Geschöpfen und der Tierärzte war unmissverständlich: „Wenn du vollkommen sein willst, geh, verkauf deinen Besitz und gib das Geld den Armen; so wirst du einen bleibenden Schatz im Himmel haben; dann komm und folge mir nach."

Die Glücksschuppe des Karpfens

Zurück zum Bleigießen. Heutzutage ist es üblich, das auf einen Löffel gelegte Metall über der Kerzenflamme schmelzen zu lassen. Zur Erhellung des Orakels wird dann auch gern der Schattenwurf der ans Kerzenlicht gehaltenen Figur herangezogen. Zeigt sich eine Spinne, dann hängt das Glück am seidenen Faden. Ringe und Kränze lassen eine Hochzeit vermuten. Das Ei und die Glocke künden von einer frohen Nachricht, so beispielsweise vom Familienzuwachs, worüber sich dann beim Silvesteressen ausgiebig mutmaßen lässt. Traditionell werden Suppen aus Linsen, Erbsen, Bohnen und auch Möhren aufgetragen. Reichlich genossen verheißen sie Segen und Reichtum. Das wird auch dem Sauerkraut, zumeist mit Rippchen serviert, zugesprochen. Eine Schuppe des Silvesterkarpfens ist im Erzgebirge von besonderer Bedeutung, wenn sie ins Portemonnaie gelegt wird. Dann, so wird geglaubt, bringt sie Geld und Glück ins Haus. Der Erzgebirgler weiß das trefflich auf den Punkt zu bringen: „När dran glaabn muss mer!" Eingenommen werden soll das Essen immer mit Freunden im Kreis der Familie, schütze es doch vor unfreundlichen Geistern, wozu bereits seit Urzeiten der Schlag der Trommeln, das Knallen der

Peitschen und der ohrenbetäubende Lärm der Umzüge beitrugen. Zur Austreibung der Dämonen traten zudem um 1500 die Schützen und Nachtwächter zum Böllerschießen an. Heute begrüßen Feuerwerke weltweit das anbrechende Jahr.

Silvester, der Tagesheilige

Feuer-Feste zum Jahresende begingen schon die Germanen, bevor die Römer kamen. Deren Jahresendfest fand zum ersten Mal im Jahre 153 vor Christus nach der Verschiebung des Jahresbeginns vom 1. März auf den 1. Januar statt. Silvester, lateinisch und übersetzt *Waldmensch* (*silva*, der Wald) ist seit 1582 im Zusammenhang mit der Gregorianischen Kalenderreform beurkundet. Verlegt worden war der letzte Tag des Jahres vom 24. auf den 31. Dezember, den Todestag von Papst Silvester I. anno 335, womit er zum Tagesheiligen erhoben wurde. Der Patron der Haustiere, der guten Futterente und eines guten neuen Jahres ist der erste heilige Papst, der kein Martyrium erlitt. Eine alte Bauernregel könnte ihm zum Jahreswechsel und zur Schirmherrschaft posthum zur Freude gereichen. „Silvester wenig Wind und Morgensonn' gibt viel Hoffnung auf Wein und Korn."

Schramms Gedanken

Seine Gedanken „Zenn neie Gahr", zum neuen Jahr, fasste 1939 Georg Arthur Schramm (1895–1994), Handelskaufmann, Volksdichter und ein Annaberger Original, Spitzname *Kleenes Getuh*, in zuversichtlicher Bescheidenheit mit diesen Worten zusammen: „E Gahr [Jahr] is vergange, mit Lust un mit Plog, un o de gscheiter bist, dos blebbt halt ne Frog. Drüm wünsch ich eich zen neie Gahr, es alte is nu vergange, dos ses besser wird wies alte war. Mehr kast de net verlange."

Karl May und sein Erzgebirge
Die ersten Erzählungen widmete er der Not leidenden Heimat

Authentisches verband er mit eigenen Erlebnissen. Er rüttelte auf, schilderte Gutes und Böses und brach dabei stets der Gerechtigkeit eine Lanze.

Er war ein Erzgebirgler, der Karl Friedrich May (1842–1912), Schriftsteller und Verfasser von Abenteuerromanen, geboren in Ernstthal, 1898 vereinigt mit Hohenstein. Die UNESCO führt den Sohn, fünftes von 14 Kindern einer bitterarmen Weberfamilie, als einen der meistgelesenen und am häufigsten übersetzten Autoren deutscher Sprache. Über 200 Millionen seiner Werke sind es weltweit, mehr als 100 Millionen bislang

in Deutschland. Berühmt wurde er, der als Kleinkind erblindete, geheilt erst mit fünf Jahren, und der mit zwölf als Kegeljunge sein erstes Geld verdiente, mit den seinerzeit sogenannten Reiseerzählungen, die im Orient, in Nordamerika und Mexiko spielten. Zur bekanntesten zählt die dreibändige Ausgabe um Winnetou, den fiktiven Häuptling der Mescalero-Apachen, der mit seinem weißen Blutsbruder Old Shatterhand für Frieden und Gerechtigkeit im Wilden Westen kämpft. Vorangegangen war Karl Mays späterem Erfolg die vom Vater verordnete Zwangsmaßnahme, immer wieder Bücher abschreiben und wissenschaftliche Werke studieren zu müssen. Seinem Sohn sollte es einmal besser ergehen als ihm.

Ein genügsames Völkchen

Weniger bekannt sind Karl Mays frühe Werke, zu denen die seinem Geburtsort gewidmeten *Erzgebirgischen Dorfgeschichten* gehören, darunter neben anderen die Erzählungen *Die Rose von Ernstthal* von 1874, *Das Geldmännle*, *Der Teufelsbauer*, *Der Waldkönig* und *Sonnenscheinchen*. So lädt er im Vorwort ein: „Komm, lieber Leser, komm! Ich führe dich hinauf in das Gebirge." Die Verbundenheit mit der Heimat verdeutlicht er einfühlsam in der Schilderung der Weberei, die sich schon seit langer Zeit eines weitreichenden Rufes erfreute. „Aber der Webstuhl", räumt er ein, „vermag der Hand auch des fleißigsten Arbeiters keine Reichthümer zu bieten, und so schmiegt sich das arme Städtchen klein und bescheiden an die Thalsenkung, welche das Auge des Touristen nicht durch landschaftliche Schönheiten zu fesseln vermag und keinen andern Ruhm beansprucht als den, der friedliche Tummelplatz eines rührigen und genügsamen Völkchens zu sein." In der ihm eigenen Kunst des Fabulierens gibt er der Hoffnung Ausdruck, „daß der Hauch des Himmels die Blüthenflocken der Poesie auch in die entlegenen Winkel trage, an welchen die gewaltige Fluth der Geschichte vorüberrauscht".

Elternhaus mit Untermietern

Authentisches aus der Mitte des 19. Jahrhunderts verbindet er mit Selbsterlebtem, nutzt den Dialekt der Leute, moralisiert, ermahnt, warnt und rüttelt auf, zeichnet das Bild von Gut und Böse und lässt doch stets die Gerechtigkeit mit romantischen Anklängen siegen. „In diesen Dorfgeschichten wies ich regelmäßig nach", bekannte er 1910 in *Mein Leben und Streben*, Band I, „daß Gott nicht mit sich spotten läßt, sondern genau so straft, wie man sündigt." Überliefert ist Karl Mays anschauliche Beschreibung des inzwischen über 300 Jahre alten Elternhauses, heute ein Museum: „... drei schmale Fenster breit und sehr aus Holz gebaut, dafür war es aber drei Stockwerke hoch und hatte ganz oben unter dem First einen Taubenschlag ... Großmutter, die Mutter meines Vaters, zog in das Parterre, wo es nur eine Stube mit zwei Fenstern und die Haustür gab. Dahinter lag ein Raum mit einer alten Wäscherolle, die für zwei Pfennige pro Stunde an andere Leute vermietet wurde. Es gab glückliche Samstage, an denen diese Rolle zehn, zwölf, ja sogar 14 Pfennige einbrachte." Im ersten Stock des mit 4,25 Metern schmalbrüstigen Hauses wohnten die Eltern mit den Kindern im Nebeneinander mit Webstuhl und Spulrad. Auch Untermieter hatten sich eingenistet: „Im zweiten Stock wohnten wir mit einer Kolonie von Mäusen und einigen größeren Nagetieren." Der Hof sei gerade so groß gewesen, „daß wir fünf Kinder uns aufstellen konnten, ohne aneinander zu stoßen". Im angrenzenden Gärtchen gab es einen Holunderstrauch, einen zum *Teich* getauften Wassertümpel, einen Apfel- und einen Pflaumenbaum.

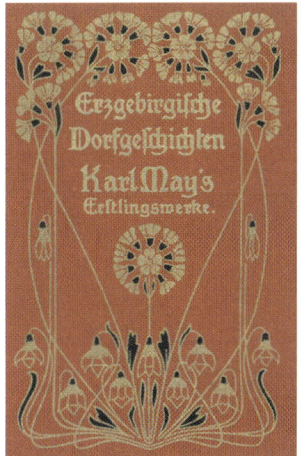

Das Gedicht des Gefangenen Nr. 171

Häufig zitiert wird noch heute im Erzgebirge Karl Mays Gedicht vom Weihnachtsabend, vermutlich verfasst 1865 vom Gefangenen Nr. 171 während der Zeit im Zwickauer Zucht- und Arbeitshaus Schloss Osterstein, wo er zum besonderen Schreiber des Gefängnisinspektors Alexander Krell avancierte. Der schriftstellernde Häftling, ehemaliger Privat- und Klavierlehrer, war wiederholt zwischen 1862 und 1875 unterschiedlicher Delikte aus Geltungsdrang und vor allem aus finanzieller Not überführt worden. Auf dem auf einem Blatt niedergeschriebenen Gedicht heißt es zu Beginn: „Ich verkünde große Freude, die Euch widerfahrn ist; denn geboren wurd heute Euer Heiland Jesus Christ. Jubelnd klingt es durch die Sphären, Sonnen kündens jedem Stern, Weihrauch duftet auf den Altären, Glocken klingen nah und fern. Tageshell ists in den Räumen, alles athmet Lust und Glück und an bunt (behangnen) Bäumen hängt der freudetrunkne Blick." In der Reiseerzählung *Weihnacht* wiederum ist das Gedicht zum Heiligabend mit der Handlung weitgehend verwoben. Sie fußt auf den Erlebnissen des jungen Karl May mit seinem Freund Hermann Lachner. Gemeinsam hatten sie wandernd die Weihnachtsferien in Böhmen verbracht. In dem Bergbaustädtchen Falkenau an der

Eger, heute Sokolov, waren sie auf eine auf der Flucht befindliche Familie getroffen, der sie mit ihrem letzten Geld die Reise nach Bremen zur Ausschiffung nach Nordamerika verhalfen. Eine Tafel, angebracht 2006 am ehemaligen Gasthaus Kremlink, erinnert an die Entstehung des Weihnacht-Bandes, in dem Karl May den Wirtsleuten Franz (Franzl) und Anna Scholz ein Denkmal setzte.

Ernstthal und die Grafen

Hohenstein-Ernstthal mit dem Zusatz Karl-May-Geburtsstadt, gelegen am Pfaffenberg unweit des Stausees Oberwald im Norden des Erzgebirges zwischen Chemnitz und Glauchau, findet seinen Ursprung zuerst in Hohenstein. Die Gründung erfolgte 1510 nach den ersten Silberfunden. Als 1680 die Pest das Bergstädtchen heimsuchte, flohen einige der Bürger in den nahen Wald und benannten die neue Siedlung nach den jeweils zweiten Vornamen der Grafen von Schönburg, den Brüdern August Ernst und Christian Ernst: Ernstthal, das spätere Hohenstein-Ernstthal. Mit dem Erliegen des Silberbergbaus sattelten die meisten auf das Handwerk der Weberei als wichtigstem Erwerbszweig um. Zu den Sehenswürdigkeiten von heute zählen das Hut- oder Wachhaus St. Lampertus, in dem die Bergleute einst beteten und ihre Werkzeuge lagerten; die Galerie *Kunst in der Ruine* und das Rathaus mit den wechselnden Ausstellungen. Zu den regelmäßigen Veranstaltungen gehören der *Große Preis von Deutschland für Motorräder* im Rahmen der Weltmeisterschaft auf

oben: Der Blick auf Hohenstein-Ernstthal: „So schmiegt sich das arme Städtchen klein und bescheiden an die Thalsenkung."
rechts: Die historische Weberstube im Karl-May-Haus.
ganz rechts: Mit Hut, Stock und Brille: Ein Junge stellt den kleinen Karl May dar.

dem Sachsenring, das *Karl-May-Fest* auf dem Ernstthaler Neumarkt und das Bergfest.

Radebeul und die Villa Shatterhand

Wer auf Karl Mays Spuren in Hohenstein-Ernstthal wandelt, dem wird auch die *Villa Shatterhand* in Radebeul vor den Toren Dresdens ein Begriff sein. Mit der im Garten angrenzenden *Villa Bärenfett*, die Klara May, die Witwe, im Blockhausstil für Patty Frank (1876–1959), bürgerlich Ernst Tobis, errichten ließ. Der gebürtige Wiener, Artist, Museologe und Indianerforscher war Mitbegründer und langjähriger Verwalter des 1928 eröffneten *Karl-May-* und *Indianer-Museums* der Karl-May-Stiftung. Zum 100. Todestag entstand 2012 ein Haus für Museumspädagogik, die Villa Nscho-tschi, übersetzt *Schöner Tag*, benannt nach der als bezaubernd geschilderten Schwester Winnetous. Von besonderem Reiz sind die Darstellungen zur Indianer-Faszination im Wandel der Zeiten für Kinder und Jugendliche, zumal im Vergleich mit den Vorstellungen ihrer Eltern und Großeltern. Überdies bietet sich in den Winterferien im Museum eine Zeit des Bastelns an – von individuellen Traumfängern, originellen Wandbildnissen und Armbändern aus handgeprägtem Leder. Eine feste Einrichtung sind die Karl-May-Festspiele, die in der Regel unter freiem Himmel stattfinden, so in Bad Segeberg, Schleswig Holstein, Elspe im Sauerland, Radebeul, Weitensfeld in Kärnten, auf der Felsenbühne des Kurortes Rathen in der Sächsischen Schweiz, in Pluwig und Mörschied in Rheinland-Pfalz, in Bischofswerda, dem Tor zur Oberlausitz, Dasing bei Augsburg, Gföhl und Winzendorf in Niederösterreich, Ratingen bei Düsseldorf und Twisteden in Nordrhein-Westfalen. Winnetou und Old Shatterhand leben demnächst wieder im Fernsehen auf. Nach der Verfilmung in den 1960er Jahren mit Pierre Brice und Lex Barker in den Hauptrollen kommt es 2016/2017 zu einer Neuauflage in drei RTL-Teilen. Den Apachenhäuptling verkörpert der albanische Schauspieler Nik (Kreshnik) Xhelilaj (32), den Blutsbruder und einstigen Landvermesser der deutsche Schauspieler und „Tatort"-Star Wotan Wilke Möhring (48).

Zauber der Volkskunst
Die spielerische Nachgestaltung des Alltags in der Tiefe des Gebirges

Alles begann einmal mit der Entspannung nach langer und gefahrvoller Schicht und erwuchs mit dem Niedergang des Bergbaus zur neuen Erwerbsquelle.

Der Deutschen Weihnachtsland ist untrennbar verbunden mit der Herstellung des Holzspielzeugs mit all seinen liebenswerten Ausdrucksformen, die in ihrer Originalität zu kunstvoll filigranen, zu zauberhaften Botschaftern des Erzgebirges geworden sind. Begonnen hatte die wechselvolle Geschichte schon im 12. Jahrhundert mit der Erschließung der reichen Bodenschätze, neben anderen Metallen vor allem von Silber und Gold. Nach der Schicht unter Tage widmeten sich die Bergleute schnitzend zur Entspannung einer Art der spielerischen Nachgestaltung ihres täglichen Umfelds in den Tiefen der Berge. Als sich im 16. Jahrhundert die Erzerträge allmählich erschöpften, fanden nur noch wenige ihr Auskommen. Hinzu kam, dass die Landwirtschaft beschwerlich war, vor allem von langen und harten Wintern erheblich eingeschränkt. Aus der einstigen Feierabendbeschäftigung des Schnitzens erwuchs nunmehr die neue Erwerbsquelle; Holz war schließlich in Hülle und Fülle vorhanden, genutzt schon lange zuvor vom Berufsstand der Drechsler. Diese hatten sich vornehmlich im Bereich der Ortschaften um Seiffen, dem Spielzeugwinkel Marienberg und Pobershau im mittleren Erzgebirge etabliert, während sich die zu professionellen Schnitzern gewandelten Bergleute in der westlichen Region um Schneeberg und Annaberg bald einen Namen machten.

Händler und Spottpreise
Trotz aller Mühen und großen Fleißes, trotz des Einsatzes der ganzen Familie blieb der Verdienst gering. Kinderarbeit bis zu 12 Stunden bei schwachem Kerzen- oder Lampenlicht war keine Seltenheit. Um halbwegs über die Runden zu kommen, spezialisierte sich das Handwerk. Der eine drehte Reifen, der andere schnitzte daraus Figürliches mit Tierdarstellungen, die benachbarte Familie kümmerte sich um die Bemalung und um die Herstellung von Schachteln. Was auch immer unter den geschickten Händen entstand, das erstanden fahrende Händler zu Spottpreisen und verkauften es gewinnbringend auf den Nürnberger Spielwarenmärkten, von wo es weiter vertrieben wurde. Das wiederum führte im Erzgebirge, ganz der Not gehorchend, zu Zusammenschlüssen und Genossenschaften, um der Gnadenlosigkeit des Lohndrucks Einhalt zu gebieten und somit zumindest ein festes Minimum an Verdienst zu erzielen. Zu den Schnitzern und Drechslern gesellten sich um 1650 Teller- und Spindeldreher, die sich auf die Herstellung von Gegenständen zum alltäglichen Gebrauch verstanden.

Das Olbernhauer Reiterlein
Die eigentliche Herstellung von Spielzeug, von Bergmännern, Pyramiden und Engeln entwickelte sich in der Folgezeit. Die Produkte werden in ihrer facettenreichen Originalität als Erzgebirgische Volkskunst geführt. Sie reicht von weihnachtlichen Motiven (Schmuck aus Holz, Stroh und Metallen, Glocken und Geläute für den Christbaum) über sogenannte Klimperkästen mit eingebautem Musikwerk und Spieldosen bis hin zu österlichen Darstellungen. Zusätzlich sind zur Volkskunst manifestierende Marken geschaffen worden, unter anderem das *Seiffener Reifenvieh*, der *Erzgebirgische*

Nussknacker und das *Olbernhauer Reiterlein*. Letzteres entstand 1935 im Haus des Spielzeugfabrikanten Max Korb auf Veranlassung des Winterhilfswerks als hölzernes, bunt bemaltes Abzeichen zum Stückpreis von 20 Pfennigen. Der Erfolg des bereits anno 1782 von Olbernhauer Kaufleuten zur Leipziger Messe mitgeführten vergleichbaren Wiegereiterleins war ein durchschlagender: Bis zum Ende des Jahres 1935 sind weit über 12 Millionen verkauft worden. Der Erlös kam notleidenden Familien zugute. Dem Abzeichen folgte 1968 die von Handwerksmeister Helmut Ulbricht geschaffene Mini-Figur von fünf mal sechs Zentimetern, inzwischen weiterentwickelt von 16 bis zu 27. In stattlicher Größe beeindruckt das Reiterlein in der Advents- und Weihnachtszeit neben Nussknacker und Pfefferkuchenfrau auf dem Olbernhauer Markt.

Spielzeug und Puppentheater

Zu den größten Sammlungen der Volkskunst zählt das Erzgebirgische Spielzeugmuseum im Kurort Seiffen. Im nahen Neuhausen hat sich das erste Nussknackermuseum Europas und zugleich das weltgrößte einen Namen gemacht, siehe hierzu auch das Kapitel *Hebelmann, der Nussknacker*, wie auch das Glashüttenmuseum im Hinblick auf das sächsisch-böhmische Glasland von einst. Eingang fand auch eine Sammlung bezaubernder Schnitzereien und Klöppeleien des Gebirges ins Dresdner Museum für Sächsische Volkskunst im 400 Jahre alten Jägerhof, in dem der Reichtum alter Traditionen im heutigen Freistaat eine Heimat fand. So beispielsweise auch bedruckte und bestickte Webereien aus der Lausitz, prachtvolle Trachten der Sorben und eine vielfältige Kollektion historischen Spielzeugs. Einer der Schwerpunkte des Museums ist die Welt des historischen und mechanischen Puppentheaters, wie sie nirgendwo sonst zu finden ist.

Vom Reiterlein bis zum Männlein mit dem Notenschlüssel: Impressionen aus dem Spielzeugdorf.

Seiffen, das Spielzeugdorf
Romantischer Kurort in der Geborgenheit des Tals der drei Berge

Traditionell Geschnitztes und Gedrechseltes von geradezu paradiesischer Vielfalt entsteht seit Jahrhunderten in rund 100 privat geführten Schauwerkstätten.

Ein Kurort, der romantischer kaum sein könnte. Schmucke Häuser, spitzgieblig und schieferbedeckt, gleichsam geborgen im Tal dreier Berge zwischen 741 und 823 Metern nahe des Erzgebirgskamms an der tschechischen Grenze, südöstlich von Chemnitz gelegen. Wenn der Seiffener nach den Besonderheiten seines Heimatortes gefragt wird, dann beginnt er mit den Schauwerkstätten, gut 100 an der Zahl, dann schwärmt er von den vielen privaten Handwerksbetrieben, denen das Spielzeugdorf seit eh und je das Renommee verdankt. Immerhin ist das Gedrechselte und Geschnitzte von geradezu paradiesischer Vielfalt, für Kinder und Erwachsene gleichermaßen – vom Waldwichtel, Räuchermännlein, Nussknacker, Pyramiden, Schwibbögen über Miniaturen der unterschiedlichsten Art bis hin zu Kerzen tragenden Engeln und Bergmännern. Neben der Reichhaltigkeit des Spielzeugs scheint sich im malerischen Seiffen alles versammelt zu haben, was zur Weihnacht gehört. So auch die alljährlich im Advent stattfindende Bergparade mit der Seiffener Berg- und Hüttenknappschaft, der Kindertrachtengruppe unter dem Motto „Lebendiges Spielzeug" und 400 weiteren mit dem Ort verbundenen Trachtenträgern.

Lichterkirche zur Ehre Gottes
Fürs Ortsbild wie gemalt, kündet die schlichte, achteckige evangelisch-lutherische Bergkirche über dem Eingang vom christlichen Glauben der Bergleute mit der Inschrift „Zur Ehre Gottes und zum Heil der Menschen". Die Wetterfahne schmückt eine aus Bronze gegossene Bergmannsfigur. Errichtet und geweiht wurde sie 1779 nach dem Abriss der seit 1570 nachgewiesenen Kapelle auf dem Bergvorsprung inmitten der Gemeinde. Bis 1959 nur von Kerzen erleuchtet und somit als *Lichterkirche* benannt, wird sie seit jeher von Hochzeitern geschätzt. Als Seiffens Wahrzeichen ist sie zu einem beliebten Motiv der Volkskunst geworden und zählt zu den Kandidaten als Welterbestätte der UNESCO im Zusammenhang mit der Montanregion Erzgebirge.

Grüner Baum und roter Hirsch
Es war 1936, als in Seiffen das Gestalt annahm, was schon 1914 von Sachsens König Friedrich August III. (1865–1932) anlässlich seines Besuchs der ersten Holz- und Spielwarenausstellung erwogen wurde: der Aufbau eines Museums unter dem Markenzeichen des grünen Baums und eines springenden roten Hirschen. Nach wechselvoller Geschichte sind es heute nahezu 1 000 Quadratmeter auf drei Etagen, auf denen thematisch das 19. und 20. Jahrhundert eine Heimat fand, wie beispielsweise die 6,30 Meter hohe Raumpyramide und der Winter- und Weihnachtsberg Christmette zu Seiffen, siehe hierzu auch den Beitrag Buckelbergwerk. Unter den um 1900 entstandenen Exponaten befinden sich seltene Stücke aus den legendären Werkstätten der Kunsthandwerker Ullrich, Füchtner und Langer. Im Spielzeugbereich des Museums fasziniert vieles im Miniaturformat, wie etwa meisterhaft Gestaltetes in der Zündholzschachtel(!): Figuren, Häuser, Fahrzeuge, Stübchen; auch Landschaften mit winzigen Darstellungen. Das Kleinstspielzeug erhöhte Seiffens Ruf und führte zu neuer Stärke in der erzgebirgischen

Volkskunst. Nicht zu vergessen zum anderen die Baukästen, Burgen, Puppenstuben, die Archen Noahs mit bis zu 300 Tieren, Spieldosen und Kaufläden. Das angegliederte Erzgebirgische Freilichtmuseum, verbunden mit einer Bimmelbahn, informiert über die holzverarbeitenden Berufe mittels Werkstätten, Maschinen und Technologien. Eine Besonderheit ist die Reifendreherei im Wasserkraft-Drehwerk im Originalzustand von 1760. Sehenswert sind auch die fürs Gebirge typischen 14 Häuser aus der Zeit vor 1900.

Zinn und die Zisterzienser

Die Zisterzienser aus dem nordböhmischen Kloster in Osek, historisch *Ossegg*, am Südhang des östlichen deutschen Erzgebirges, waren es, so wird vermutet, die den Ort nach der Entdeckung einer sogenannten zinnhaltigen Seifenlagerstätte am Seiffenbach begründeten. Nach der Auswaschung des Gerölls blieben die schweren Zinnsteinkörner, auch *Graupen* genannt, zum Aufsammeln zurück. Vermerkt sind die *Cynsifen* erstmals 1324 in einer Lehensurkunde für die Burgen Sayda und Purschenstein, was bedeutete, dass damals bereits eine Ansiedlung von Zinnseifern, von *szyn Syffen*, bestand, belegt jedoch erst anno 1451. Um 1460 wurde Zinn aus festem Gestein auf einer Neun-Hektar-Fläche nahe der Bergkirche gewonnen. Die Erzmasse reichte bis zu 30 Meter in die Tiefe. In den Spalten, den *Gängen*, stießen die auf eigene Gewinn- und Verlust-Rechnung arbeitenden Bergleute neben Roteisenerz auch auf Arsen- und Kupferkies.

Lebensunterhalt im Wandel

Um 1550 setzte allmählich ein Aufschwung des Bergbaus ein. 1573 sind es bereits 73 ausgebrachte Zentner an Zinn im Jahr. Im Verlauf des Dreißigjährigen Krieges (1618–1648) wuchs die Einwohnerzahl durch Exulanten aus Böhmen, was zu Engpässen auf dem Arbeitsmarkt führte, da nicht alle der Neu-Seiffener zu Lohn und Brot kamen. Ihnen blieb wie manchem Einwohner auch die Holzverarbeitung, wie sie schon im

Die Lichterkirche auf einem Bergvorsprung inmitten des Ortes und der Marktplatz im Advent.

16. Jahrhundert als Nebenerwerb gang und gäbe war. Die Drechsler fertigten vor allem Gegenstände für den allgemeinen Gebrauch, wie Spindeln, Teller, Knöpfe und anderes mehr. Dennoch blieb der Ort dem Bergbau erhalten. 90 Prozent der Ansässigen hatten hierzu einen Bezug. Stattlich waren die Zahlen um die Zinnausbeute: 1725 waren es 400 Zentner und 1730 sogar 508. Nach 1750 sank die Ausbeute auf nur noch 18 Zentner. Das bewirkte bald wirtschaftliche Notlagen und zwang die Bergleute nun zum Umstieg auf Drechseln als Haupterwerb, wobei sich die Zuwendung zur Seiffener Ware, zur Herstellung von Spielzeug, vergleichbar mit der *Berchtesgadener War* (siehe hierzu auch das Buch *Mythos Berchtesgadener Land*, Verlag Anton Pustet) als gewinnbringend erwies. Ab 1760 waren die Erzeugnisse der Erzgebirgler europaweit im Handel über die Messen in Nürnberg und Leipzig vertreten, was sich wiederum mittels der Vielfalt und der günstigen Preise wegen aufgrund des niedrigen Lohnniveaus erklärte. Nach dem endgültigen Erliegen des Bergbaus hatte Seiffen sein wirtschaftliches Standbein gefunden. Um 1870 bestritten 937 von 1 438 Einwohnern damit ihren Lebensunterhalt.

Tradition der Glasmacher

Weniger bekannt ist, dass im Seiffener Winkel auch die Glasmacherei zur Tradition gehörte, etwa ab dem 13. Jahrhundert. Als bekannteste Hütte gilt die dem Ort nahe in Heidelbach, datiert auf das Jahr 1488. Sie erstellte ursprünglich einfaches Gebrauchsglas, auch Hohl- und Flachgläser. Gut 100 Jahre später kam die Emailmalerei hinzu, nach 1650 der Glasschliff, was die Wertigkeit augenfällig erhöhte. Das nunmehr sehr viel bekannter gewordene Glas orderten nicht nur die Städte Freiberg und Dresden, die Hofkellereien in Moritzburg, Torgau und Annaberg, sondern auch die sächsischen Kurfürsten. Zwischenzeitlich gehörte die Hütte dem Heidelbacher Berg- und Kammerrat Michael Nehmitz (1670–1739), der als erster Direktor der Meissner Manufaktur die Arbeiten des Alchemisten

oben: Kunst im Spielzeugmuseum Seiffen.

Das nächtliche Panorama von Seiffen.

und Naturforschers Johann Friedrich Böttger (1682–1719) zur Porzellanherstellung auf Geheiß von August dem Starken (1670–1733), Sachsens Kurfürst und König von Polen, zu überwachen hatte. Die von Böttger und dem Mineralogen Ehrenfried Walther von Tschirnhaus (1651–1708), den Erfindern des europäischen Porzellans, bei ihren streng geheimgehaltenen Versuchen genutzten Gerätschaften aus Glas sollen aus der Heidelbacher Hütte des Bergrats gestammt haben. Nach dem allgemeinen Niedergang der Glashütten und der Verkleinerung des Landes im Rahmen der Neuaufteilung Europas nach der napoleonischen Ära durch den Wiener Kongress anno 1815 waren die Heidelbacher die einzig verbliebenen in ganz Sachsen, abgesehen von der erst um 1880 aufkommenden Industrialisierung der Glasherstellung in Zwickau, Brand-Erbisdorf und Carlsfeld. 1827 wurde nach mehreren Rettungsversuchen die Produktion eingestellt. Das Gelände der Hütte gehört seit 1939 zu Seiffen, die Siedlung selbst zum benachbarten Neuhausen. Dort befindet sich in der ehemaligen Fronfeste des Schlosses Purschenstein das Glashüttenmuseum des Erzgebirges mit der Darstellung einer Glashütte aus dem 16. Jahrhundert wie auch der Heidelbacher. Zu sehen sind die unterschiedlichsten Gläser aus historischer Zeit, so beispielsweise die berühmten Rundglasscheiben von 1612 und die handwerklich kunstvoll komponierten Leuchterspinnen. Schaublasvorführungen demonstrieren die Vielfalt der Möglichkeiten in Farben und Formen, auch die der Malerei und Gravur. Europaweite Berühmtheit erlangte der Ort im oberen Flöhatal überdies mit dem Nussknackermuseum, siehe hierzu auch das Kapitel *Hebelmann, der Nussknacker*.

Das große Berggeschrey
Als vielerorts in Tälern und auf Höhen des Gebirges die Kunde reicher Funde widerhallte

Der Silberrausch erfasste anno 1168 Bergleute ebenso wie Händler, Handwerker und Vagabunden, vergleichbar mit dem legendären Goldrausch von 1896 am Klondike in Alaska.

Man schrieb das Jahr 1168, als fahrende Handelsleute kurz vor der sächsischen Gemarkung Christiansdorf ihren Augen kaum trauen wollten. Hatten sie doch während einer Rast in den Wagenspuren merkwürdig glänzende Steine entdeckt, die ihnen bislang fremd waren. Sie verharrten nicht in der Verwunderung, sondern ließen sie bald darauf in Goslar untersuchen, wo am Rand des Harz-Gebirges schon seit dem 10. Jahrhundert neben der Kupfergewinnung auch Silber aus dem Erz geschieden wurde, was im Laufe der Zeit zu großem Reichtum geführt hatte. Das Urteil der Kundigen war eindeutig: Die Fundstücke vom nach Christiansdorf führenden Weg, der heutigen Altstadt von Freiberg, waren reichlich vom Silber durchzogen. Als sich das alsbald herumgesprochen, gab es kein Halten mehr: Das fürs Erzgebirge *Erste Berggeschrey* hallte weithin ins Land, vergleichbar mit dem Goldrausch von 1896 am Klondike in Alaska.

Der weitsichtige Markgraf
Die Kunde reicher Funde im Silberglanz des heutigen Weihnachtslandes zog bald vornehmlich aus dem Harz stammende und dann im Erzgebirge siedelnde Bergleute an, empfangen von den sprichwörtlich offenen Armen des Landesherrn, der ihnen die Feudalabgaben erließ. Das geschah getreu der weitsichtigen Weisung Markgraf Ottos von Meißen (1125–1190), Inhaber des sogenannten Bergnutzungsrechts, des Bergregals, der da zugestand: „Wo eyn man ercz suchen will, das meg her thun mit rechte." Lediglich der *Bergzehnte* war zu entrichten, sodass sie so gut wie sorgenfrei und weitgehend selbstständig ihrer Arbeit nachgehen konnten. Im Gefolge der Männer mit ihren Familien fanden sich alsbald aus allen Himmelsrichtungen Händler, Handwerker und Köhler, aber auch Glücksritter, Vagabunden, Hallodris und andere Spitzbuben in der Region des sächsischen Herzogtums ein, in der schon um 300 zu römischer Zeit nach Zinn, Eisen und Kupfer geschürft worden war, wenn auch mit bescheidener Ausbeute.

Freie Stadt auf dem Berge
Die noch junge Siedlung der Bergleute wuchs rasant. Bald folgten die Stadtrechte mit dem Namen Freiberg, fußend auf der Kunde von der freien Stadt auf dem Berge im Zusammenhang mit dem Berggeschrey, und 1201 die erste urkundliche Erwähnung. Die Mutter der sächsischen Bergstädte als wirtschaftlicher Mittelpunkt und Hauptmünzstätte der Wettiner konnte für sich in Anspruch nehmen, die größte und bevölkerungsreichste Stadt in der Mark Meißen zu sein. Der Handel florierte und bediente vornehmlich die Metropolen Mailand, Venedig und Florenz. Von Bedeutung waren die von den Bergleuten geschaffenen Normen zum Abbau im Berg, weitgehend im europäischen Bergbau als Freiberger Bergrecht übernommen. Zu Beginn des 14. Jahrhunderts schwanden die Silbervorkommen zusehends.

Schneeberg und der Silbertisch
Doch mit dem *Berggeschrey* von 1168 war es dann doch noch nicht vorbei, auch wenn es sich erst sehr später von Neuem erhob – nach 303 Jahren. Anno 1471

fieberte die Region im neuerlichen Silberrausch, ein-gegangen in die Geschichte als das zweite, das *Große Berggeschrey* in den oberen Bereichen des Erzgebirges. Wieder strömten Kaufleute, Bergarbeiter, Handwerker und Abenteurer ins Gebirge. Der Zuzug erfasste das ganze Berggelände mit einer sehr viel dichteren Besied-lung als zuvor. Ausgelöst hatten Silberfunde am und auf dem 470 Meter hohen Schneeberg den Ansturm aus nah und fern. Noch 1471 entstand die Streusied-lung, der schon nach zehn Jahren die Rechte als freie Bergstadt namens Schneeberg verliehen wurden. Grube reihte sich an Grube, allein 153 waren es bereits 1477. Das war auch das Jahr, als das Silberfieber den Höchst-stand erreichte – mit der Entdeckung des riesigen Vor-kommens in der *St.-Georg-Fundgrube*. Es handelte sich um 14 Tonnen in Form eines Blockes aus zusammen-hängender Silbererzmasse, der bis heute europaweit als einzigartig gilt. Vor dem Abbau freigelegt, ließ es sich Herzog Albrecht (1443–1500) mit seinen Gefolgsleuten nicht nehmen, am wertvollsten *Tisch* der Welt zu tafeln. 1483 gründete er die Schneeberger Münzstätte.

Der Taler aus Joachimsthal

Ein weiterer, überaus reicher Erzgang, entdeckt 1491 am Hang des 649 Meter hohen Schreckenbergs unterhalb des Dorfes Frohnau, heute ein Ortsteil von Annaberg-Buchholz, sorgte für den nächsten Ansturm aufs Silber. Das beweist die Entwicklung der Einwohnerzahl der 1497 gegründeten *Newe Stat am Schrekenbergk*, der Neu-stadt am Schreckenberg, nach 1590 Annaberg: Sie stieg in vier Jahrzehnten auf rund 12 000; das entsprach damals einer Großstadt, nach Freiberg die zweitgrößte Sachsens und damit selbst Dresden und Leipzig übertreffend. Auf der böhmisch-tschechischen Seite, am steil abfallenden Südhang des Erzgebirges, war es Sankt Joachimsthal, heute Jáchymov in der Region Karlsbad, Karlovy Vary, wo man 1516 auf annähernd große Silbervorkommen stieß. 1519 wurde der erste Joachimsthaler in den Kel-lergewölben der nahen Burg (Hrad) Freudenstein (nicht zu verwechseln mit dem Freiberger Schloss Freudenstein)

Eine Teilansicht des weltberühmten Annaberger Bergaltars.

von den Münzmeistern Stephan Gamisch aus Nürnberg und Utz Gebhart aus Leipzig geschlagen, *gemüntzet*, wie es damals hieß. Bis 1528 sind etwa 2,2 Millionen geprägt worden. Später zum T(h)aler verkürzt, im deutschen Kaiserreich nach 1871 als silberne Drei-Mark-Münze geführt, erfreute sich internationalen Zuspruchs, was sich in der Namensgebung mancher Währung wieder-fand: Das gilt für den amerikanischen *Dollar* ebenso wie für den *Dolary* (tschechisch), *Talar* oder *Joachimik* (pol-nisch); im Italienischen waren es der *Tallero* oder *Joachi-mico*. Ein altes Sprichwort würdigt ihn noch heute: „Wer den Pfennig nicht ehrt, ist des Talers nicht wert." Auch in dem zu einem Kinderspiel gehörenden Lied „Taler, Taler, du musst wandern" hat er sich verewigt.

559 Gruben in Marienberg

Zu Sachsens Reichtum trug auch Marienberg bei. 1519 stieß ein gewisser Clemens Schiffel am Schlettenbach im heutigen Gemeindeteil Wüstenschlette auf Silber. Wie schon anderswo, war der Zustrom von Bergleuten enorm, was Herzog Heinrich den Frommen (1473–1541) anno 1521 zur Gründung der Bergstadt veranlasste. Das Silberausbringen erreichte seinen Höhepunkt um 1540 mit 270 384 Gulden. Zu dieser Zeit wurden exakt 559 Gruben gezählt und bis zu einer Tiefe von 230 Metern geschürft, in einem Fall bis zu 350. Nach dem teilweisen Erliegen der Förderung konzentrierte sich Marienberg ab 1620 auf Zinn und Kupfer mit 256 Zechen. Dank technischer Neuerungen kam es nach 1750 zum neuerlichen Aufschwung des Silbers bis ins 19. Jahrhundert hinein. 1904 endete die Ära des Marienberger Edelmetalls. Drei Jahrzehnte zuvor war die Währung des Kaiserreichs auf Gold umgestellt worden, was den Wert des Silbers sinken ließ, bedingt auch durch die Entdeckungen reicher Vorkommen in Nordamerika.

Exulanten aus Böhmen

Johanngeorgenstadt, genannt auch *Stadt des Schwibbogens*, am Hang des 900 Meter hohen Fastenberges an der Grenze zu Tschechien, kam vergleichsweise spät zum Silber. Kurfürst Johann Georg I. von Sachsen (1585–1656) erhob die Siedlung 1654 zur Stadt, versehen mit seinen Vornamen. Der Glaubensgründe wegen ins protestantische Erzgebirge vertriebene Exulanten aus dem böhmischen Ort Platten, heute Horní Blatná, ehemals gegründet von Schneeberger Bergleuten, waren der Anlass. Zum Bergbau von Zinn, Eisen und Kobalt kam unerwartet Silber, was die junge Stadt aufblühen ließ. 1723 konnte Johanngeorgenstadt neben 350 Zinn- und Eisengruben auf 85 im Silberabbau verweisen. Später waren es die Erzgänge in der Verbindung von Silber, Wismut, Kobalt und Uran. Noch 1819 wurden Uranerze für die Farbenherstellung, die Pigmente, genutzt. Ein Meilenstein in der Entdeckungsgeschichte war in Schneeberg ein bis heute einzigartiger Fund. Es handelte sich um ein farbenprächtiges Gebilde, das sich erst sehr viel später als fünffaches Uranglimmer-Mineral entpuppte.

Die Ära der Wismut AG

Zur endgültigen Bedeutung gelangte das Element Uran im Zusammenhang mit der entdeckten Kernspaltung von Energie und als Rohstoffbasis der sowjetischen Atomforschung, forciert nach dem Abwurf der US-amerikanischen Atombomben auf die japanischen Städte Hiroshima und Nagasaki. Russland selbst verfügte nicht ausreichend über das radioaktive Schwermetall. Die Fahnder der Besatzungsmacht waren nach 1945 in den besetzten Gebieten vor allem im Erzgebirge fündig geworden. Begonnen wurde mit der Förderung unter dem Tarnnamen „Wismut" für eine Staatliche Aktiengesellschaft der Buntmetallindustrie mit Sitz in Moskau, der deutschen Zweiggesellschaft in Aue und den Verwaltungen der Besatzungsmacht in Schneeberg, Johanngeorgenstadt, Annaberg, Marienberg und Lauter. Insgesamt sind 1,2 Millionen Tonnen Erz gefördert und daraus 231 400 Tonnen Uran gewonnen worden. Nach der 1990 erfolgten politischen Wende, der Wiedervereinigung Deutschlands, endete der „Wismut"-Bergbau. Ihm folgte das größte Umweltschutzprogramm Europas zur Rekultivierung. Der Sanierungsbergbau erzielte bis 2011 noch rund 3 000 Tonnen Uran mit Verkaufserlösen von rund 67 Millionen Euro. In diesem Zusammenhang kam es 1991 zum bislang letzten reichen Silberfund in Pöhla, seit 2008 Stadtteil von Schwarzenberg. Es handelte sich um eine Verwachsung von gediegenem Silber, Arsen und Karbonaten.

Ein erneutes, wenn auch ein nicht ganz so weithin widerhallendes Berggschrey lässt sich seit Kurzem nicht mehr ausschließen. Unter diesem Namen sind Pläne zur neuerlichen Förderung von Erzen entstanden. Steigende Rohstoffpreise machen es möglich und manche Grube (vielleicht) wieder rentabel.

Der 1521 geweihte Bergaltar in der St.-Annen-Kirche zu Annaberg vermittelt mit den vier Tafeln das bergmännische Leben und Triben vor über 500 Jahren. Zu sehen sind die Abläufe der Silbergewinnung bis zur Münzprägung. Im oberen Viertel der einen Tafel ist der Engel zu sehen, der einem gewissen David Knappe im Traum den Fund enes Schatzes in den Baumwurzeln prophezeite. Der Legende nach stieß dort der junge Mann auf eine reiche Silberader. Die Darstellungen stammen vermutlich von Hans Hesse, einem Tafel- und Glasmacher, bekannt geworden zwischen 1497 und 1539.

Manufaktur der Träume
Schatzkammer des Außergewöhnlichen

Von vier Ausstellungen einer leidenschaftlichen Sammlerin aus Sachsen, die im Vogtland aufwuchs. Sie trug zusammen, was seit 1750 bis heute im Erzgebirge, in Bayern und Thüringen von Bedeutung ist.

Um dieser Welt der Träume nahekommen zu können, sind es vom Annaberger Marktplatz per pedes zwei, von der St.-Annen-Kirche fünf gemächliche Minuten zu einem Erlebnismuseum der besonderen Art mit dem Schwerpunkt auf der sächsisch-böhmisch-erzgebirgischen Weihnachtskultur, auch die der thüringischen und bayerischen im Spiegel der Zeit von 1750 bis heute. Auf den drei Etagen der Marie-Ströher-Gedächtnissammlung mit insgesamt 1 100 Quadratmetern reiht sich eine Augenfälligkeit an die andere in dem eher unscheinbaren Gebäude aus der Blütezeit der Posamenten-Industrie. Die mit Metalldrähten gewirkten Borten und Tressen, Außergewöhnliches und Exklusives haben

längst die stattliche Zahl von 1 500 überschritten. Die meisten Exponate in dem für 7,5 Millionen Euro zum Museum ausgebauten Haus entstanden in den Jahrzehnten nach 1890. Thematisch verteilt sind sie auf drei Bereiche. Der erste widmet sich dem Sehen mit Miniaturen in Höhlenöffnungen, der zweite dem Machen, den geschnitzten Kostbarkeiten, und der dritte lädt ein zum Staunen, nunmehr ganz dem Namen des Gebotenen gerecht werdend, der *Manufaktur der Träume*.

Schneiders Obersteiger

Das besondere ist die versammelte Vielfalt der erzgebirgischen Volkskunst an einem Platz und somit einer Schatzkammer gleich. Die Faszination der historisch wertvollen Figuren, die da sind Engel, Bergmänner, Krippen, Räuchermänner, Nussknacker und Weihnachtsberge, beflügelt gleichsam die Fantasie. Unter den Werken ragen die eines Mannes hervor, der in Annaberg-Buchholz der bedeutendste und stilbildende genannt wird: Es ist Paul Schneider (1892–1975), der Nachfahre in 12. Generation der legendären Barbara Uthmann (1514–1575), gerühmt als Förderin des Klöppelns. Mehr darüber im gleichnamigen Kapitel. Zu den wichtigsten Werken des Sohnes eines Schlossermeisters zählen die Büste der Unternehmerin und vor allem *Die Kundmachung des Obersteigers*, eine Figurengruppe von Bergsteigern. Sie existiert gleich zwei Mal, da auch im Deutschen Bergbau-Museum zu Bochum im Ruhrrevier beheimatet. Paul Schneider führte auch die Krippenschnitzerei zu höchster Vollendung.

oben: Ein sehr weiblich anmutender Schwebeengel.
unten: Die Kundmachung des Obersteigers, ein Werk des Kunstschnitzers Paul Schneider.
rechts: Das Lichterhaus, eines der 1000 Exponate im Erlebnismuseum in Annaberg.

Die Enkelin des Gründers

Möglich werden ließ die Manufaktur der Träume Dr. Erika Pohl-Ströher, in der nahe Leipzig gelegenen Domstadt Wurzen geboren, Biologin und Unternehmerin. Sie wuchs bei ihren Großeltern Franz und Marie Ströher im vogtländischen Rothenkirchen auf, die das Wella-Unternehmen im Jahre 1880 gründeten und berühmt wurden mit Dauerwellapparaten und dazugehörigen Kosmetikartikeln. Erika, Tochter von Karl Ströher, Erbin der Firma mit Bruder Georg, zählte zu den bedeutenden Kunstmäzenen Deutschlands, wie später die Tochter auch. Neben der Manufaktur der Träume begründete sie drei weitere Ausstellungen. So im Schloss Freudenstein mit der *Terra mineralia* der Technischen Universität, Bergakademie Freiberg mit 80 000 Exemplaren und mit der Mineralogischen Sammlung Deutschland im Krüger-Haus, benannt nach dem Förderer Dr. Erich Krüger, der das leer stehende Amtshaus von 1510 erworben und saniert hatte. Im Depot Pohl-Ströher, einem Industriegebäude von 1923 in Gelenau an der Auerbacher Höhe (640 m), sind auf 1 800 Quadratmetern teilweise spektakuläre Sammlungen untergebracht, beispielsweise mechanische Heimat- und Weihnachtsberge, ebenso eine 1 300 Objekte umfassende Schmuck- und Künstlereier-Kollektion, Pyramiden in großer Zahl, eine historische Puppenklinik und Darstellungen von Berufen zur Spielzeugherstellung im Erzgebirge. Alle vier Ausstellungen sind mit diversen Exponaten, gleichsam als Einladung zu einem Besuch der jeweiligen Ausstellung, im Foyer des Schlosses Freudenstein präsentiert.

Barbara Uthmann, Herrin der Klöpplerinnen
Unternehmerin mit Sinn für soziale Verhaltensweisen

Dank ihrer Weitsicht verhalf sie vielen Frauen im Erzgebirge zu Lohn und Brot. In den besten Zeiten beschäftigte die Mutter von zwölf Kindern bis zu 900 Annaberger Bortenwirkerinnen.

Es war im August des Jahres 2014, als Stadt und Land, Annaberg-Buchholz und das Erzgebirge, einer außergewöhnlichen Persönlichkeit die Ehre erwiesen, die genau vor fünf Jahrhunderten das Licht der Welt erblickte – anno 1514 als gesundes Töchterlein Barbara des hochwohlgeborenen Heinrich von Elterlein (1485–1539), Berg- und Hammerherr im gleichnamigen Städtchen, auch als Zehntner, als Steuerbeamter vom Landesherrn in Annaberg und Marienberg bestallt. Schon als Kind kam das wissbegierige Mädchen im

Haus des Vaters mit dem Bergbau in Berührung, bedingt durch das Kommen und Gehen der dem Hause verbundenen Bergherren. Unter ihnen befand sich eines Tages auch ein gewisser Christoph Uthman, der aus dem schlesischen Löwenberg zugezogen war. Mit gerade 15 Jahren führte sie der sieben Jahre Ältere 1529 zum Traualtar von Elterlein, namensentlehnt vom *Altarlein* (am Wege). Zwei Jahre später wurde ein Wohnhaus am Annaberger Marktplatz bezogen.

Kupfer und Kurfürst
Die glückliche Ehe und die Elternfreuden über zwölf Kinder währten bis zum 11. September 1553, als Christoph Uthmann unverhofft verstarb. Hinterlassen hatte er ihr unter anderem die höchst ertragreiche Saigerhütte Grünthal nahe Olbernhau, berühmt geworden mit dem *Grünthaler Dachkupfer*. Drei Jahre zuvor erstanden, war sie verbunden mit dem Privileg des Kupfermonopols und dies insofern, als das Kupfererz anderer Zechen zu einem vom Landesherrn verfügten Preis abzuführen war. Barbara Uthmann übernahm, und das erfolgreich bis 1567, als die intrigante Konkurrenz am Ziel ihrer Wünsche war: Kurfürst August von Sachsen (1526–1586) geruhte, das Privileg nicht zu verlängern, da er nun selbst an den reizvollen Gewinnen interessiert war, und erzwang den Verkauf, um nunmehr selbst *saigern* (reinigen, abtrennen, herausschmelzen) lassen zu können.

Hang zur Verzierung
Dank des nicht unbeträchtlichen Vermögens und ihrer legendären Geschäftstüchtigkeit fand sie bald ein neues

Die idealistische Büste, geschaffen von Paul Schneider, dem Uthmann-Nachfahren in der 12. Generation.
rechts oben: Die Freude der Frauen am Klöppeln in der Freizeit.
rechts unten: Die Statue der Spitzenunternehmerin auf dem Annaberger Marktplatz.

Betätigungsfeld im Bereich einer aus Italien gekommenen, noch sehr jungen Handarbeitstechnik, der Spitzenklöppelei, zu der in Venedig um 1555 das erste Musterbuch erschienen war. Barbara Uthmann erkannte den gewinnträchtigen Wert des Garngeflechts, der kunstvoll gefertigten Borten, entstanden aus dem spielerisch anmutenden und doch so schwierigen Wechselspiel des Verschlingens, Verkreuzens, Verknüpfens und Verdrehens der Garne mit dem Klöppel, einer hölzernen Spule. Was noch heute traditionell als Freizeitbeschäftigung nicht nur auf Hutzenabenden im Advent gepflegt wird, war damals ein willkommener Nebenverdienst der Bergarbeiterfrauen. Um eben diesen kümmerte sich die umtriebige Witwe, wusste sie doch die zunehmende Nachfrage der reichen Bürgerschaft mit dem erfreulichen Hang zur luxuriösen Verzierung der die Kleidung umrandenden Borten zu nutzen. Das betrieb sie in einem besonderen Maße als sogenannte Verlegerin, indem sie den fleißigen Frauen alles besorgte, was sie zum Klöppeln benötigten und ihnen selbst die Muster der Spitzen vorlegte. Sie nahm das Gefertigte entgegen, entlohnte es und kümmerte sich in eigener Regie und Risiko um den Verkauf. Zu besten Zeiten standen bei ihr bis zu 900 Annaberger Bortenwirkerinnen in Lohn und Brot. Mehr noch: Fortzahlung bei Krankheit garantiert, Übernahme der Kosten bei Arztbesuchen, Vermeidung von Sonntagsarbeit und Deputate in Form von Lebensmitteln fürs Auskommen. Unterm Strich kam des Erzgebirges erste *Spitzen*-Unternehmerin, im doppelten Wortsinn, und Förderin des Klöppelns durchaus zu Reichtum.

Ein besonderer Nachruf

Die Erfolgsgeschichte neigte sich allmählich dem Ende zu, als der Bergbau an Bedeutung zu verlieren begann. Mit der Entlassung der letzten verbliebenen Arbeiterinnen war der Schlusspunkt gesetzt, Barbara Uthmann gab auf. 1575 schloss sie für immer die Augen, betrauert und gerühmt zugleich als eine Lichtgestalt in der damals noch jungen Historie der 1496 gegründeten

BARBARA UTHMANN

1514 – 1575

Bäckerei

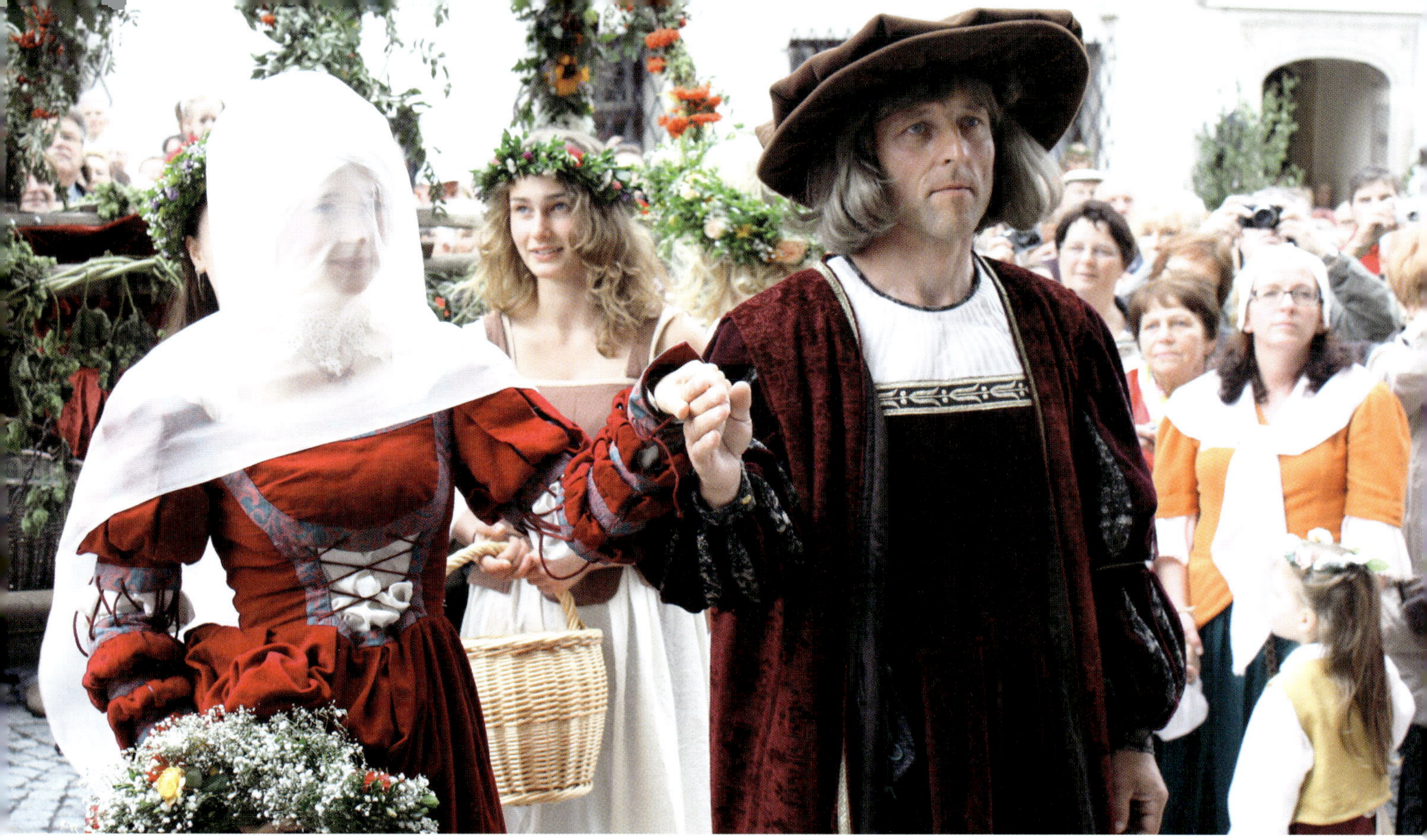
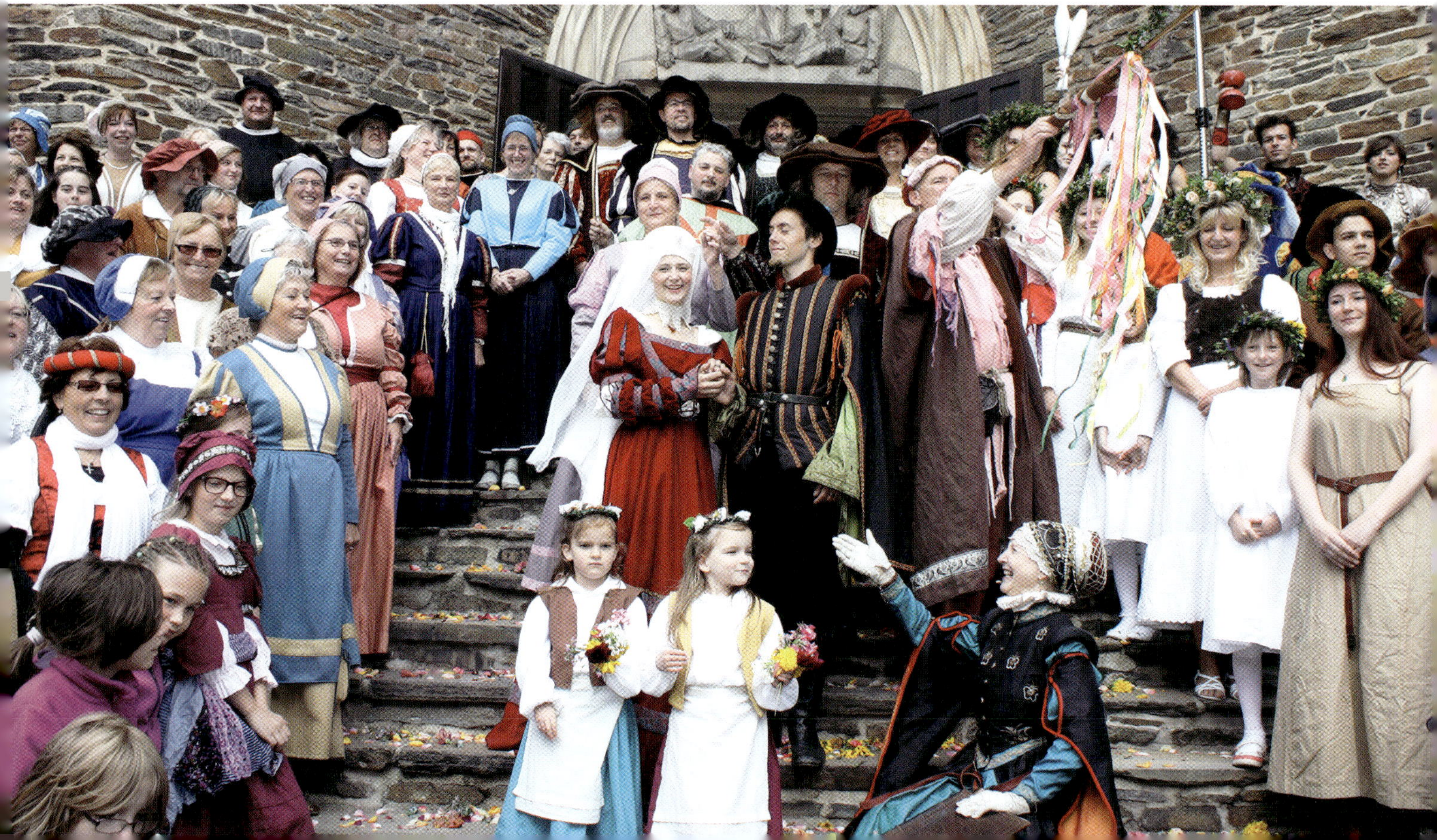

Bergstadt. In deren Chronik ist ein authentischer Nachruf zu entdecken: „Den 15. Januar starb Frau Barbara, Christoph Uthmanns Wittib, eine Tochter Heinrich von Elterleins, ein reiches Weib vom Bergwerck, glückliche Bortenhändlerin und Wohltäterin des Armuths, eine Mutter, 64 Kinder und Kindeskinder."

Lokomotive und Kleinplanet

Es war im Jahr 1869 als die Königlich-Sächsische Staatseisenbahn eine auf Nebenstrecken eingesetzte Gemischtzug-Lokomotive, die 95. von der Berliner Schwarzkopff-Fabrik, mit ihrem Namen, dem einzigen weiblichen, der je an eine sächsische Lok vergeben wurde, versah. Seit 1886 würdigte ein Denkmal Barbara Uthmann auf dem Marktplatz, zerstört im Kriegsjahr 1942 und wiedererrichtet 2002 dank eines Annaberger Fördervereins. Auch den Markt von Elterlein ziert eine Statue und eine Skulptur befindet sich an der linken Außenseite der Zwickauer Marienkirche. In der St.-Annen-Kirche in Annaberg erinnert ein buntes Bleiglasfenster an sie. Im Erzgebirgsmuseum (siehe auch *Manufaktur der Träume*) steht eine von Paul Schneider 1932 geschaffene, idealisierte Büste, da kein Bildnis von ihr bekannt ist. Seit 2003 trägt ein 225 Millionen Kilometer von der Erde entfernter Asteroid, entdeckt 1998 von der in einem Nebental der Zschopau gelegenen Volkssternwarte Drebach, ihren Namen, offiziell unter (31 231) Uthmann. Der Kleinplanet mit dem Durchmesser von etwa 10 Kilometern bewegt sich auf einer Umlaufbahn zwischen Mars und Jupiter mit einer Geschwindigkeit von 22 Kilometern pro Sekunde um die Sonne.

Eine Postkarte vom Spitzenklöppeln um 1900.
links: Annaberg 2014 im Jahr des Jubiläums. Die nachempfundene Hochzeit, als Heinrich von Elterlein Tochter Barbara zum Traualtar führte, wo sie Christoph Uthmann das Ja-Wort gab.

Die Silberstraße

Sie erzählt die Geschichte(n) von den jauchzenden Höhen des
Berggeschreys und den bitter durchlebten Tiefen im Wandel der Zeiten.

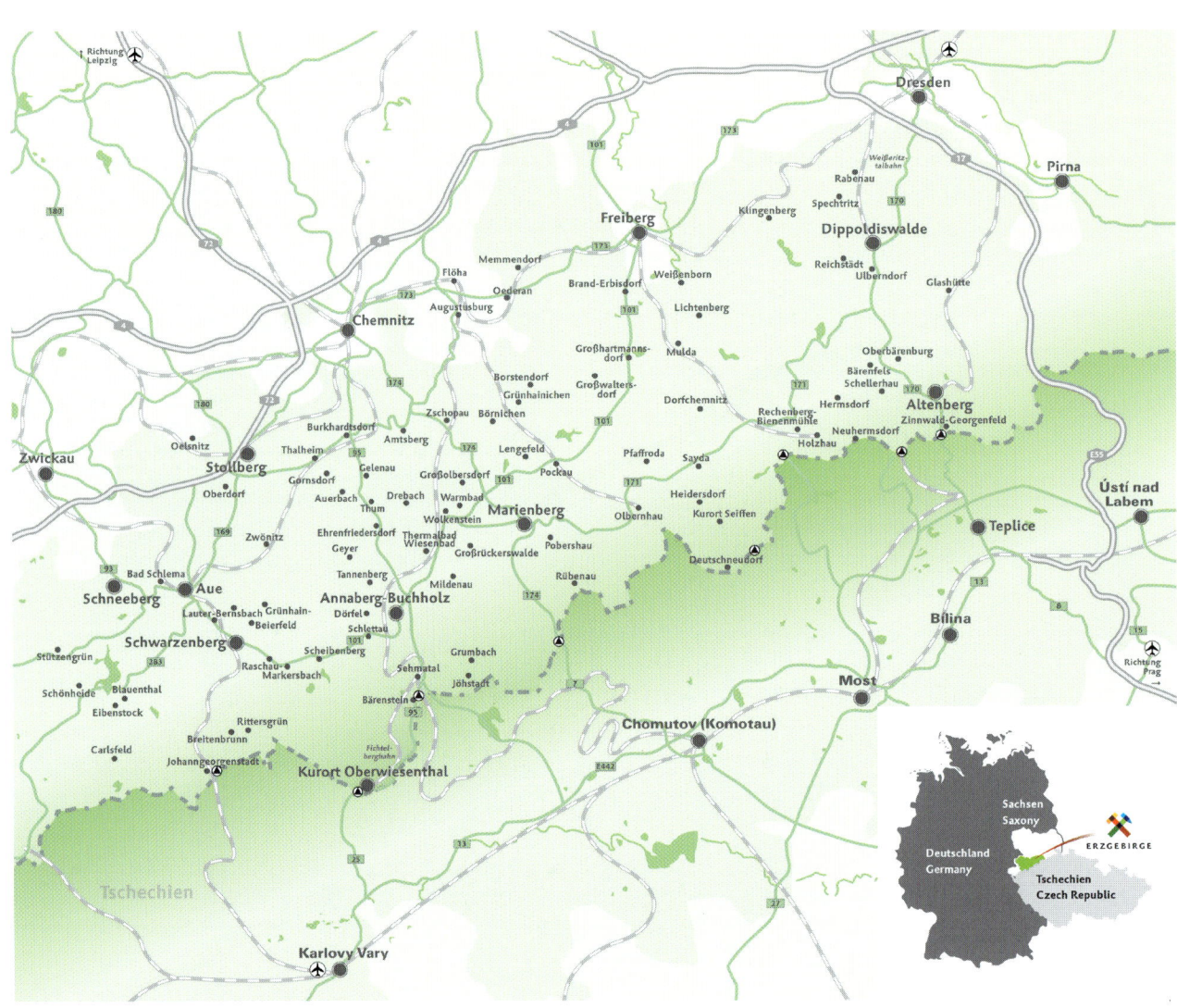

Alles kommt vom Bergbau her, dem vom Silber. Ein unsterbliches Wort, das wie kein anderes das Bild vom Erzgebirge im Wandel der Zeiten prägte. Heute durchzieht Sachsens erste und zugleich längste Ferienstraße die Region auf 275 Kilometern von Zwickau mit einer Abzweigung ins Böhmische bis nach Dresden. Dorthin führte der Weg des Edelmetalls, an den kurfürstlich-königlichen Hof, das für das sächsische Land zum Grundstock des Reichtums wurde. Die Silberstraße bündelt in ihrem Verlauf historische Routen des Handels. Südöstlich von Zwickau ist es beispielsweise der Haltepunkt an der gleichnamigen und heute zu Wilkau-Haßlau gehörenden Ortschaft; des Weiteren sind es zwischen Annaberg und Lengefeld sowie zwischen Brand-Erbisdorf und Freiberg der *Silberwagenweg* und im Tharandter Wald der nach Dresden führende *Fürstenweg*. Insgesamt säumen die Silberstraße fast 40 Orte mit all ihren Besonderheiten.

Zwickau
Zwigge, die Schwäne, die Perle

Sachsens viertgrößte Stadt, vom Volksmund auch *Zwigge* genannt, erstreckt sich auf einer weiten Talaue als Tor zum Westerzgebirge und war bis etwa 550 von den germanischen Stämmen der Thüringer und Sueben besiedelt. Ihnen folgten die Sorben, unterworfen und teilweise christianisiert durch den Sachsen-Herzog und späteren König Heinrich I. (876–936), der dann Zuwanderer aus deutschen Regionen ins Land ließ. Zwickau, der Name, so wird vermutet, könnte aus dem Slawischen stammen: Swikawa, entlehnt vom *Svarožić*, dem Gott des Feuers und der Sonne, was wiederum auf Brennbares verweise, auf die Steinkohlevorkommen. Somit wäre Zwickau als *Aue des Feuergottes* erklärt. Beurkundet ist der Ort 1118 mit *territorio Zcwickaw*, das Stadtrecht erfolgte um 1200. Die drei Schwäne im Wappen seit 1290 sollen der Sage nach an Kalliste, die Tochter einer Fee, erinnern, die sich mit ihren zwei Gespielinnen in Schwäne verwandeln konnte. Nach vielen Wirrungen begegnete sie ihrer großen Liebe an einem früheren Zwickauer Schwanenteich; der heutige war allerdings 1477 zum Feuerlöschen angelegt worden.

Zwick'sches Tuch, ein Gütebegriff

Den einsetzenden Wohlstand der Stadt begründeten auch die alten Handelswege, vor allem der von Nürnberg ins Böhmische führende. Der Abbau von Silber und Kupfer begann 1360 mit der Fürstenberger Fundgrube; 1470 erfreuten sich die Zwickauer Patrizier an den Schneeberger Vorkommen. Auch Friedrichs III. des Weisen (1463–1525) Wohlgefallen manifestierte sich in dem Bekenntnis, dass *sein Zwickau*, die „Perle im Kurfürstentum Sachsen" sei. Er war es auch, der die Gründung des Stadtarchivs veranlasste – „mit eisernen Türen und drei guten Schlössern", hinter denen seitdem 14 Bände des Nürnberger Meistersingers Hans Sachs (1494–1576) verwahrt sind. Die Zeit der Reformation führte den streitbaren Martin Luther (1483–1546) und Thomas Müntzer (1489–1525), den durch den *Bauernkrieg* berühmt gewordenen Theologen, nach Zwickau, einst deren „feste Burg" genannt. Neben dem von Silber- und Kohleabbau galt die Stadt auch als ein Zentrum der Tuchmacher. *Zwick'sches Tuch* war ein Gütebegriff. Den Dreißigjährigen (1618–1648) wie auch den Siebenjährigen Krieg (1756–1763) überstand die Stadt jeweils mit der Zahlung von überaus hohen Kontributionen.

Stadt der Automobile

Der Blick aufs Jahr 1904 weist Zwickau als die Stadt der Automobile aus, die seit 1904 bis heute produziert werden – von Horch über Audi (1915), Auto Union, Trabant (Trabbi) mit der weltweit ersten Kunststoffkarosserie (1955) bis zum VW-Werk mit 6200 Mitarbeitern im Stadtteil Mosel. Das August-Horch-Museum, ein Haltepunkt an der Europäischen Route der Industriekultur, vermittelt auf 3000 Quadratmetern einen Eindruck vom Ursprung und Werden des sächsischen Autobaus. Und die im Lack glänzenden 70-PS-starken Karossen der historischen Marken von Audi, DKW,

Wilkau-Haßlau: Rathaus und Brücke über die Zwickauer Mulde.

Horch und Wanderer wirken, als wären sie gerade erst vom Band gelaufen. 1946 richtete sich die sowjetische Besatzungsmacht mit einer Versorgungsbasis für die SAG Wismut ein; 1951 mit dem Objekt 101 zur Aufbereitung des Uranerzes. Bis zur politischen Wende 1989 und der folgenden deutschen Wiedervereinigung deckte Moskau hier einen Großteil seines Bedarf für die Atomindustrie, siehe hierzu auch das Kapitel *Das große Berggeschrey*.

Historische Sehenswürdigkeiten

Reich ist Zwickau an historischen Bauwerken, dazu gehört etwa der evangelische Dom St. Marien von 1206. Einmalig in Sachsen sind die Priesterhäuser mit den gotischen Satteldächern. Zu den weiteren Sehenswürdigkeiten zählen unter anderem das Robert-Schumann-Haus, die kurfürstliche Schlossanlage Osterstein, das Gewandhaus als zentrales Wahrzeichen, das Kräutergewölbe (1470) und die Löwen-Apotheke (1484), das Rathaus von 1404, die Grünhainer Kapelle von 1240, das Kornhaus von 1480, einer der größten Profanbauten Deutschlands, das rekonstruierte *Schiffchen* (1485) mit der schmalen Fassade, einst im Besitz von Seilerfamilien,

der Alte Gasometer als *Soziokulturelles Zentrum*, der Schwanenteich mit Parkanlagen und einer Reihe von Wasserspielen. Unter den Berühmten, die in Zwickau geboren wurden, sind Martin Römer, der Bergwerksbesitzer und Amtshauptmann, der spätgotische Bildhauer Peter Breuer, Robert Schumann, der Komponist, Max Pechstein, der Maler des deutschen Expressionismus, und der Schauspieler Gert Fröbe.

Zwickaus Partnerstädte sind Dortmund in Nordrhein-Westfalen, das tschechische Jablonec nad Nisou und das niederländische Zaanstad.

Wilkau-Haßlau

Die unweit von Zwigge und zu beiden Seiten der Zwickauer Mulde entstandene Kleinstadt, zu der auch die einstige Gemeinde Silberstraße von 1470 zählt, fand die erste Erwähnung 1432 namens *Wilkov*, ein altsorbisches Wort für *Wolfshain* oder *Wo es Wölfe gibt*. Der Stadtteil Haßlau, bekannt seit 1279, war ein

Schneeberg: Blick auf die Kirche St. Wolfgang.

zur Reichsgrafschaft Hartenstein gehörendes Rittergut. Seitlich das Ortsbild prägt die 55 Meter hohe und 671 Meter lange Autobahnbrücke. Sie überspannt die Täler der Mulde und des Rödelbachs. Die Wilkau und Haßlau verbindende Hängebrücke für Fußgänger mit dem 34 Meter aufragenden Pfeiler namens *WiHa-dukt*, entlehnt von Viadukt, bedeutet übersetzt: *Wilkau Haßlau – damit uns keiner trennt.*

Städtepartnerschaftlich verbunden ist Wilkau-Haßlau mit Grießheim im Landkreis Darmstadt-Dieburg, mit Bar-le-Duc im Lothringer Département Meuse und Gyönk, deutsch Jink oder Jenk, im Kleingebiet Tamási südlich des Balatons, des Plattensees.

Schneeberg
Barockstadt im Gebirge

Der Weg nach Schneeberg, gegründet 1471 in der Hoch-Zeit des Silberrauschs, passiert die Stadt Kirchberg nahe Hartenstein und Lößnitz an der Zwickauer

Mulde. Die Stadt auf dem Namen gebenden Berg (470 m) mit der trutzigen St.-Wolfgangs-Kirche, auch *Bergmannsdom* genannt, entstand um 1500 als eine der größten spätgotischen Hallenkirchen Sachsens. Sie erreicht eine Höhe von 60 Metern, überragt noch mit weiteren 12 des Turms. Nach der Zeit des Silbers stieg das Schneeberger Revier bis ins 19. Jahrhundert hinein zum weltweit bedeutendsten Fördergebiet von Kobalterzen auf, aus denen neben anderem die das Meissener Porzellan zierende Farbe Kobaltblau gewonnen wurde. Es war am 13. August 1719, als ein gewaltiges Feuer die Stadt fast vollständig in Schutt und Asche legte. Der Wiederaufbau erfolgte im Barockstil, was Schneeberg den Beinamen *Barockstadt des Erzgebirges* einbrachte. Aus dieser Zeit stammen die 1945 nach einem Bombenangriff teilweise zerstörten und wieder aufgebauten Gebäude, wie das Bortenreuther, das Schmeil- und Fürstenhaus. Auch die St.-Wolfgangs-Kirche brannte aus und fiel in sich zusammen. In neuer Pracht zeigt sie sich erst seit 1976, ausgestattet im Inneren mit Werken des Lucas Cranach dem Älteren (1472–1553), dem bedeutendsten deutschen Maler der Renaissance.

Argentan, das neue Silber

Anno 1823 kam es unverhofft zum Abbau von Nickelerzen. Den Grund hierfür lieferte Ernst August Geitner (1783–1852), in Gera geborener Chemiker, Arzt und Botaniker, der das Neusilber genannte Argentan erfand. Die Mischung aus Nickel, Zink und Kupfer fand beispielsweise allein schon des silbrigen Glanzes wegen großen Zuspruch in der Herstellung von Essbestecken. Den Schlusspunkt im Niedergang des Bergbaus setzte die sowjetische Besatzungsmacht 1957 mit dem Ende der Förderung des Uranerzes. Bis dahin waren seit dem 15. Jahrhundert rund 250 Tonnen Feinsilber gewonnen und 77 500 Tonnen an Wismut- und Kobalterzen ans Tageslicht gebracht worden. Seit 1946 sind etwa 210 Tonnen Uran als kriegsbedingte Reparationsleistungen an Russland gegangen. Die älteste Silberschmelzhütte von 1665, vermutlich der Welt älteste, befindet sich in der Nähe des Siebenschlehner Pochwerkes.

Turmsingen und Lichtelfest

Sehenswert ist neben der St.-Wolfgang-Kirche auch die Hospitalkirche St. Trinitatis aus dem 16. Jahrhundert, die *Alte Wache* der Feuerwehr, das 1543 errichtete Gasthaus *Zum Goldenen Hirsch*, eine der ältesten Steinbauten, und der ehemalige Gasthof *Zum Ring*, den schon Johann Wolfgang von Goethe zu schätzen wusste. Das neugotische Rathaus fasziniert mit dem Meißner Glockenspiel und der Ortsteil Mühlberg mit der chinesischen Pagode von 1771. Von Bedeutung ist in Schneeberg seit jeher die Schnitz- und Klöppeltradition. Am Morgen des ersten Weihnachtstages findet seit 1673 das Turmsingen statt, zuvor, am zweiten Advent, das *Lichtelfest* genannte *Fest der Freude*. Sogenannte Tochterstädte sind Platten, heute Horní Blatná, und St. Joachimsthal beziehungsweise Jachymov. Gegründet hatten sie die ins böhmische Erzgebirge ausgewanderten Bergleute aus Schneeberg.

Städtepartnerschaften gibt es mit Herten in Nordrhein-Westfalen und Veresegyház nahe der einstigen ungarischen Residenz Gödöllő, deutsch Getterle, einst der Sommersitz von Elisabeth (1837–1898), im vertrauten Kreis Sisi oder Lisi genannt, der Königin von Ungarn und Gemahlin des österreichischen Kaisers Franz Joseph I. (1830–1916) von Österreich.

Bad Schlema
Das Radonheilbad mit dem Bergwerk

Wo der Schlemabach und der Wildbach in die Zwickauer Mulde münden, umgeben von Schneeberg, Hartenstein und Aue, entstanden vor rund 800 Jahren die Siedlungen Nieder- und

Oberschlema, verbunden seit 1958 zu Bad Schlema, wozu auch die Gemeinde Wildbach gehört. Vereint prägen sie das Erscheinungsbild eines Kurortes und Heilbades, das zuvor für den Abbau von Eisen, Kupfer, Silber und Uran stand. Als es zur Entdeckung der Gewinnung des blauen Farbstoffs aus Kobalt kam, entstand 1644 der Welt größtes Blaufarbenwerk in Oberschlema. Nicht minder bedeutend war schon seit 1572 das von der Mühle des Ortes hergestellte Büttenpapier. Die Hochwertigkeit galt weithin als beispielhaft, sodass es selbst Johann Sebastian Bach (1685–1750), der Komponist des Barock, zur Niederschrift eines Teils seiner Werke nach Leipzig kommen ließ.

Kurbetrieb seit 1918

Bedeutung erlangte der Ort 1908 mit der Erschließung beachtlicher Radon-Quellen, womit nach 1918 allmählich der Kurbetrieb Gestalt annahm, sodass Schlema bald weltweit zur Nummer eins der Radiumbäder aufstieg. 1924 wurde dem Ort der Titel *Radiumbad Oberschlema* zugesprochen. Radon, entdeckt 1900 von dem deutschen Physiker Friedrich Ernst Dorn (1848–1916), zählt zu den bedeutenden Naturheilmitteln der Kurmedizin. Es wirkt schmerzlindernd, entzündungshemmend und kommt bei der Behandlung von chronischen Erkrankungen des Bewegungsapparates zur Anwendung. Mit dem 1946 einsetzenden Uranbergbau unter der nahen Oberfläche verlor die Gemeinde zusehends als Kurort an Bedeutung. Der Absenkung des Talbereichs folgte 1952 die Beseitigung der Kirche und des gesamten Ortskerns, was zum Versiegen der Quellen führte. Wieder erschlossen wurden sie 1998 mit der Eröffnung des neuen Kurhauses des nunmehrigen Radonheilbads.

Verbunden ist Bad Schlema städtepartnerschaftlich mit dem württembergischen Rechberghausen im Vorland der Schwäbischen Alb.

Der enge Stolln

Der Weg ins Besucherbergwerk führt über eine Seilfahrtanlage 46 Meter in die Tiefe zum *Stolln* mit seinen angrenzenden Strecken, deren erste aus dem 15. Jahrhundert stammen. Eng ging es einst zu, kaum die mittlere Größe eines Mannes wurde erreicht. Erst um 1900 wurden sie auf 1,80 Meter in Breite und Höhe erweitert, um die auf Winkelschienen laufenden *Hunte*, die kastenförmigen offenen Förderwagen, einsetzen zu können. Deren Ursprung ist im 16. Jahrhundert zu finden, als es darum ging, die Förderleistung zu erhöhen. Bis dahin transportierten die Bergleute das Erz in Körben und Trögen oder Laufkarren. Genutzt wird das einstige Steigerbüro für kleinere Veranstaltungen und Hochzeiten im Rahmen der bergmännischen Tradition.

Aue
Silber, Eisen und Kaolin

Das im Spätmittelalter entstandene Bauerndörfchen, erstmals im Terminierbuch der Zwickauer Franziskaner vermerkt, heute eine Große Kreisstadt, verdankt den Namen der Aue genannten Feuchtwiese im tiefen Tal des Zusammenflusses von Schwarzwasser und Zwickauer Mulde. Silber, Eisen, Zinn, Nickel und zuletzt Uran bestimmten die Welt des Bergbaus seit dem 16. Jahrhundert, ergänzt neben anderem vom Klöppelhandwerk und dem Kunstgewerbe. Nicht zu vergessen das Kaolin der Aue nahen St. Andreas Fundgrube am Heidelsberg, das aufgrund seiner Reinheit zur Erfindung des Meissener Porzellans und 1710 zur Errichtung der Manufaktur auf der Albrechtsburg führte. 1851 lieferte die Zeche zum letzten Mal nach Meißen; bis dahin waren es insgesamt 8 000 Tonnen der weißen Tonerde. Danach deckten andere Gruben in Sachsen den Bedarf an Kaolin, namentlich abgeleitet von *Gaoling*, einer Ortschaft im kaiserlichen China, wo schon seit dem Jahr 1000 das feine Verwitterungsgestein aus Feldspat gefördert wurde. Im 19. Jahrhundert etablierten sich der Maschinenbau und die Textilindustrie wie auch die Nutzung des Neusilbers Argentan, beispielsweise für Bestecke aller Art und metallenes Tafelgeschirr.

Stadt der 60 Brücken

Aue, die Kleinstadt mit den Jugendstil-Fassaden historischer Bürgerhäuser, ist reich an Kirchen. Das erste Gotteshaus entstand im 12. Jahrhundert mit der Gründung des *Klösterleins Zelle* der Augustiner Chorherren. Sehenswert ist das neue Rathaus. Erhalten geblieben sind die Gebäude des Königlichen Amtsgerichts mit angeschlossenem Gefängnis und das Königliche Finanzamt. In einem historischen *Huthaus* aus dem 16. Jahrhundert, einem Zechengebäude, in dem die Bergleute beteten und ihre Werkzeuge lagerten, widmet sich das Museum der *Traditionsstätte Erzgebirge* und der Stadtgeschichte. Gab es Jahrhunderte hindurch nur zwei hölzerne Brücken über Schwarzwasser und Mulde, so sind es heute rund 60 unterschiedlichen Aussehens. Die Bahnhofsbrücke aus Spannbeton, die erste dieser Art in Europa, gilt technisch als besonders wertvoll. Die Übergänge brachten Aue folgerichtig den Beinamen *Stadt der Brücken* ein, was auch für die Feste zuträfe. Kaum ein Monat vergeht, ohne dass nicht eines stattfände. Höhepunkt ist stets das zur Weihnacht, wenn sich die große, von einem Motor angetriebene Pyramide dreht. Die *Parade der lebenden Pyramidenfiguren* erweist sich dann stets als Publikumsmagnet. Für die Erhöhung des Bekanntheitsgrades der Stadt sorgt in den Arenen des Fußballs der FC Erzgebirge Aue, 1949 als BSG (Betriebssportgemeinschaft) Pneumatik Aue gegründet.

Städtepartnerschaften bestehen mit Solingen in Nordrhein-Westfalen, dem tschechischen Kadaň, deutsch Kaaden, an der Eger und mit Guingamp in der Bretagne.

Lauter
Im Namen der Vogelbeere

Weiter führt die Silberstraße von Aue nach Lauter, in die Stadt der Vogelbeere, der Eberesche, die symbolhaft fürs Erzgebirge steht. Alljährlich im Herbst findet an drei Tagen das überregionale *Vugelbeerfast* mit buntem Markttreiben und der Krönung von Königin und Prinzessin statt, während der Dorfmarkt des Ortsteils Bernsbach ganz im Zeichen der traditionellen Kirmes steht. Als Waldhufendorf am Hang des Schwarzwassertales im 12. Jahrhundert entstanden, erfuhr es die erste urkundliche Erwähnung um 1460, ursprünglich unterschiedlich benannt mit *Lawte* und *Lauterra*, abgeleitet vom Bach die Lauter, entlehnt aus dem althochdeutschen *lutter* für klar, hell und *aha* für Wasser. Quellen des Erwerbs waren bis zum Ende des 17. Jahrhunderts die Förderung von Zinnerz, die Korbmacherei, die Landwirtschaft und die Flößerei.

Der Laboranten Lautergold

August der Starke (1670–1733), Sachsens Kurfürst und Polens König, interessierte sich mit zunehmendem Alter für heilende Kräuter und Wurzeln zur Herstellung von lebensverlängernden und die Gesundheit stärkenden Elixieren. In Ihrer Majestät Auftrag schwärmten alsbald kundige Kräutersammler aus, um entsprechende Fundstellen aufzuspüren. Vorbild waren für sie die überaus erfolgreichen Wurzelmänner in Schlesien, die sogenannten *Laboranten*, siehe hierzu das Buch *Naturjuwel Riesengebirge*, Verlag Anton Pustet. In Lauter gründeten die kursächsischen Kräutermänner eine Manufaktur, die dem Ort seit 1734 als *Destillerie Lautergold* unverhofften Wohlstand bescherte. Sie besteht als Likörfabrik nach wie vor und ist ganz dem Motto verpflichtet: „Jeder Tropfen Lautergold köstlich durch die Kehle rollt!" Mehr über die alte Laborantenkunst lässt sich im angeschlossenen Museum des Familienunternehmens erfahren, bekannt geworden mit ihren historischen Gerätschaften als die kleinste funktionstüchtige Spirituosenfabrik Deutschlands.

Wälder, Wiesen, Aussichtstürme

Die beiderseits des zur Mulde strömenden Schwarzwassers gelegene Kleinstadt der rund 4 700 Einwohner ist geprägt von zwei Erhebungen und deren Aussichtstürmen mit Blick auf das gesamte westliche Erzgebirge:

Schwarzenberg: Schloss und St.-Georgen-Kirche.

vom Spiegelwald (728 m) und von der Morgenleithe (813 m). Das Lauter-Bernsbach umgebende Waldgebiet mit den zahlreichen umwachsenen Wiesen erstreckt sich bis zum Kamm der romantischen Berglandschaft mit Wanderwegen, geführten Exkursionen und Lehrpfaden über Bergbau, Natur- und Artenschutz.
Lauters Städtepartner sind Ágasegyháza in Ungarn und Vohenstrauß an der Waldnaab in der Oberpfalz.

Schwarzenberg
Vom Ruhm des Ritters

Der Sage nach und im Wappen dargestellt war vor langer Zeit ein Ritter namens Georg selbstlos bereit, die Stadt von einem auf dem Totenstein hausenden Drachen zu befreien. Zu früher Stunde ritt er auf die Anhöhe. Als der Lindwurm ihn entdeckte, verließ er Feuer speiend seine Höhle, um den Ritter mit Haut und Haar zu verschlingen. Dieser handelte sofort und stieß blitzschnell das Schwert in den Schlund des Ungeheuers. Tödlich getroffen, aber mit letzter Kraft stürzte sich der Drachen ihm entgegen, um

ihn noch vom Leben zum Tode zu befördern. Der tapfere Georg wich aus, gab dem Pferd die Sporen und versuchte mit einem Sprung das Schwarzwasser zum gegenüberliegenden Ottenstein zu erreichen. Doch das misslang. Der Drache, Ross und Reiter stürzten in den Fluss und verstarben. Die dankbaren Bürger bestatteten den Ritter am Fuß des Berges und bewahren seither das Angedenken. Es heißt, dass noch heute der Abdruck des Hufeisens auf dem Grund des Schwarzwassers zu erkennen sei.

Wie ein Berg der Wald
Schwarzenberg, auch Perle des Erzgebirges genannt, rahmen steil abfallende Felsen aus einer Höhe von fast 700 Metern. Die Stadt entstand aus einer Befestigungsanlage, die vermutlich Heinrich II. (1107–1177), Herzog von Bayern und Österreich, zum Schutz des Handelsweges zwischen dem westsächsischen Pleißenland und Böhmen errichten ließ. Der dunklen Bewaldung, die sich aus der Ferne wie ein schwarzer Berg erhebt, verdankt die Stadt den Namen. In der Nachbarschaft der Burg, dem heutigen Schloss, siedelten Bergleute, Handwerker und Bauern. Seit 1380 ist ein Hammerwerk in Erla bekannt, bald auch die Dörfer Bermsgrün und Crandorf,

heute Ortsteile von Schwarzenberg. Die Bevölkerung bestand um 1500 aus 48 Ansässigen mit ihren Familien, um 1690 waren es 700 Einwohner, Kinder nicht mitgezählt. Um die Versorgung kümmerten sich 15 Bäcker und acht Fleischer. Zudem waren zu vermelden: Handelsleute, Schlosser, Schmiede, Zinngießer, Hutmacher, Posamentierer, Tischler, Seifensieder, Glaser, Leinweber, Seiler, Weiß- und Lohgerber sowie je ein Orgelbauer, Uhrmacher, Gürtler und Büchsenschäftler. Bis zum Ende des 19. Jahrhunderts hatte sich die Stadt zu einem Wirtschafts- und Verwaltungszentrum mit rund 3 500 Einwohnern entwickelt, heute sind es rund 17 500. Schwarzenbergs Städtepartner sind Nové Sedlo, deutsch Neusattl, in Nordböhmen und das westfälische Borchen im Kreis Paderborn.

Geläut und Glockenspiel

Das Stadtbild beherrschen die St.-Georgen-Kirche von 1699 und das benachbarte Schloss, in dem sich ein Museum, eine Klöppel- und eine Musikschule befinden. Die barocke Saalkirche mit freitragender Decke besticht als eines der schönsten Meisterwerke der Zimmerleute. Der Ratskeller am Markt, ehemals das Rathaus im Jugendstil, kommt einer alten Glockentradition aus dem 16. Jahrhundert nach: Morgens läutet die kleinere der beiden, abends die größere. Vier Mal täglich erklingt das Meissner Porzellan-Glockenspiel am historischen Brunnen. Dampf- und Dieselloks, Waggons und Nebenfahrzeuge beherbergt das Eisenbahnmuseum. Klassische Werke gelangen im Rahmen des *Festes alter Musik im Erzgebirge* in den Kirchen zur Aufführung. Zu den jährlichen Höhepunkten zählen der Ostermarkt, das Altstadt- und Edelweißfest mit dem Mittelaltermarkt und das Großereignis im Lichterglanz, der Weihnachtsmarkt, urkundlich belegt seit 1534. All das erahnt oder von oben besehen, vom Aussichtspunkt am Becherberg, lässt so manchen an eines Heimatdichters Bekenntnis denken. So heißt es im *Schwarzenbarger Haamitlied* von Albert Schramm: „Saah ich mei Schloss im Tol, denk ich fei manichsmol: Su schie wie Schwarzenbarg kah's gar nicht gaam!"

Raschau-Markersbach
Vereint im Tal der Mittweida

Es war am 1. Januar 2008, als sie zusammenfanden, die Gemeinden Raschau und Markersdorf im Tal der vom Fichtelberg herabströmenden Großen Mittweida, beide um 1200 als gegenüberliegende Waldhufendörfer entstanden. In Raschau belegen das die 1206 errichtete kleine Kirche und die Beurkundung von 1240 zur Schenkung an das Zisterzienserkloster Grünhain, was auch für Markersbach zutrifft, eine der Urpfarreien im westlichen Erzgebirge. Beide Ortschaften erfuhren mit dem aufblühenden Bergbau eine erfreuliche Entwicklung. Wie anderswo auch, hatte sich die Spitzenklöppelei als geschätzte Erwerbsquelle durchgesetzt. Das 17. Jahrhundert war gekennzeichnet vom Dreißigjährigen Krieg (1618–1648) und von den wiederholten Heimsuchungen der Pest, zum letzten Mal anno 1680.

Berühmte Orgelbauer

Aus dem 16. Jahrhundert stammt die Raschauer Allerheiligen-Kirche mit der Orgel von Christian Gottlob Steinmüller (1792–1864). Der Pfarrerssohn hatte sich im Verlauf von 52 Schaffensjahren mit seiner Grünhainer Werkstatt über das Erzgebirge hinaus einen Namen gemacht. Sehenswert sind auch die historischen Bauernhöfe; der älteste stammt aus dem Jahr 1688. Zwei Brennöfen eines Kalkwerks aus dem 19. Jahrhundert sind ebenso erhalten geblieben. In Markersbach ist die St.-Barbara-Kirche von 1250 eine der ältesten in der Region. Auch in diesem Gotteshaus fasziniert das Orgelwerk, geschaffen von Johann Gottlob Trampeli (1742–1812), dem Lehrmeister von Steinmüller. Gerühmt wird die ingenieurstechnische Leistung der 1888 errichteten Eisenbahnbrücke der besonderen Stahlkonstruktion wegen. Zu Europas größten Pumpspeicherkraftwerken zählt das von Markersbach. Die

Raschau: Wintermärchen mit der Ortspyramide und den Schwibbögen in den Fenstern.

Maschinenkaverne befindet sich 100 Meter unter Tage und gleicht in der Höhe einem 15-stöckigen Gebäude. Von der Oberbecken-Dammkrone (850 m) reicht der Blick weit ins Gebirge.

Partnerstädte von Raschau-Markersbach sind Oberviechtach im Oberpfälzer Wald, Markt Obernzenn in Mittelfranken und Markt Grassau im Chiemgau.

Scheibenberg
Die Orgelpfeifen aus Basalt

Das Städtchen mit den rund 2200 Einwohner und den barocken Bürgerhäusern, benannt nach dem 807 Meter hohen Scheibenberg, steht in unmittelbarem Zusammenhang mit den reichen Silbervorkommen, welche auch 1522 zur Gründung führten. Die zum historischen Hochadel gehörenden Grundherren Wolf und Ernst von Schönburg begegneten der Abwanderung in andere Abbaugebiete mit vielen Freiheiten, was den erhofften wirtschaftlichen Aufschwung bewirkte. Wer heute den Berg erwandert, wird der Aussicht wegen auch die 132 Stufen des 29 Meter aufragenden achteckigen Turms ersteigen – zusätzlich zur späteren Einkehr ins Berggasthaus. Zu den Naturdenkmälern zählen die senkrecht stehenden Felsen, Orgelpfeifen genannte Basaltsäulen, entstanden aus erstarrter Lava bis zu einer Höhe von 30 Metern. Ein Pfad mit 15 Lehrtafeln vermittelt Einblicke in die Besonderheiten der Felsformation, erhoben zu einer der 77 bedeutendsten Geotope Deutschlands. Das Bild der Stadt prägt die um 1570 errichtete Johanniskirche mit dem spätgotischen Schnitzaltar von 1485 und dem aus

Scheibenberg: Rathaus am Park.

buntem Sandstein gemeißelten Denkmal für den Pfarrer Christian Lehmann (1611–1688), einem der wichtigsten Chronisten des Erzgebirges und Zeitzeugen des 1648 endenden Dreißigjährigen Krieges. Das Silberglöckchen, eines der ältesten Berggeläute Deutschlands aus dem Jahr 1522, hängt in der sogenannten Turmlaterne. Scheibenberg pflegt partnerschaftliche Bande mit Gundelfingen an der Donau im schwäbischen Landkreis Dillingen, Huisseau-sur-Mauves in Nordfrankreich, Schlettau im Erzgebirge und Simmelsdorf im Nürnberger Land.

Schlettau
Sleten, Schloss und Kantorei

Ein Städtchen reiht sich ans andere, gerade mal einen Katzensprung voneinander entfernt. Auf Scheibenberg folgt Schlettau mit dem gleichnamigen Schloss an der Silberstraße, im 13. Jahrhundert noch ein kleiner Adelssitz, der Reichsministerialen als Brückenkopf

zur Besiedlung des oberen Erzgebirges diente. Die von zwei Teichen und einem Park umgebene Anlage war einst ein Mittelpunkt kurfürstlicher Jagden, von 1814 bis 1923 als Spinnmühle genutzt, um danach zu einer Fabrik für Landmaschinen umgewidmet zu werden. 1931 ging sie in den Besitz der Stadt über. Heute birgt das Schloss mit den historischen Nebengebäuden ein Museum mit Präsentationen aus der Wald- und Wildgeschichte. Ein weiterer Schwerpunkt vermittelt die Tradition der Posamenten- und Kräuterlikörherstellung. Siehe hierzu auch das Kapitel *Burgen und Schlösser*.

Das Kastell von 1100

Schlettaus Geschichte, ehemals unter *Sleten* bekannt, beginnt um 1100 mit einem Kastell, errichtet als Wegestation zum ins Böhmische führenden Preßnitzer Pass und als Schutzburg zum Übergang über die Zschopau. Im Zuge der Silberfunde wurde der Ort 1515 freie Bergstadt und erlebte ab 1527 die beginnende Ära der Reformation. Von da an stand er unter wettinischer

Schlettau: Schloss mit dem Herrenhaus.

Herrschaft. Besonders vermerkt ist Wegweisendes in der Chronik von 1724: Auf den kargen Schlettauer Fluren war der Kartoffelanbau erfolgreich begonnen worden, wie schon fünf Jahre zuvor von Pfälzer Bauern in der preußischen Provinz Brandenburg, gefördert vom Soldaten-König Friedrich Wilhelm I. (1688–1740), dessen Sohn Friedrich (1712–1786), später der Große, den Anbau vehement vorantrieb.

Bischof Ulrich und die Kantorei

Die Entstehung der St.-Ulrich-Kirche ist eher in grauer Vorzeit zu vermuten. Belegt ist jedoch durch Urkunden, dass anno 1361 der erste aus Meißen kommende Priester fürs Seelenamt berufen wurde. Das Gotteshaus trägt den Namen des heiliggesprochenen Bischofs Ulrich von Augsburg (890–973), der maßgeblich am Sieg über die eingefallenen Ungarn in der Schlacht auf dem Lechfeld anno 955 beteiligt war. Auch der 1658 gegründete und nach wie vor bestehende Schlettauer Kirchenchor, die Kantorei St. Ulrich, ist nach ihm benannt worden.

Schlettaus Städtepartner sind Herten in Nordrhein-Westfalen, Schnaittach in Mittelfranken und Misto, zu deutsch Platz, gelegen am Südhang des böhmischen Erzgebirges im Bezirk Chomutov, Komotau.

Annaberg-Buchholz
Silber und die Klöppelei

Die rund 20 500 Einwohner der heutigen Großen Kreisstadt im Sehmatal bevölkern die Ortsteile Annaberg mit Kleinrückerswalde und Buchholz, vereinigt 1949, sowie die in den 1990er-Jahren neu hinzugekommenen Gemeinden Cunersdorf, Frohnau und Geyersdorf. Die Geschichte der heimlichen Hauptstadt des Erzgebirges setzt ein, als ab dem 12. Jahrhundert fränkische Bauern das dicht bewaldete obere Erzgebirge zu roden und zu besiedeln begannen. Die Entdeckung großer Vorkommen bewirkte den Zuzug vieler Bergleute und Handwerker, was 1496 zur Stadtgründung führte. Siehe hierzu auch das Kapitel *Das große Berggeschrey*. Danach gewannen das Klöppeln und Bortenwirken an Bedeutung, geschildert in dem Beitrag *Barbara Uthmann*. Mit der 1861 in Sachsen eingeführten Gewerbefreiheit und der Eröffnung der Chemnitz-Annaberger Eisenbahn, die nach Böhmen (auch heute wieder) weiterführt, stellte sich der wirtschaftliche Aufschwung vornehmlich durch die Textilindustrie ein, verstärkt noch von den über 200 Posamenten herstellenden Manufakturen, deren Quasten, Borten und Spitzen weltweiten Ruf genossen. Wie in der Nachbarschaft auch, lebte ab 1947 der Bergbau wieder auf; diesmal war es das Uranerz, das abgebaut wurde.

Die heilige Anna und der Herzog

Das weithin zu sehende Wahrzeichen der Stadt, die spätgotische St.-Annen-Kirche, beeindruckt als größte sächsische Hallenkirche mit 65 Metern Länge und 40 Metern Breite nebst dem 28 Meter hohen Turm.

Annaberg-Buchholz:
Blick auf die St.-Annen-Kirche und den Pöhlberg.

Den Namen verdankt der Sakralbau Georg dem Bärtigen (1471–1539), der als Stadtgründer und Bauherr die heilige Anna verehrte, die Mutter der Maria, die wiederum Jesus gebar. Im Mittelalter brachte man das Gold und die Sonne mit Christus in Verbindung, mit Maria das Silber, und da alles auf Anna zurückzuführen war, hatte sie der Herzog des albertinischen Sachsen zur Patronin der Bergleute erhoben. Unter den Altären des Gotteshauses ist der 1521 geweihte Bergaltar mit den vier Bildtafeln auf der Rückseite von besonderem Reiz. Dargestellt sind bergmännische Landschaften wie auch die Lebens- und Tätigkeitsbereiche über und unter Tage. Siehe hierzu auch das Kapitel *Das große Berggeschrey*. Sehenswert ist ebenso die um 1505 erbaute Bergkirche St. Marien mit dem Annaberger Krippenweg am Marktplatz. Es handelt sich um eine Weihnachtskrippe von bergmännischer Erscheinungsform mit holzgeschnitzten Großfiguren, die den Zusammenhang von Bergbau und Christentum symbolisieren. So ist Josef beispielsweise in der Montur des Bergmanns dargestellt.

Der Frohnauer Hammer

Zu den bemerkenswerten Profanbauten zählen das Rathaus, das älteste Haus *Wilder Mann* von 1507 mit der spätgotischen Holzbalkendecke und dem Zellsterngewölbe wie auch das Haus am Markt 3 von 1519 mit der seit 1638 bestehenden Apotheke. Der Museumsbereich besticht mit Adam Ries (1492–1559) und der Annaberger Rechenschule, mit der *Manufaktur der Träume*, den Besucherbergwerken *Markus-Röhling-Stolln* in Frohnau, *Dorothea-Stolln* in Cunersdorf und *Im Gößner* mit dem Erzgebirgsmuseum. Historisch bedeutungsvoll ist der zur Gänze funktionsfähige *Frohnauer Hammer*, 1907 zum technischen Denkmal erhöht. Die in diesem Hammerwerk geschmiedeten Gegenstände finden sich in der angeschlossenen Ausstellung wieder.

Annabergs Städtepartner sind Weiden in der Oberpfalz, Paide, zu deutsch Weißenstein, in Estland und die tschechische Bezirksstadt Chomutov, Komotau.

Die Kät und der Weihnachtsmarkt

Die *Annaberger Kät*, das größte Volksfest im gesamten Erzgebirge, findet alljährlich zwei Wochen nach Pfingsten statt. Hunderttausende sind dann neun Tage lang auf dem Kätplatz unterwegs. Ein weiterer Höhepunkt im Festtagsgeschehen der Stadt ist der Weihnachtsmarkt inmitten der Altstadt mit der alles überragenden St.-Annen-Kirche. Er gilt als ein Markenzeichen des Erzgebirges, wofür allein schon die übergroße, die figürlich Geschichte(n) von der Stadt, vom Bergbau und der Weihnacht erzählende Marktpyramide und der gegenüber aufgerichtete, riesige Lichterbaum Zeugnis ablegen. Am vierten Advent steht ein weiteres Großereignis an. Dann kommt es zur weltweit größten Bergparade, wenn die Männer in ihrer uniformähnlichen Bergtracht mit Fahnen und Arbeitsgeräten aufmarschieren. Ein einzigartiger Anblick!

Oberwiesenthal
Winterfreuden am Fichtelberg

Seit 1935 Kurort, hat das mit 2 231 Einwohnern kleine Oberwiesenthal Großes aufzuweisen. Mit 914 Metern ist es die höchstgelegene Stadt Deutschlands an Sachsens höchster Erhebung, am Fichtelberg (1 215 m), nur noch übertroffen in der Nachbarschaft vom Keilberg (1 244 m), tschechisch Klínovec. Als Ort des Wintersports mit Deutschlands ältester und 303 Meter überwindender Seilschwebebahn von 1924 weist es stets die meisten Übernachtungen im Erzgebirge auf. Berühmtheiten, wie beispielsweise der Skispringer Jens Weißflog, die Rennrodlerin Sylke Otto und der dreifache Olympiasieger Ulrich Wehling, Nordische Kombination, trugen auf ihre Weise zur Bekanntheit des Luftkurortes bei, was alljährlich auch für weitere herausragende Wintersportler gilt. Im Zeitraum von 1962 bis 2014 errangen sie 360 Medaillen, allein 132 in Gold. Der Urlauber kann mit 140 Skitagen auf zehn klassifizierten

Oberwiesenthal: Friedensglocke auf dem Fichtelberg.

Pisten bei einer Gesamtlänge von rund 15 Kilometern und mit 31 Kilometern an Langlaufloipen rechnen. Die Rodelstrecke vom Fichtelberg erstreckt sich auf über 1 800 Meter.

Gesundheit und Wellness

Für Neustadt am Wiesenthal belegt der Chronist die Gründung anno 1527, betrieben von den Grafen von Schönburg aufgrund der Silberfunde in der Region. Bereits drei Jahre darauf folgte die Verleihung des Stadtrechts. Erst im 19. Jahrhundert erlag allmählich der Bergbau. Um 1900 öffnete sich Oberwiesenthal zunehmend dem Tourismus und vereinigte sich 1921 mit dem bereits 1406 genannten Unterwiesenthal. Im Hinblick auf Gesundheit und Wellness werden unter anderem die allergenarme Luft und das Heilklima geschätzt sowie die Behandlungen mit Kräutern. Städtefreundschaften bestehen mit Fichtelberg im oberfränkischen Landkreis Bayreuth, Lauf an der Pegnitz im Nürnberger Land und dem Luftkurtort Schonach im Schwarzwald. Eine Städtepartnerschaft ging Oberwiesenthal mit Hakuba ein, der Geburtsstätte des japanischen Sports, 1998 bekannt geworden durch die Olympischen Winterspiele in Nagano.

Maria Magdalena und die Herteltkrippe
Die neugotische Hallenkirche, benannt nach dem Reformator Martin Luther (1483–1546), wurde um 1865 auf dem Grund ehemaliger Gotteshäuser aus dem 17. Jahrhundert errichtet. Der aus Zöblitzer Serpentin bestehende Altar ist gekrönt mit dem Gemälde *Maria von Magdala begegnet dem Auferstandenen*, geschaffen von Karl Christian Andreae (1823–1904), der in Dresden wirkte. Von besonderer Anmutung ist die *Herteltkrippe*, die der Oberwiesenthaler Maler und Kunstschnitzmeister Christian Carl Friedrich Hertelt (1837–1921) der Kirche verehrte. Weitere seiner Werke fanden Zugang zu europäischen Königshöfen, so beispielsweise in Dresden und Den Haag.

Thermalbad Wiesenbad
Die 1501 entdeckte Quelle

Das Thermalbad im heutigen Ortsteil Wiesenbad, bis 2005 mit Namen Wiesa, war bereits um 1550 ein Begriff für Heilungssuchende im wildromantischen Tal der Zschopau. Das fluorid- und kohlensäurehaltige, 26 Grad warme Wasser aus der seit 1501 eingefassten Georgquelle unterstützt mit Trink- und Badekuren die Behandlung von Beschwerden im Bewegungsbereich. Die Region um Wiesa hatten ab dem 12. Jahrhundert Franken und Thüringer besiedelt. Um 1450 blühte der

Bergbau auf. Abgebaut wurden Silber, Zinn, Eisen, Kobalt und Kupfer. Als sich um 1750 die Förderung nicht mehr lohnte, wandte man sich auch hier der Klöppelei und der Landwirtschaft zu. Eine Blütezeit erlebte der Ortsteil Schönfeld mit dem Flachsanbau. 1999 schlossen sich die Gemeinden Neundorf, Himmelmühle, Plattenthal, Schönfeld und Wiesa zum Thermalbad Wiesenbad zusammen. Einen Rundblick ermöglicht der auf einem Felsmassiv errichtete Aussichtsturm. Hoch über Wiesa thront die St.-Trinitatis-Kirche, das einzige Gotteshaus des oberen Erzgebirges im Jugendstil. Auf einer Fläche von vier Hektar erstreckt sich der Kurpark mit dem Rosengarten, Schwertlilienteich, einem Bewegungsparcours, mit Wasserspielen und einem Wassertretbecken.

Die Alternativ-Route der Silberstraße: Tannenberg und Geyer

Tannenberg
Der Engländer Evan Evans

Die *Knochen* genannte Anhöhe fixiert den höchsten Punkt auf 641 Metern einer der kleinsten Gemeinden im Erzgebirgskreis zwischen Geyer und dem Thermalbad Wiesenbad mit etwa 1 200 Einwohnern. Obwohl anno 1411 urkundlich genannt, vermuten Historiker, dass das einstige Waldhufendorf wesentlich älter ist. Dafür steht Tannenbergs Wahrzeichen, der vermutlich um 1100 errichtete Passklausenturm, das älteste Bauwerk des Altlandkreises Annaberg. Um 1800 wandelte sich der Ort vom Landwirtschafts- zum Industriedorf. Mit dem Engländer Evan Evans (1765–1844) hatte sich ein findiger Spinnmeister und Maschinenbauer eingefunden, der im Ortsteil Siebenhöfen für 300 Taler Gelände erstand und eine Spinnmühle aufbaute. Er bewirkte als Begründer der industriellen Baumwollspinnerei in Sachsen, dass bald die textile Fertigung den Tannenbergern zum Haupterwerbszweig erwuchs.

Hierzu gesellten sich kleinere Unternehmen der Papier-, Kunststoff- und Metallverarbeitung. Zu den Sehenswürdigkeiten zählt die spätgotische Kirche St. Christopherus mit dem Schnitzaltar von 1521 von Christoph Walter (1493–1546), dem Steinbildhauer und Spross einer bürgerlichen Künstlerfamilie aus Breslau.

Eine Gemeindefreundschaft verbindet Tannenberg mit Rheinhausen, einem Bezirk von Duisburg in Nordrhein-Westfalen.

Geyer
Stadt der Bingestürze

Im von Wäldern umgebenen Tal des Geyerbaches schürften Bergleute schon um 1315. Die erste Beurkundung geht auf das Jahr 1381 zurück, der Hinweis auf Geyer als Stadt erfolgte anno 1467. Überregional bekannt geworden ist der Ort durch die sogenannten Bingestürze von 1704 und 1803, was zum Beinamen Bingestadt im Erzgebirge führte. Verursacht worden waren die Einbrüche durch das Ausbeuten von Erzvorkommen in geringer Tiefe. Wie in Tannenberg, errichtete der Industrielle Evan Evans 1809 hier eine Spinnerei. Von Bedeutung ist das Turmmuseum, untergebracht in dem 42 Meter hohen Wachtturm von 1395, der als Fluchtburg für die Bürger zu Kriegszeiten errichtet wurde. Auf sieben Etagen mit rund 1 000 Exponaten wird die Berg- und Stadtgeschichte lebendig. Die schon 1476 erwähnte St.-Laurentius-Kirche fasziniert im Kreuzgang mit der um 1490 entstandenen Ölberggruppe vom Meister des Altars von Geyer, einem namentlich nicht bekannten Bildschnitzer aus dem Freiberger Umfeld. Der nahe gelegene Greifenbachstauweiher, auch Geyerscher Teich, ursprünglich um 1400 für den Bergbau angelegt, zählt zu den ältesten Talsperren Deutschlands. Nach der Dammerhöhung dient sie heute der Naherholung. Die Greifensteine im Landschaftsschutzgebiet mit dem Aussichtsfelsen und dem Naturtheater gehört zu den beliebten Ausflugszielen. Stolz ist die Kleinstadt auf den Nordischen Kombinierer Eric Frenzel, Jahrgang 1988, der als Olympiasieger, Weltmeister und Weltcup-Gesamtsieger die Skiwelt begeistert.

Geyer: Erste Beurkundung anno 1281.   95

Ehrenfriedersdorf: Nikolauskirche und Besucherbergwerk.

Geyers Partnergemeinden sind Schwarzenbruck im Nürnberger Land und das unterfränkische Zellingen in der Würzburger Region am Main.

Ehrenfriedersdorf
Reichtum durch Zinn

Bereits vor dem Jahr 1300 weihte Bischof Dietrich von Meißen (1190–1272) die Pfarrkirche im Tal des Flusses Willisch in der Nachbarschaft der Greifensteine. Die um 1250 entdeckten Zinnvorkommen führten zum Aufschwung der 1339 als *Erinfritstorf* benannten Siedlung. Bis 1450 hatte sich der Ort zu einem der reichsten im Gebirge entwickelt. Der Abbau des silberweiß glänzenden Schwermetalls währte bis 1990. Danach zum Besucherbergwerk mit dem mineralogischen Museum umgestaltet, ist heute neben anderem der Heilstollen mit mehreren Therapieangeboten von Bedeutung, im Besonderen für Atemwegserkrankungen. In der St.-Niklas-Kirche befindet sich eine 1507 aufgestellte Kostbarkeit: der aus Lindenholz gestaltete spätgotische Schrankaltar von Hans Witten (1470–1522), auch als *Meister H.W.* bekannt und wegen seiner fantasievollen Kunst auch *Bildhauerdichter* genannt.

Burgkunstadt am oberen Main in Oberfranken und Podbořany, deutsch Podersam, an der Eger im Norden Tschechiens sind die Partnerstädte von Ehrenfriedersdorf.

Wolkenstein
Sachsens wärmste Quelle

Über den *Kalten Muff*, den Aussichtspunkt mit Gasthaus auf der Franzenshöhe (703 m), führt die Silberstraße von Ehrenfriedersdorf nach Wolkenstein. Die 80 Meter über dem Tal der Zschopau thronende, etwa um 1150 entstandene Burg, seit 1372 auch Schloss (*slosz*) genannt, gab dem erstmals 1293 erwähnten Ort den Namen, so wie es schon seit altersher hieß: „Die Burg steht auf einem Stein, der bis in die Wolken zu reichen scheint." Heute beheimatet sie ein Museum, das Standesamt im historischen Trauzimmer, den Fürstensaal für Veranstaltungen und den *Grenadier* zur gastlichen Einkehr.

Auch der Silberbergbau ließ die Bergstadt seit 1473 wirtschaftlich aufblühen. 1622 waren noch 67 Zechen aktiv. In der Folgezeit, gekennzeichnet von Kriegswirren, Besetzungen und fünf Bränden, lebte die Bevölkerung vorwiegend vom Handwerklichen, vom Posamentieren und der Klöppelei, vom Bierbrauen und von bescheidenen Erträgen der Landwirtschaft. Der zu Wolkenstein gehörende Kurort Warmbad mit Sachsens ältester und wärmster Quelle nebst der Silber-Therme ist seit 1484 (!) ein Begriff. Die St.-Bartholomäus-Kirche war ursprünglich die zur Burg gehörende Kapelle. Sie birgt ein Kunstwerk von einem Altar, geschaffen aus Marmor, Alabaster und Porphyr. Sehenswert sind das mittelalterliche Mühltor, das Rathaus ebenso wie der historische Marktplatz.

Wolkenstein unterhält Städtepartnerschaften mit Bad Bentheim in Niedersachsen, Ruppertshofen im württembergischen Ostalbkreis, mit Postoloprty, deutsch Postelberg, an der Eger in Tschechien und eine Patenschaft mit der 6. Kompanie des Panzergrenadierbataillons 371 im benachbarten Marienberg.

Lengefeld
Stadt der drei Talsperren

Die einstige Bergstadt an der Silberstraße, auch Stadt zwischen den drei Talsperren genannt, verband sich aus eigener Entscheidung 2014 mit der Gemeinde Pockau zu Pockau-Lengefeld. Noch vor der Beurkundung von *linginfelt* (1369) fand die Burg Rauenstein bereits 1323 die erste Erwähnung, die Erstbebauung wird um 1200 vermutet. Die ersten Herren und Gründer von Lengefeld, das waren die Schellenberger, ein Adels- und Rittergeschlecht mit Stammsitz im oberen Isartal in Bayern. Niedergelassen hatten sie sich ebenso auf dem Eschnerberg mit zwei Burgen an der Grenze zu Feldkirch im heutigen österreichischen Bundesland Vorarlberg und zum Fürstentum Liechtenstein, zu dem die Gemeinden Schellenberg und Eschen mit dem Eschnerberg gehören.

Kalkstein und Leuchten
Aus Silber, Eisen und Kalkstein bestand Lengefelds Förderung auf dem Höhenzug des Flöhatals. Die letzte

Wolkenstein: Weihnachtliches am Markt.

Erzgrube schloss 1851. Bis heute geblieben ist das 1528 einsetzende Schürfen nach Kalkstein. Nach dem Verstummen des Berggeschreys um das Silber wurde mit der Leinenweberei ein neuer Erwerbszweig gefunden. Noch um 1900 gab es rund 450 Hausweber. Größere Bedeutung erlangte auch der 1906 gegründete Leuchtenbau mit zeitweise bis zu 1 000 Beschäftigten. In der Kirche zum Heiligen Kreuz befindet sich eine der wertvollsten Orgeln, geschaffen 1726 von Zacharias Hildebrandt (1688–1757). Das Technische Museum *Kalkwerk* vermittelt im Rahmen einer Ausstellung die Einlagerung und den Abtransport der Dresdner Kunstschätze nach 1945 als Kriegsbeute in die Sowjetunion. Städtepartnerschaften bestehen mit Ilshofen in Württemberg und mit dem nordböhmischen Osek, deutsch Ossegg, in Tschechien. Lengefeld, wie Wolkenstein auch, unterhält eine Patenschaft mit der 5. Kompanie des Panzergrenadierbataillons 371 in Marienberg.

Pockau
Fluss, Flöße und Leinöl

Der Fluss Pockau, erstmals erwähnt 1292, gab dem Ort, heute vereint mit Lengefeld, den Namen, beurkundet 1365 als *Packaw*. Nachgewiesen ist aus dieser Zeit eine Glashütte, die etwa bis zum Jahr 1500 bestand. Ab 1560 sind Flöße gebaut und auf den Wiesen an der Flöha Holzkohlenmeiler errichtet worden. Die Ölmühle Pockau ist Europas einzige, in der die Gewinnung von Leinöl wie ehemals im 17. Jahrhundert nach wie vor betrieben werden kann. Sehenswert ist das 1653 errichtete Fachwerkhaus der Kurfürstlichen Amtsfischerei, das der Überwachung der Fänge in der Pockau und der Flöha diente. Heute wird es als Museum zur Ortsgeschichte und als Vereinshaus genutzt. Die Eliasburg gilt als das zentrale Heiligtum der sogenannten *Lorenzianer*, der Gemeinschaft in *Christo Jesu*. Das schlichte Bauwerk wird von einem mit Dreieckzinnen bewehrten Mittelrisalit, einem hervorspringenden Gebäudeteil, und einem

hohen weißen Kreuz geprägt. Mit einer Orgel von Carl Eduard Schubert (1830–1900) ausgestattet ist die Evangelisch-Lutherische Kirche von 1885.

Forchheim
Die Kirche des George Bähr

Das lang gestreckte, seit 1994 zu Pockau-Lengefeld gehörende Dorf namens *Vorcheym* entstand vermutlich vor 1300 in der Nachbarschaft des Herrensitzes eines gewissen Wernerus de Wrcheim. Belegt ist für das Jahr 1346 ein Vermerk im Zinsregister des Bistums Meißen. Um 1550 wurde das kleine Schloss mit dem Renaissance-Portal erbaut. Mehrfache Besitzerwechsel und eine Versteigerung prägten die weitere Geschichte von Ober- und Niederforchheim. Die Dorfkirche mit dem achteckigen Grundriss in Form eines griechischen Kreuzes wurde nach Plänen des Barock-Baumeisters George Bähr (1666–1738) errichtet. Sie gilt als Vorläufer seines Hauptwerkes, mit dem er 1726 begann – mit der Dresdner Frauenkirche. Der ursprünglich *Kirche Unserer Lieben Frau* (Maria) genannte protestantische Sakralbau brannte im Februar 1945 im Feuersturm der Luftangriffe völlig aus. 2005 wurde er nach dem Wiederaufbau erneut seiner Bestimmung übergeben. Ebenfalls aus dem Jahr 1726 stammt in der Forchheimer Kirche das Orgelwerk von Gottfried Silbermann (1683–1753). Das Instrument ist im Original erhalten und spielbar.

Mittelsaida
Das Dorf am Hang

Das 1993 nach Großhartmannsdorf eingemeindete Mittelsaida an dem der gleichnamigen Talsperre zufließenden Saidenbach begründeten um 1150 zugewanderte Bauernfamilien. Die erste Erwähnung erfolgte 1434 als *Mittel Seide* am Hang des 701 Meter hohen

Saidenberges. Sehenswert ist die Wehrgangkirche aus dem 13. Jahrhundert des von Feldern umgebenen Dorfes, eine der insgesamt fünf im Erzgebirge. Das gilt im Besonderen für den Innenraum mit der niedrigen Holzdecke und den beeindruckenden Bemalungen. Ein unbekannter Laienkünstler schuf an der Empore einen Passionszyklus mit ausdrucksstarken Darstellungen. Hölzern ist auch der Kanzelaltar von 1660 in der Mitte des Gotteshauses.

Marienberg: Zur Großen Kreisstadt gehören auch Zöblitz und Pobershau.

Die Alternativ-Route der Silberstraße über Marienberg, Pobershau, Zöblitz, Olbernhau und Heidersdorf

Marienberg
Im Stil der Renaissance

Rechtwinklig auf einer Hochfläche angelegt ist die Große Kreisstadt mit dem 10 000 Quadratmeter großen, viereckig angelegten Marktplatz im Stil der italienischen Renaissance. 1519 strömten Bergleute zur Zeit des Silberrauschs, siehe hierzu auch das Kapitel *Das große Berggeschrey*, ins erstmals urkundlich 1323 erwähnte Tal des Schlettenbaches. Das wiederum bewog Heinrich den Frommen (1473–1541), Herzog von Sachsen und Markgraf von Meißen, 1523 zur Stadtgründung von Marienberg, was in der Hoch-Zeit der Förderung um 1540 über 1 000 Zechen entstehen ließ. Als die Silbervorkommen erschöpft waren, konzentrierte sich der Bergbau auf Zinn und Kupfer.
Die Hallenkirche St. Marien von 1558, ein Quadersteinbau von 45 mal 26 Metern, 1610 niedergebrannt, erstand neu mit der Zwiebelkuppel und der Sandsteinkanzel in den Jahrzehnten danach. Zwei mannshohe, aus Holz geschnitzte Bergleute flankieren das imposante Kruzifix von 1650. Um 1875 richtete Carl Eduard Schubert (1830–1900) das große Orgelwerk ein. Im Bergmagazin, dem einstigen Getreidespeicher für Bergleute und Bevölkerung, befindet sich das Museum des sächsisch-böhmischen Erzgebirges. Als eine Besonderheit genannt wird der *Lauterbacher Tropfen*, ein dunkelgrüner würziger Magenbitter aus dem Ortsteil Lauterbach. Er führt auf den Kräutermann und Naturheilkundler, auf Friedrich August Hunger (1830–1933), durch und durch ein Original, zurück, weithin bekannt als der *Schmiedfritzaugust*. Das Elixier, im Volksmund *Sterbe nie, Waldbenzin* oder liebevoll *Lauti* genannt, erfand er mit einer seiner Töchter. Hergestellt wird die Spirituose seit 1899 im Familienbetrieb mit dem kleinen Museum bis heute.
Zu Marienbergs Städtepartnerschaften zählen Lingen an der Ems in Niedersachsen, Bad Marienberg im rheinland-pfälzischen Westerwaldkreis, Most, deutsch Brüx, in Tschechiens nordböhmischem Becken und Dorog, deutsch Drostdorf, nahe Esztergom nordwestlich von Budapest.

Pobershau
Grüner Graben und Molchner Stolln

Einst zur Herrschaft der Burg Lauterstein gehörend, fand die Ansiedlung von Bauern und Bergleuten erstmals 1559 als *ufn Bobershau* Erwähnung. Seit 2012 ist die im Tal der Roten Pockau gelegene Gemeinde, die *100 % Erzgebirge* im Beinamen führt, ein Ortsteil von Marienberg. Da damals Wasser als Energiequelle für den Bergbau von großer Bedeutung war, vor allem für die 16 Pochwerke zum Zerkleinern der Erze, wurde 1680 der sogenannte *Grüne Graben* am Berghang auf einer Länge von acht Kilometern angelegt. Allein auf 700 Metern musste er durch Fels gehauen werden. 1860 endete die Ära des Bergbaus. Zu den Sehenswürdigkeiten zählt heute das Schaubergwerk *Molchner Stolln*, in dem nach Silber und Zinn geschürft wurde. Kunstwerke aus Holz sind in der Galerie *Die Hütte* unter dem Motto *Skulpturen wider das Vergessen* vereint. Ein einzigartiges Industrie-Ensemble präsentiert die historische Werkstatt *Wittig-Fabrik* in der Kultureinrichtung *Böttcherfabrik*. Zu besichtigen ist auch ein Maschinenpark, der bis ins Jahr 1880 zurückführt. Außerdem dort etabliert: die Gemäldegalerie mit Werken von Max Christoph (1918–2013), die Ausstellung *Zur Tenne* mit historischen Gerätschaften aus der Landwirtschaft wie auch das Puppen- und Puppenstuben-Museum.

Zöblitz
Der Zar in Czobeliß

Wie Pobershau zählt Zöblitz mit dem Besucherbergwerk seit 2012 zu den Stadtteilen von Marienberg. Als eine der ältesten Siedlungen 1323 zum ersten Mal als *stetechen* (Städtchen) *zcobelin* beurkundet, trug es ab 1488 den Titel Bergstadt, nunmehr geschrieben *Czobeliß*. Verbreitung in ganz Europa fand seit 1500 der Zöblitzer Serpentin, ein Gestein mit marmorähnlicher Zeichnung. Genutzt wurde er Jahrhunderte lang für

Architektonisches, Künstlerisches und Technisches, da gut zu verarbeiten, auch auf der Drechselbank. Allein in Dresden ist er in der Semperoper, der Hofkirche und im Grünen Gewölbe feststellbar, ebenso in der barocken Zöblitzer Stadtkirche mit den Säulen, dem Kanzelaltar und dem gedrechselten Taufstein von 1613. Die Orgel von Gottfried Silbermann (1683–1753) wurde 1742 eingeweiht. Berühmt geworden ist der Kriegsrat zu Zöblitz im August 1813. Zar Alexander I. (1777–1825) von Russland, die Fürsten Schwarzenberg, Repnin-Wolkonski und Metternich planten das weitere Vorgehen bis zur Völkerschlacht bei Leipzig, zu der es im Oktober kam. Zu versorgen hatte seinerzeit die Zöblitzer Bevölkerung um die 30 000 Soldaten und 6 000 Pferde. Das Museum steht ganz im Zeichen des Serpentinit-Gesteins von der Gewinnung bis zur Verwendung.

Olbernhau
Kulturelle Besonderheiten

Der höchste Berg im Bereich der Stadt der sieben Täler ist der Steinhübel mit 816 Metern. Bei guter Sicht reicht der Blick auf den Fichtel- (1 215 m) und auf den Keilberg (1 244 m) auf der tschechisch-böhmischen Seite. Olbernhau, der Name der im ausgehenden 12. Jahrhundert entstandenen Siedlung, lässt sich vermutlich von *Albert* (Olber) ableiten, *hau* vom Einschlagen des Waldes. Um 1430 begann die Suche nach Erzen. Der Bergbau ist seit 1500 bekannt. Einen Namen machte sich Olbernhau ab 1680 als Rohrschmiede für Büchsen. Belegt ist beispielsweise aus dem Jahr 1708 die Lieferung von 12 000 Gewehren an das sächsische Heer. Die letzten Waffen sind um 1850 gefertigt worden. Nach 1945 siedelten sich Manufakturen zur Herstellung von Holzspielwaren, siehe hierzu auch das Kapitel *Zauber der Volkskunst*, zu Kunstgewerblichem, Wachsblumen und Möbeln an. Im Lauf der Zeit öffnete sich Olbernhau verstärkt dem Tourismus, da es reich an

Olbernhau: Ensemble Hütte Grünthal mit Herrenhaus.

Schönheiten der Natur und kulturellen Besonderheiten, wie dem *Olbernhauer Reiterlein*, ist. Als weltweit einmaliges Denkmal der Verhüttung im Saigerverfahren gilt die Hütte Grünthal mit dem Herrenhaus, dem noch funktionierenden Althammer und den von einem Wasserrad angetriebenen Schwanzhämmern. Das Museum am Markt widmet sich der Stadt- und Wirtschaftsentwicklung. Unter den historischen Besonderheiten befinden sich eine Bauernstube von 1800 und eine rund drei Meter hohe Weihnachtspyramide. Partnerschaftsbeziehungen bestehen mit Stadtbergen nahe Augsburg im Regierungsbezirk Schwaben, Litvínov, deutsch Leutensdorf, in Nordböhmen und zu Brie-Comte-Robert südöstlich von Paris. Olbernhau gehört zu den Gründungsmitgliedern des *Rings Europäischer Schmiedestädte*.

Heidersdorf
Von Wäldern umschlossen

Von Olbernhau führt die Silberstraße weiter nach Heidersdorf südöstlich von Seiffen. Das 1451 beurkundete Waldhufendorf entstand im Verlauf der Kolonisierung um 1220 mit den Siedlungen Dörnthal, Pfaffroda, Cämmerswalde, Neuhausen und Olbernhau. Geschätzt wird die von Wäldern umschlossene kleine Gemeinde mit den rund 800 Einwohnern aufgrund der Freizeit- und Ferienangebote zu allen Jahreszeiten mit einem Netz von 130 Wanderwegen nebst Schutzhütten auf rund 50 Kilometern. Aus Heidersdorf stammt der Skilangläufer Tom Reichelt, Jahrgang 1982, dessen Durchbruch an die Spitze 2006 mit dem dritten Platz beim Weltcup-Rennen im 50-km-Freistil gelang.

Die Alternativ-Route der Silberstraße über Sayda, Pfaffroda und Dörnthal nach Großhartmannsdorf

Sayda
Über den Steig nach Prag

Der staatlich anerkannte Erholungsort ist als *Seydowe* und *Zavidove* seit dem 13. Jahrhundert nachweisbar. Seinerzeit trug der Pass *Böhmischer Steig* an der von Halle nach

Sayda: Die Feuerwehrmusikanten vor dem Schwibbogen.

Prag führenden Salzstraße maßgeblich zur Gründung der Ortschaft und späteren Handelsstadt mit Messen bei. Der Silberrausch erfasste auch Sayda nach 1450. Die dreischiffige und spätgotische Hallenkirche *Zu unserer lieben Frauen* mit dem 62 Meter hohen Turm von 1391 prägt das Bild des Städtchens. Das Feuerwehrmuseum im alten Spritzenhaus präsentiert eine beachtliche Sammlung historischer Gerätschaften, darunter eine Handdruckspritze von 1873 und die erste Motorspritze von 1926. Um die 5 000 Gegenstände aus dem 13. Jahrhundert bis zur Neuzeit sind im Heimatmuseum *Hospital zu St. Johannes* untergebracht, in dem 1508 für Hilfsbedürftige von der Adelsfamilie von Schönberg gestifteten Gebäude. Ausflugsziele sind der Eisenhammer Dorfchemnitz, das Straßenbaumuseum Adam, die Ölmühle und die Röhrenbohrerei im Ortsteil Friedebach. Zu den Städtepartnerschaften zählen Meziboří, deutsch Schönbach, am tschechisch-böhmischen Südhang des Gebirges, das italienische Sogliano al Rubicone in der Emilia-Romagna und Strenci, deutsch Stackeln, im Norden Lettlands.

Pfaffroda
Mönche, Exulanten und das Schloss

Die einst Pfaffen genannten Mönche des Klosters Ossegg, heute Teil der Ortschaft Osek am böhmischen Hang des Erzgebirges, gründeten zu Beginn des 13. Jahrhunderts das Dorf Pfaffroda, erstmals 1346 beurkundet und 1440 in der Herrschaft von Schönberg aufgehend. Ab 1650 fanden böhmische Exulanten in der Nachbarschaft eine neue Heimat. Das auf einem Felsvorsprung errichtete, inmitten eines Parks gelegene und von Teichen umgebene Schloss, ehemals ein Rittergut, dient heute als Kulturzentrum mit einem Museumskomplex. Zu sehen sind unter anderem eine königlich-sächsische Postkutsche und historisches Spielzeug, das den Jüngsten während des Aufenthalts zur Verfügung steht. Die um 1650 erbaute St.-Georgs-Kirche ist mit einer Silbermann-Orgel ausgestattet.

Partnergemeinden sind Küssaberg bei Waldshut an der Schweizer Grenze, Grafenhausen nahe dem Schluchsee in Baden-Württemberg, Meçinka, deutsch Hermanndorfs, im polnischen Niederschlesien und Vilémov, deutsch Willomitz, am Duppauer Gebirge im nordböhmischen Becken.

Dörnthal
Herrschaft der Schönberger

Seit 1999 gehört Dörnthal zu Pfaffroda. Die Besiedelung, so wird vermutet, setzte um 1150 ein, die erste Beurkundung stammt aus dem Jahr 1449 als *Dorrental*, namentlich zurückzuführen auf die der heiligen Dorothea gewidmeten und zum Kloster Ossegg gehörenden Kapelle. Von 1501 bis 1945 (!) waren auch hier die Geschicke bestimmenden Herren von Schönberg auf Schloss Purschenstein nahe Neuhausen präsent. Die Dörnthaler Ölmühle gilt als die älteste wieder in Betrieb genommene. Insgesamt bestehen noch elf erhaltene Mühlen mit Mahl- und Stampfwerken. Zu neuem Leben erweckt wurde die seit 1559 bekannte Braun Mühle, in der sich eine Brauerei einrichtete. Die Dörnthaler Wehrgangkirche von 1346 überragt den Ort auf einem 635 Meter hohen Hügel. Sehenswert sind der spitzbogige Türstock von 1250, die Kassettendecke mit Heiligenmotiven und Rosenbildern, die hölzerne Kanzel aus dem 16. Jahrhundert und das sandsteinerne Taufbecken von 1610.

Pfaffroda: Wehrkirche im Ortsteil Dörnthal.

1737 die Dorfkirche als barocke Saalkirche mit der Silbermann-Orgel neu errichten ließ. Mit 61 Hektar Fläche ist der Großhartmannsdorfer Teich der größte des Erzgebirges. Seit 1500 diente er der Wasserversorgung der Freiberger Bergwerke, später als Teil der sogenannten Revierwasserlaufanstalt. Es handelt sich hierbei um ein System von 70 Kilometern Länge, bestehend aus Kunstgräben und elf Kunstteichen, die bei Bedarf die Städte Freiberg, Dresden und Chemnitz mit Trink- und Brauchwasser versorgen können. Bekannt wurde der Ort seit 1878 auch mit der ersten Uhrmacherschule in Deutschland, die sich mit der Fertigung von Präzisionszeitmessern einen Namen machte.

Großhartmannsdorf
Der große Teich

Das im 12. Jahrhundert gegründete Waldhufendorf wurde erstmals anno 1368 als *Hartmanstorph* erwähnt, was auf das *Dorf eines Herrn Hartmann* verwies. Im heutigen Zentrum der Gemeinde befindet sich das als *Mayoratsgut* bezeichnete Rittergut mit einem Museums- und Ausstellungsbereich. Es war bis 1730 im Besitz der sächsischen Adelsfamilie von Carlowitz, die

Brand-Erbisdorf
Reichtum über Jahrhunderte

Franken und Niedersachsen aus dem Harz rodeten vermutlich seit 1150 das Gebiet um die heutige Große Kreisstadt Brand-Erbisdorf und siedelten an den Bächen. Die erste Erwähnung von Erbisdorf als Bauerndorf *Erlwinesberc* erfolgte 1209. Um 1250 erreichte der sich vom nahen Freiberg ausbreitende Silberbergbau die

Brand-Erbisdorf: Markt mit dem Bergmann.

Region. Der ersten Blütezeit um 1350 folgte 100 Jahre später die zweite und nach einem vorübergehenden Niedergang ab 1500 die dritte. Sie währte im Ortsteil Brand bis 1903. Bis dahin hatte der Brander Bergbau ein Viertel der gesamten sächsischen Silberausbeute gefördert. Sehenswert sind die Zeugen der Gruben und Schächte, wie das 1821 erbaute Kunstgrabenaquädukt mit dem *Buttermilchtor*, der *Thelersberger Stolln* und das *Alt Mordgruber Zechenhaus*. Mehr über die montane Historie informiert das Stadtmuseum *Huthaus Einigkeit*. Die Schauanlage *Bartholomäusschacht* vermittelt dem Besucher die uralte Fördertechnik, verbunden mit einer Einfahrt in die Tiefe des Berges. Das vom Wald umgebene Naturbad *Erzengler Teich* entstand vor rund 450 Jahren und gehörte zum System der bergmännnischen Wasserwirtschaft. Eine überlebensgroße Bergmannsfigur ziert die Kirche St. Michaelis, beurkundet als Wallfahrtskapelle seit 1448.

Vier Partnerstädte sind mit Brand-Erbisdorf verbunden: Dillingen an der Donau in Bayern, Langenau am Rand der Schwäbischen Alb in Württemberg, Weyarn über dem Tal der Mangfall in Oberbayern und Jirkov, deutsch Görkau, im tschechisch-böhmischen Erzgebirge.

Freiberg
Vom Silber zum Silicon Saxony

Historie pur – Freiberg. Der gesamte Stadtkern mit dem Grundriss aus dem 12./13. Jahrhundert steht unter Denkmalschutz, geprägt in über acht Jahrhunderten vom Bergbau und dem Hüttenwesen bis 1969. Von da an begann der Strukturwandel in Richtung des *Silicon Saxony*, des eingetragenen Vereins mit Sitz im 30 Kilometer entfernten Dresden, Europas größtem Verband der sächsischen Mikroelektronik-, Halbleiter- und Fotovoltaik-Industrie. Neben den rund 300 Mitgliedsunternehmen sind überdies Hochschulen, Universitäten und Forschungsinstitute beteiligt. Metropolen wie Leipzig und Chemnitz liegen gleichsam in der Nachbarschaft; nach Berlin sind es 180 Kilometer, nach Prag 120. Die nahe am geografischen Mittelpunkt Sachsens gelegene Stadt in den Tälern des Gold- und Münzbaches ist seit 1765 untrennbar mit der Bergakademie verbunden. Gegründet wurde sie als Ausbildungsstätte für Bergleute von Prinz Xaver von Sachsen (1730–1806) dem Grafen von der Lausitz. Sie ist inzwischen weltweit die älteste und zugleich einzige Einrichtung dieser Art. Entdeckt wurden in der Akademie die chemischen Elemente Indium, ein silberweißes weiches Schwermetall, und Germanium, heute als Halbleiter klassifiziertes Halbmetall.

1 000 Erzgänge und 180 Mineralien
Freiberg, gern als die Mutter der sächsischen Bergstädte gepriesen, entstand um 1160 in urwaldähnlichem Umfeld, wuchs rapide mit der Entdeckung der Silbererze zur größten Stadt der Mark Meißen, flächenmäßig weitläufiger als das ältere Leipzig, und verhalf dem Kurfürstentum zu unverhofftem Reichtum. Als einer der größten Funde im sogenannten Freiberger Zentralrevier ist die mit etwa 25 mal 40 Kilometern gewaltige Ganglagerstätte von Bunt- und Edelmetallen, wie Gold und Silber, in die Geschichte von Christiansdorf, der Vorläufersiedlung der Stadt, eingegangen. Nachgewiesen sind zudem um die 1 000 Erzgänge und Vorkommen von 180 Mineralien. Nach einem zwischenzeitlichen Niedergang des Bergbaus kam es im 16. Jahrhundert wieder zum Abbau, was neue Anlagen und Hüttenwerke zur Folge hatte. Der von Martin Weigel (1555–1618), dem Markscheider und Oberbergmeister, erfundene

Die Aussicht auf Freiberg, den Dom und das Schloss Freudenstein.

Sprengstoff fand um 1640 Eingang in den sächsischen Bergbau. An Gewicht gewannen zugleich die Metallverarbeitung und das Kunsthandwerk. Erst als 1913 der Silberpreis verfiel, war das Ende des Bergbaus für Freiberg gekommen.

Goldene Pforte und Tulpenkanzel

Zum Schutz des Silberbergbaus verfügte Markgraf Otto von Meißen (1125–1190) im Jahre 1168 die Errichtung einer Burg, später Schloss Freudenstein genannt. Heute beherbergt es die Dauerausstellung *terra minralia*, siehe hierzu auch das Kapitel *Manufaktur der Träume*, und das Archivgut der Montangeschichte Sachsens und Deutschlands. Genutzt wird nach wie vor die *Himmelfahrt Fundgrube* als einziges Lehrbergwerk der Welt. Sehens- und besuchenswert ist das in seiner ursprünglichen Form von 1790 erhaltene Theater, in dem einst der 14-jährige Carl Maria von Weber (1786–1826) *Das stumme Waldmädchen*, seine erste Oper, aufführte. Die spätgotische Hallenkirche, der 1501 eingeweihte Dom St. Marien, besticht mit der *Goldenen Pforte*, dem um 1230 geschaffenen Rundbogen-Sandsteinportal, einem Hauptwerk der deutschen Kunst. Es zeigt die über allem thronende Muttergottes mit den anbetenden Heiligen Drei Königen, einem Engel und mit Joseph, in den Wänden wiederum Statuen von alttestamentarischen Vorläufern sowie die Darstellung von Erlösung und Jüngstem Gericht. Die *Tulpenkanzel*, geschaffen von dem Bildhauer Hans Witten von Köln (1470–1522), unmittelbar neben der Bergmannskanzel im Mittelschiff, gleicht einem Blütenkelch mit vier aus dem Boden wachsenden Stängeln. Die Hauptorgel stammt von Gottfried Silbermann und wird als sein größtes Werk angesehen.

Berühmte Namen

Zu den rund 1250 kulturellen und kunstgeschichtlichen Denkmälern der Stadt gehören das 1410 erbaute Rathaus mit dem Uhrturm und dem Glockenspiel aus Meissner Porzellan, der Ratskeller von 1545 und der bläuliche Stein mit dem eingehauenen Kreuz auf dem Obermarkt, wo der Adlige Kunz von Kauffungen (1410–1455) hingerichtet worden war, siehe hierzu das Kapitel *Der sächsische Prinzenraub*. Zu den Söhnen Freibergs zählen Herzog und Kurfürst Moritz von Sachsen (1521–1553), der Komponist August Ferdinand Anacker (1790–1854), berühmt geworden mit dem Chorlied *Der Bergmannsgruß*, der Mineraloge, Berghauptmann und Kurator der Bergakademie Carl Eugenius Pabst von Ohain (1718–1784) und Clemens Winkler (1838–1904), der Entdecker des Germaniums. Vor Ort wirkten neben anderen Johann Wolfgang von Goethe (1749–1832) als Naturwissenschaftler, der Entdecker und Naturforscher Alexander von Humboldt (1769–1859), Theodor Körner (1791–1813), der Dichter und Freiheitskämpfer Ferdinand Reich (1799–1882) und Theodor Richter (1824–1898), der Entdecker des Indiums.

Acht Städtepartnerschaften unterhält Freiberg, allein drei in Deutschland: Amberg in Ostbayern, Clausthal-Zellerfeld bei Goslar im Harz in Niedersachsen und Darmstadt nahe Frankfurt am Main in Hessen. International sind es Delft in den Niederlanden, Gentily am Stadtrand von Paris, Nes Ziona in Israel, in Tschechien Příbram, deutsch Pibrans oder Freiberg in Böhmen, und Wałbrzych, deutsch Waldenburg, in der polnischen Woiwodschaft Niederschlesien.

Naundorf
Dorf mit Rittergut

Seit 2014 ein Ortsteil von Dippoldiswalde, auch *Dipps* genannt, war Naundorf nahe Schmiedeberg einst als Waldhufendorf mit Rittergut entstanden, erstmals erwähnt 1404 als *Nuwindorff*. Erfasst vom Silberrausch wurde das Dorf wie überall in der Region um 1470. Allerdings war schon im 12. Jahrhundert unter Tage nach dem Edelmetall geschürft worden. Archäologische Grabungen belegten bislang 15 Schächte im Dippoldswalder Bereich. Um

Naundorf: *Otto's Eck* mit Aussichtsturm in Dippoldiswalde-Naundorf.

1560 gehörte Naundorf zum Amt Pirna an der Elbe und unterhielt zwischenzeitlich ein Bergamt.

Kurort Hartha
Die Marienglocke von 1517

Sachsen kann auf sage und schreibe fünf geografische Mittelpunkte im Lauf der Zeiten verweisen. Im Landkreis Meißen sind es Altzella und Deutschenbora, im Königreich Sachsen das erzgebirgische Lichtenberg und in den Grenzen von 1815 bis 1945 Großschirma bei Freiberg. Der bekannteste im heutigen Freistaat Sachsen ist jedoch in der vom Wald umgebenen Gemarkung Grillenburg des seit 1994 zur Stadt Tharandt gehörenden Kurortes zu finden. Die Geschichte setzt um 1200 mit Hintergersdorf, dem Unterdorf von Hartha, ein. Das Oberdorf gründeten 1540 sogenannte Zeidler, die da waren Honigsammler von Wildbienen, und Waldaufseher mit eigener Gerichtsbarkeit am Hartheberg. 1870 steigt Hartha zum Kurbadeort auf, 1904 zum Luftkurort. Was Hartha auszeichnet, ist das reizmilde Hügellandklima, was schon um 1850 Sommerfrischler aus Dresden zu

schätzen wussten. Der Kneippverein sorgt für Wohlbefinden und Ertüchtigung mit diversen Anwendungen, darunter Heilfasten und einem Nordic-Walking-Park. Eine Besonderheit ist der Glockenstuhl in der Fördergersdorfer Kirche mit der Marien- oder Friedensglocke, vermutlich 1517 von Martin Hilliger (1484–1544), genannt Martin I., auch Kannegießer, gegossen. Er entstammte der weithin bekannten sächsischem Glocken- und Geschützgießer-Dynastie mit dem weißen Bären auf rotem Feld im Familienwappen. Weitere Sehenswürdigkeiten sind der nach Tharandt führende forstbotanische Garten und die Uhrentechnische Lehrschau mit dem *Sekundenweg* von Tharandt nach Spechtshausen auf etwa sechs Kilometern.

Verbunden ist der Kurort mit der Gemeinde Häusern im südlichen Hochschwarzwald unweit des Schluchsees.

Tharandt
Ritter, Dichter und Sidonie

Die Kleinstadt an der Wilden Weißeritz am Tharandter Wald vor den Toren Dresdens fand die erste urkundliche

Erwähnung 1216 mit dem Hinweis auf den mark-gräflich-meißnerischen Vasallen und Burgvogt Boriwo de Tarant, bis 1246 wiederholt als *edler Ritter* belobigt, ganz seinem slawischen Vornamen (*Kämpfer*) entsprechend. Nach manchem Wechselfall der Geschichte setzte um 1790 mit der Zeit der teilweise religiösen *Empfindsamkeit,* eine gegen die von der Vernunft diktierte Lebensweise, der Fremdenverkehr ein. Johann Wolfgang von Goethe (1749–1832) war mehrfach zu Gast bei Heinrich Cotta (1763–1844), dem Direktor der Königlich-Sächsischen Forstakademie. Friedrich von Schiller (1759–1805) vollendete im *Gasthof zum Hirsch*, heute *Schillereck*, das Drama *Don Carlos*. An Sidonie von Böhmen (1449–1510), Gemahlin Herzogs Albrecht des Beherzten (1443–1500), auch *Animosus* genannt, erinnern die Sidonienquelle und die Sidonienapotheke. Der Tharandter Wald wird als schönster Sachsens gerühmt. Ostdeutschlands steilste Normalspur-Bahnstrecke ohne Zahnrad (!) führt von Tharandt nach Klingenberg. Die Ruine auf dem Bergsporn ist der Burgenromantik zugeordnet. In der unmittelbaren Nachbarschaft befinden sich das Schloss und die Bergkirche zum Heiligen Kreuz.

Partnerschaftsverträge bestehen zwischen Blaubeuren im württembergischen Alb-Donau-Kreis, Piennes im französischen Lothringen sowie Cheb, deutsch Eger, und Poděbrady, deutsch Podiebrad, in Tschechien.

Freital
Das freie Tal der 25 Orte

Die neun Kilometer von Dresden entfernte Große Kreisstadt wuchs seit 1921 unter dem Namen Freital, dem freien Tal, aus 25 ehemals selbstständigen Ortschaften und Siedlungen zusammen. Um 1150 war die urwaldähnliche Region ein bevorzugtes Ziel zahlreicher Zuwanderer aus Flandern, Franken, Bayern und Niedersachsen. Sie rodeten und siedelten, dass alsbald

Freital: Schloss Burgk mit Museum und Besucherbergwerk.

Freital: *Dorothea*, die erste elektrische Grubenlok der Welt.

selbst die Sorben Gefallen an den neuen Dörfern fanden. Die Entdeckung der Steinkohle und die Herstellung von Alaun, einem sogenannten Doppelsalz, um 1550 ließen die Bevölkerung anwachsen, von ehemals 900 auf 1 500 Einwohner; heute sind es fast 40 000. Mit dem Erliegen des Steinkohlebergbaus übernahm 1968 die sowjetisch-deutsche Wismut AG die Regie und förderte bis 1989 Erzkohle zur Urangewinnung.

Elektro-Dorothea und die Luftreisende

Wie einst die Steinkohle gefördert wurde, vermittelt das Schaubergwerk *Tagesstrecke Oberes Revier Burgk*. Auf Schloss Burgk, einst die glanzvolle Residenz des gleichnamigen Freiherrn, ist das Museum der Stadt mit einem besonderen Schaustück ausgestattet, mit der *Dorothea*, der weltweit ersten elektrischen Grubenlok. Die Windbergbahn, Deutschlands älteste Gebirgsbahn, diente vor rund 150 Jahren der Erschließung der Schächte. Freitals berühmteste Frau war Johanne Wilhelmine Sigmundine Reichard (1788–1848). Mit 23 stieg sie 1811 als erste Frau in Deutschland mit einem Heißluftballon in die Lüfte. Noch im selben Jahr erreichte sie die Rekordhöhe von 7 800 Metern, allerdings mit dramatischen Folgen: Sie verlor das Bewusstsein, der Ballon zerriss, stürzte ab – doch die tapfere Luftreisende überlebte und startete bald wieder.

Wahrzeichen auf dem Windberg

Auf dem 352 Meter hohen Windberg thront ein von der Bevölkerung gespendetes Denkmal in Form eines Sandstein-Obelisken. Das seit 1904 Freitals weithin sichtbare Wahrzeichen, gewidmet Sachsens König Albert (1828–1902), zeigt das Reiterstandbild des beliebten Monarchen. Unweit des Windbergs erinnert in Kleinnaundorf das Bergmannsgrab an die 276 Kumpel, die 1869 bei einer Schlagwetterexplosion zu Tode kamen – im *Gottes-* und im *Neuhoffnungsschacht*. Im Döhlener Becken, einst *Tal der tausend Schornsteine* genannt, beeindruckt eine Vielzahl von Industriebauten, darunter die markanten Hallen des Edelstahlwerks.

Eine Städtefreundschaft pflegt Freital mit dem nordrhein-westfälischen Oberhausen und eine Verwaltungspartnerschaft mit dem Kur-, Bäder- und Festspielort Baden-Baden, Baden-Württembergs kleinstem Stadtkreis.

Dresden
Das Florenz des Nordens

Nach 275 Kilometern die letzte Station der durchs Erzgebirge führenden Silberstraße: Dresden, die Landeshauptstadt, Sachsens Schatzkammer des Kulturellen, untrennbar mit dem Beinamen *Elbflorenz* versehen, auch *Florenz des Nordens*. Ein Begriff, den Johann Gottfried von Herder (1744–1803), der Dichter und Philosoph, einst prägte, damit begründend, dass es vor allem die Kunst und Altertumssammlungen seien, die die Stadt auszeichneten. Und wörtlich: „Was ein Friedrich August [gemeint ist August der Starke] im Anfange des Jahrhunderts anfing, hat ein anderer Friedrich August [gemeint ist Seiner Majestät Sohn] am Ende desselben vollendet." Zurückzuführen ist Dresdens Erhöhung zum *deutschen Florenz* maßgeblich auf italienische Meister, deren Werke zum Schwerpunkt aller

Dresden: Weltberühmtes Elbflorenz-Panorama.

Sammlungen wurden. Es hieße Eulen nach Athen tragen, ein unsterbliches Wort des griechischen Komödiendichters Aristophanes (um 440–380 v. Chr.), sie alle aufzuzählen. Und doch bleibt der Versuch eines gerafften Überblicks zur Stadt, die 1945 im Bomben- und Feuersturm versank, um 60 Jahre danach wieder in der alten Pracht der teils barocken, teils mediterranen Architektur und auch in neuer, ergänzender Schönheit an den Ufern des Elbestroms zu erstehen.

Feenpalast und Fürstenzug

Die Gesamtzahl der Kulturdenkmale beläuft sich auf rund 13 000, wobei Bauwerke, insbesondere Wohngebäude, den größten Anteil ausmachen. Allein in der Inneren Altstadt, Dresdens historischem Kern mit der heute höchsten Hoteldichte, sind es die evangelische Frauenkirche mit einer der größten steinernen Kuppeln

nördlich der Alpen, der Zwinger mit der Gemäldegalerie *Alte Meister*, die Semperoper, das Residenzschloss mit dem *Grünen Gewölbe*, die Schatz- und Wunderkammer der sächsischen Kurfürsten und Könige, vom Philosophen Arthur Schopenhauer (1788–1860) als Feenpalast verherrlicht, die katholische Hofkirche, die Annen- und Kreuzkirche. Des Weiteren der königliche Marstall, das Coselpalais, die Augustusbrücke, der Landtag, die Brühlsche Terrasse am Elbufer, die Kunstakademie, das Hygiene-Museum, Schauspielhaus, Gewandhaus und Taschenbergpalais, das Italienische Dörfchen, das Albertinum mit der Galerie *Neue Meister*; der nach den Plänen des britischen Architekten Norman Foster umgebaute Hauptbahnhof und der Fürstenzug, die überlebensgroße Darstellung eines Reiterzuges. Er stellt auf 102 Metern, bestehend aus 23 000 Fliesen Meissner Porzellan, die Ahnengalerie aus dem Geschlecht der Wettiner im

Zeitraum von 1127 bis 1904 dar. Insgesamt sind es 35 Markgrafen, Herzöge, Kurfürsten und Könige. Modernen Datums sind die Gläserne Manufaktur von VW, der Ufa-Kristallpalast, das World Trade Center und das neu errichtete Glaskugelhaus. Die berühmteste der Elbbrücken ist das aus stählernem Fachwerk errichtete sogenannte *Blaue Wunder*.

Sinn nach Kultur und etwas Süßem

Dresden, das ist auch die Stadt berühmter Orchester und Chöre, der Philharmonie, der Staatskapelle, der Sinfoniker, der Sinfonietta, des Barockorchesters, der Kapellsolisten und der Virtuosi Saxoniae, der Staatsoperette, des *ensemble courage*, des im 13. Jahrhundert gegründeten (Knaben-)Kreuzchores, der Singakademie, des Kammerchores und der Oper. Nicht zu vergessen die 50 Museen in faszinierender Vielfalt wie auch die Brunnen, Wasserspiele und Fontänen, insgesamt um die 300. Die Dresdner Bergbahnen zählen weltweit zu den ersten ihrer Art. Zum einen ist es die Loschwitz mit dem 95 Meter höher gelegenen Ortsteil Weißer Hirsch verbindende Standseilbahn, zum anderen die 84 Höhenmeter überwindende Schwebebahn von Loschwitz nach Oberloschwitz. Und wem zwischendurch der Sinn nach etwas Süßem steht, der probiere Dresdnerisches wie den Stollen, das in der Form von Buchstaben gebackene Russisch Brot oder die Würfeln gleichenden Dominosteine, eine feine Lebkuchenspezialität. Großer Beliebtheit erfreuen sich die aus Hefeteig nebst dem Belag aus Äpfeln, Quark und Mohn bestehende Eierschecke, der Pflaumentoffel, ein Männchen aus Backpflaumen in der Gestalt eines Schornsteinfegers, und das warm servierte, mit Zimtzucker bestreute Quarkkäulchen.

Drezdany, die aus dem Auwald

Der Blick zurück auf das Jahr 1206: *Dresdene* wird erstmals genannt, vermutlich aus dem Slawischen entlehnt und abgeleitet von *Drezdany*, die Auwaldbewohner. Bereits 1216 erscheint *Dreseden* als Stadt. Obwohl um

1485 noch recht unbedeutend, kürten sie die Herzöge zur Residenz. Die kulturelle Bedeutung erlangte sie als barocke Metropole unter Friedrich August I. (1670–1733), genannt August der Starke. Was Friedrich von Schiller 1785 in Dresden niederschrieb, das war das bis heute nachwirkende, von Ludwig van Beethoven (1770–1827) für die 9. Sinfonie vertonte Gedicht *An die Freude*. 1972 wurde es zur Hymne der Europäischen Union erhoben.

Städtepartnerschaften bestehen mit 13 Städten: Hamburg (Deutschland), Salzburg (Österreich), Straßburg (Frankreich), Coventry (Großbritannien), Breslau (Polen), Sankt Petersburg (Russland), Skopje (Mazedonien), Ostrava (Tschechien), Brazzaville (Republik Kongo), Florenz (Italien), Rotterdam (Niederlande), Columbus, Ohio (USA), Hangzhou (China). Städtefreundschaften verbindet Dresden mit Gostyń (Polen) und San Antonio, Texas (USA).

Der Abzweig nach Böhmen

Von Oberwiesenthal führt die Silberstraße nach Boží Dar, Jáchymov und bis kurz vor Karlsbad nach Ostrov nad Ohří auf der tschechisch-böhmischen Seite des Erzgebirges.

Boží Dar
Gottesgab

Silber, Zinn und Gold

Das Städtchen der um die 200 (!) Einwohner, gleich hinter dem deutschen Oberwiesenthal, genießt den Ruf, mit 1 028 Metern der höchstgelegene Ort in Mitteleuropa zu sein, und wird nur noch überragt vom Klinovec (1243,7 m), dem Keilberg. Zudem zählt das einstige Gottesgab zu den bekanntesten Wintersportzentren Tschechiens. Der Name ist einem Ausspruch der kurfürstlichen Herrschaft zur Gründung des Ortes anno 1530 zu verdanken. In der Überlieferung heißt es: „Dieses edle Metall ist Euer Brot, das ist eine Gabe Gottes." Das Schürfen auf Silber und Zinn nahm 1517 seinen Anfang, um 1550 auch nach Gold. Nach dem Schmalkaldischen Krieg (1546–1547), der katholische Kaiser Karl V. (1500–1558) hatte sich gegen die protestantischen Landesfürsten und Städte durchgesetzt, fielen die sächsischen Bergstädte Gottesgab und Platten, Horní Blatná, an das zur Habsburger Monarchie in Wien seit 1526 gehörende Königreich Böhmen. Die über 400 Jahre alte Kirche St. Anna gilt als eine der schönsten spätbarocken Sakralbauten in Böhmen. Einzigartig ist die Decke, Böhmischer Fladen genannt, eine spezielle Holzverschalung mit daran befestigtem Schilfrohr. Die Glocke goss 1772 der Joachimsthaler Hans Wild. Aus Gottesgab stammt Anton Günther (1876–1937), der Dichter und Sänger des Erzgebirges. Der ihm gewidmete Weg passiert die Grenze.

Jáchymov
Sankt Joachimsthal

Der Taler und das Radium

An der Straße von Gottesgab nach Karlsbad wurden 1516 nahe dem Ort Conradsgrün, 1520 umbenannt in Sankt Joachimsthal, gewaltige Vorkommen an Silbererz entdeckt. Schon um 1519 soll der erste Joachimsthaler geschlagen worden sein, der namentlich zum Vorläufer von Taler und Dollar Berühmtheit erlangte. 1533 erreichte die Ausbeute den Wert von rund 242 000 Talern, gefördert in 900 Bergwerken von 9 200 Bergleuten. Siehe hierzu auch das Kapitel *Das große Berggeschrey*. Inzwischen war Sankt Joachimsthal auf über 18 000 Einwohner angewachsen. Trotz des allmählichen Rückgangs der Silbervorkommen blieb der Stadt der Bergbau bis ins 19. Jahrhundert erhalten. Den sicherten noch immer geringe Mengen des Edelmetalls, mehr aber der Abbau von Nickel, Wismut und Uranerz. 1898 entdeckte

links: Boží Dar: Mitteleuropas höchst gelegenes Städtchen.
rechts: Jáchymov: St. Joachim, Böhmens erste lutherische Kirche.

die Physikerin Marie Skłodowska Curie (1867–1934) das Radium in den Restbeständen des Erzes, der sogenannten „Joachimsthaler Pechblende". Das führte zur Erforschung der biologischen und medizinischen Auswirkungen der Strahlung auf den menschlichen Organismus. Die in den einstigen Silberbergwerken sprudelnden Radon-Quellen sorgten für ein Übriges: 1906 kam es zur Gründung des ersten Radiumsol-Heilbades der Welt. Wie auch anderswo im Erzgebirge war der Uranbergbau ab 1950 das fast alles Beherrschende. Das Wahrzeichen der Stadt ist die Kirche St. Joachim. Sie gilt als die erste lutherische Kirche Böhmens. Das spätgotische Gotteshaus wurde 1987 zum Wallfahrtsort geweiht. Zeitweilig in Verbindung zu Sankt Joachimsthal stand Georgius Agricola (1494–1555), der Vater der Mineralogie. Zwischenzeitlich hatte sich der Wissenschaftler als Arzt und Apotheker in der Stadt niedergelassen. Siehe hierzu auch das Kapitel *Berühmte Erzgebirgler*.

Ostrov: Dreiflügeliges Schloss im Park.

Ostrov nad Ohří
Schlackenwerth an der Eger –
Die Königsstadt nahe Karlsbad

Etwa auf halbem Wege zwischen Oberwiesenthal und Karlsbad, Karlovy Vary, gelegen, bildet Ostrov nad Ohří, deutsch Schlackenwerth, an der Mündung der Weseritz den Schlusspunkt der Silberstraße auf der böhmischen Seite des Gebirges. Die ehemalige Königsstadt als unveräußerlicher Besitz der nordböhmischen Adelsfamilie von Hrabischitz kam zu Reichtum durch Zolleinnahmen am Handelsweg von Prag nach Eger. Nach 1620 fiel Schlackenwerth an das Herzogtum Sachsen-Lauenburg, von 1681 bis 1787 war es ein Lehen der Markgrafen von Baden, nachdem Ludwig Wilhelm von Baden (1655–1707), *Türkenlouis* genannt, die 20 Jahre jüngere Prinzessin Franziska Sibylla Augusta (1675–1733) geehelicht hatte. Als Bauherrin bekannt geworden, ließ sie das dreiflügelige *Weiße Schloss* inmitten eines Parks nach Wiener

und Prager Vorlagen errichten. Deren Spross Ludwig Georg Simpert von Baden (1702–1761) begann erst mit sechs im Verlauf einer Wallfahrt ins schweizerische Maria Einsiedeln zu sprechen, wofür die Prinzessin mit dem Bau einer Kapelle in Schlackenwerth dankte. Die Kopie der Kapelle, sie entspricht der in Maria Einsiedeln, entstand zugleich im badischen Rastatt. Ostrovs historisches Zentrum umfasst den Alten Platz mit der Pestsäule, dem Rathaus und dem Stadttor. Von 1226 stammt die romanische Friedhofskirche St. Jakob mit dem spätgotischen Triumphbogen im Hauptschiff. Reich ausgestattet ist die gotische Kirche St. Michael mit dem sechsseitigen Turm von 1384. Im Lustschlösschen Letohrádek ist ein Teil der Karlsbader Kunstgalerie etabliert. Zu den berühmtesten Söhnen der Stadt zählt Johann Wulfing von Schlackenwerth († 1324), Bischof im Südtiroler Brixen und späterer Fürstbischof von Bamberg und Freising in Bayern. Partnerschaftlich verbunden ist Ostrov nad Ohří mit Rastatt, der barocken Residenzstadt der Markgrafschaft Baden-Baden nahe Karlsruhe.

Der sächsische Prinzenraub
Kunz von Kauffungens abenteuerliche Entführung

Die wahre Geschichte eines Ereignisses, das im thüringischen Altenburg seinen Anfang nahm, im Erzgebirge zum Kloster Grünhain und zu einer berühmt gewordenen Höhle im Wald bei Hartenstein führte, um schließlich in der Silberhochburg Freiberg sein Ende zu finden.

Alles nahm seinen Anfang mit dem *Sächsischen Bruder-krieg* (1446–1451) um die wettinischen Herrschafts-gebiete, ausgetragen von Herzog Wilhelm III. dem *Tapferen* (1425–1482) und Kurfürst Friedrich II. dem *Sanftmütigen* (1412–1482), den Söhnen Friedrichs I. des *Streitbaren* (1370–1428). An des Kurfürsten Seite focht tapfer Kunz von Kauffungen (um 1410–1455), geboren auf Gut Kaufungen, heute ein Stadtteil von Limbach-Oberfrohna im Vorland des Erzgebirges. Nachdem dessen Gut von der gegnerischen Seite

verwüstet worden war, entschädigte ihn der Kurfürst mit Gut Schweikershain, seit 1994 zu Erlau bei Mittweida im sächsischen Burgen- und Heideland gehörend. Kunz, selbst Burgvogt von Altenburg, Herr auf Schloss Wolkenburg und auf dem Lehen Burg Stein zu Hartenstein, auch mit Ländereien in Böhmen versehen, überfiel als des Kurfürsten getreuer Gefolgsmann im Rahmen des sogenannten *lauteren Kriegsrechts* so manche Handelskarawane zum Schaden des Herzogs. Die Grenze des vermeintlich Statthaften überschritt der Junker von niederem Adel mit der *Lindenauer Nahme*, einem Zugriff in der Nähe eines Dorfes bei Leipzig. Die gefangen genommenen Kaufleute nebst der Beute brachte er auf die Hartensteiner Burg Stein in der sicheren Erwartung, ein Lösegeld zu erzielen, was nicht geschah. Mehr noch, sein Kurfürst verurteilte die Tat als *gemeinen Raubüberfall* und kündigte ihm das Lehen Burg Stein. Das führte zu einer fünfjährigen juristischen Auseinandersetzung, da sich der noch nicht zum Ritter geschlagene Junker, obwohl den ritterlichen Standesgenossen weit überlegen, durchaus im Recht sehen konnte. Zu allem Überdruss geriet er noch in Böhmen in die Gefangenschaft von Gefolgsmännern des Herzogs, die ihm das überaus beachtliche Lösegeld von 4000 Gulden abpressten.

Der Fehdebrief

Mit dem Ende des Bruderkrieges von Herzog und Kurfürst, von Wilhelm und Friedrich, sollte Kunz von Kauffungen das ihm übereignete Gut Schweikershain ohne jedwede Wiedergutmachung abgeben; es hatte zuvor einem Kämpfer Wilhelms gehört. Das empörte den Kauffunger derart, dass er den Kurfürsten auf Entschädigung verklagte, zumal auch einige seiner thüringischen Güter zerstört worden waren. Die Gerichte in Magdeburg und Friedberg gaben ihm Recht, doch letztlich zählte das Urteil der letzten Instanz in Leipzig, die sich für den Kurfürsten aussprach. Kunz gab sich aber nicht geschlagen, sandte dem Kurfürsten einen

Fehdebrief, eine Art formale Kriegserklärung, um auf anderem Wege zu seinem Recht zu kommen, hatte er ihm doch stets treu zur Seite gestanden.

Die Entführung

Was dann geschah, ist als der *Altenburger Prinzenraub* in die Annalen Thüringens, Sachsens und des Erzgebirges eingegangen. Es war in der Nacht zum 8. Juli 1455, als Kunz von Kauffungen mit den Rittern Wilhelm von Mosen und Wilhelm von Schönfels nebst weiteren 30 Männern in die Burg des Kurfürsten eindrang, heute das Altenburger Schloss, und dessen schlaftrunkene Söhne Ernst (14) und Albrecht (11) als Faustpfand für spätere Lösegeldforderungen mit sich nahm, ohne

links: Hingerichtet 1455 in Freiberg: Kunz von Kauffungen. 1458 wurde der „Gaffkopf" am Erker des Rathauses angebracht. rechts: Festspielaufführung in Altenburg: Kurfürst Friedrich II. und Gemahlin Margaretha von Österreich.

Der Tatort: Altenburger Schloss in Thüringen.

ihnen jemals *ein Leid antun* zu wollen. Nach dem erfolgreich verlaufenen Überfall trennten sich die Wege
der Gefährten. Mosen und Schönfels waren mit dem
Prinzen Ernst in Richtung Vogtland unterwegs, während der Kauffunger mit Albrecht die Route in Richtung Böhmen über Stollberg und Thalheim gewählt
hatte. Doch er kam nicht weit. Noch am selben Tage
stellten ihn ein Köhler namens Georg Schmidt, auch
Triller genannt, Mönche und Dörfler im Wald an der

Fürstenbrunnen genannten Quelle unweit des Zisterzi-
enserklosters in Grünhain östlich von Aue. Ein realisti-
sches und detailgetreues Werk *Die Gefangennahme des
Prinzenräubers Kunz von Kauffungen* schuf 1934 Paul
Schneider (1892–1975), einer der bedeutendsten Holz-
schnitzkünstler des Erzgebirges. Zu sehen ist es hinter
Panzerglas im Romantik Hotel Jagdhaus Waldidyll in
Hartenstein. Siehe hierzu auch das Kapitel *Barbara
Uthmann, die Herrin der Klöpplerinnen*.

Die Prinzenhöhle

Mosen und Schönfels wiederum, Kunzens Vertraute, hatten auf der Flucht mit dem Prinzen Ernst die kurfürstlichen Verfolger auf den Fersen, von denen sie immer wieder angegriffen wurden, was bereits zum Verlust von 14 Reitern geführt hatte. Über Zwickau den Hartensteiner Forst mit Müh und Not erreichend, versteckten sie den verängstigten Ernst in einem alten Bergbaustollen, berühmt geworden als die *Prinzenhöhle*. Als sie drei Tage später von der Ergreifung des Kauffungers erfuhren, war für sie die Entführung gescheitert und sie verhandelten umgehend mit dem Grafen Friedrich von Schönburg, Herr der Hartensteiner Burg Stein. Nach der Zusicherung der Straffreiheit und des unbehelligten Abzugs ins Exil übergaben sie den Prinzen dem Grafen.

Das Todesurteil

Ein Schnellverfahren am 13. Juli ereilte Kunz von Kauffungen bereits fünf Tage nach der missglückten Tat, als er umgehend für schuldig befunden und zum Tode verurteilt worden war. Tags darauf wurden er und einige seiner Helfer auf dem Obermarkt der Silberstadt Freiberg mit jeweils einem Schwertstreich enthauptet. Ein blauer Pflasterstein kündet noch heute von der Stelle, an die Kunzens Kopf gerollt sein soll. Der Kurfürst und Gemahlin Margaretha unternahmen am 15. Juli eine Wallfahrt zur Stiftskirche nach Ebersdorf, heute ein Stadtteil von Chemnitz, zum Dank für die Errettung der Söhne. Aufgehängt worden waren zu diesem Anlass die Kleider der Prinzen und die Kappe des Köhlers, der den (Raub-)Ritter festgesetzt hatte. All das wird nach wie vor im Gotteshaus mit dem wundertätigen Marienbild aufbewahrt. In Hartenstein ist die Prinzenhöhle zu einem beliebten Ausflugsziel geworden. Ein viereinhalb Kilometer langer Wanderweg führt vom Parkplatz der Schlossruine zu der historischen Sehenswürdigkeit, gut erreichbar ebenso vom benachbarten Bad Schlema.

Die *Prinzenhöhle* in der Nähe von Hartenstein.

Die Grenzziehung

Nach dem Tod des Kurfürsten anno 1464 übernahmen Ernst (1441–1486) und Albrecht (1443–1500), die eigentlichen Begründer der Länder Sachsen und Thüringen, gemeinsam die Amtsgeschäfte. Zuvor hatten Friedrich II., der Vater, und der böhmische König Georg von Podiebrad (1420–1471) eine verbindliche Grenze zwischen Sachsen und Böhmen gezogen, die größtenteils noch heute als eine der ältesten Europas gilt – auf den Höhen des Erzgebirges und auf der Mitte der auf der Schneekoppe des Riesengebirges entspringenden und durch Böhmen strömenden Elbe. Siehe hierzu auch das Buch *Naturjuwel Riesengebirge*, Verlag Anton Pustet, Salzburg.

Berühmte Erzgebirgler
Persönlichkeiten von hohem Rang oder aus einfachen Verhältnissen

Vom Rechenmeister zum Komponisten der Romantik, vom Mineralogen zum Orgelbauer, vom Volksdichter zum Lyriker, vom Erfinder der Nachhaltigkeit bis zum legendären Wilddieb und von einem zugereisten Autobauer an der Mosel zur Wirtin eines uralten Gasthofs. Eine Auswahl.

Eine Gipsbüste von Adam Ries, geschaffen 1892 von dem Bildhauer Robert Henze.

Das macht nach Adam Ries(e)

Geboren 1492 oder 1493 im zum fränkischen Fürstbistum Bamberg gehörenden Staffelstein und berühmt geworden im erzgebirgischen Annaberg, wo er bis zum Ende seiner Tage im Jahre 1559 wirkte: Das macht nach Adam Ries(e) den legendären deutschen Rechenmeister aus, in die Geschichte eingegangen als der Vater des modernen Rechnens. Bekannt einst auch als *Ris, Rise, Ryse* und *Reyeß*, hatte er die römischen Zahlen als unpraktisch verworfen, um sie dann sogleich durch indisch-arabische Ziffern zu ersetzen. Was ihn, den Sohn eines Wassermühlen-Besitzers, zusätzlich auszeichnete, war das Verfassen seiner Werke in der deutschen Sprache, womit er, wie der Reformator Martin Luther (1483–1546) mit der Bibelübersetzung aus dem Lateinischen, zur Vereinheitlichung der Sprache beitrug.

Mit 40 entschied er sich nach Aufenthalten in Zwickau und Erfurt für Annaberg, die noch junge und zugleich aufstrebende Silberstadt, und eröffnete eine private Rechenschule. 1524 vollendete er die *Coß*, das Lehrbuch der Algebra in der stattlichen Stärke von rund 500 Seiten. *Coß*, das stand im Mittelalter für Unbekannte, für Variable als Bindeglied zwischen der damaligen und der Algebra von heute. Aus Kostengründen kam es nicht zum Druck, doch seinen Schülern und mathematisch Interessierten gewährte er Einblicke in die Manuskripte. Coß, das vollständige Werk, erschien erst 1992 (Teubner-Archiv zur Mathematik, Springer).

Adam Rieses Söhne und Töchter aus der Ehe mit der Freiberger Schlosserstochter Anna Leuber überzeugten auf unterschiedliche Weise: Adam, Abraham und Jacob als Rechenmeister in Annaberg, Isaak als Eichmeister in Leipzig und Paul als Richter und Gutsbesitzer im nahen Wiesa. Das eheliche Glück fanden die Töchter Eva, Anna und Sybilla in ihrer Heimatstadt. Kaum einer, so spöttelt der Volksmund, wenn auch nicht ganz ohne Stolz, stamme in Annaberg-Buchholz und Umgebung nicht von der Ries-Familie ab. Immerhin erfasste der Adam-Ries-Bund bislang um die 20 000(!) direkte Nachkommen. Zu guter Letzt: Den Namen Adamries trägt seit 1997 der Asteroid 7655.

Schumanns ernstes Glück

Mit sieben nahm er bereits Klavierunterricht, mit 18 studierte er widerwillig Jura in Leipzig und Heidelberg, widmete sich gleichzeitig eigenen Studien zu Johann Sebastian Bachs *Wohltemporiertem Klavier*, einer Sammlung von Präludien und Fugen, und komponierte eine Vielzahl von Liedern. Robert (1810–1856), jüngster Sohn des Zwickauer Buchhändlers August Schumann, sah dann eine Reise nach Italien als lebensnotwendig an, kehrte nicht sonderlich beeindruckt von der dort erlebten Musik zurück und beschloss, sich von nun an ganz dem Komponieren zuzuwenden. Nach einigen Liebeleien und einer Verlobung fand er sein ernstes Glück bei Clara Wieck (1819–1896), der Tochter seines prominenten Klavierlehrers Friedrich Wieck (1785–1873), der nichts von der Verbindung hielt und sie mit allen Mitteln zu verhindern suchte. Möglich wurde die Eheschließung erst nach der Anrufung eines Gerichts.

Nach vielen Rückschlägen erlangte Schumann endlich die Akzeptanz der musikalischen Zeitgenossen mit der *Frühlingssinfonie*, während Clara zugleich in ganz Europa als Pianistin gefeiert wurde, beispielsweise auf einer Konzerttournee, auch durch Russland, die ihr 6 000 Taler einbrachte. Der das Schachspiel liebende Schumann förderte intensiv einen gewissen Johannes Brahms (1833–1897), den noch unbekannten Komponisten und Pianisten aus Hamburg, der später Tendenzen der späten Werke des Meisters weiterführte, vor allem zur sogenannten Alten Musik. Überdies verband ihn eine tiefe Liebe mit Clara, seiner teuersten Freundin.

Schumanns letzte Jahre waren eine einzige Leidenszeit der manisch-depressiven Art. So sollen ihn den Schlaf raubende Gehöraffektionen aus Tönen und Akkorden gequält haben. Nach einem Selbstmordversuch entschied er sich für die Einweisung in eine private Nervenklinik in Endenich bei Bonn, wo ihn am 27. Juli 1856 der Tod erlöste. Clara überlebte ihn um 40 Jahre. Wunschgemäß wurde sie im gemeinsamen Ehrengrab auf dem Alten Friedhof in Bonn beigesetzt. Die Werke des Komponisten der Romantik umfassen vieles: Klaviermusik, Sinfonien, Konzertantes, Orchester und Chor, Kammermusik, Lieder (Düsseldorfer Lieder-Album) und die Oper *Genoveva*. Im Vier-Jahres-Rhythmus findet in Zwickau der internationale Robert-Schumann-Chorwettbewerb statt.

Der Vater der Mineralogie

Bürgerlich benannt als Georg Pawer beziehungsweise Georg Bauer, geboren in Glauchau im Landkreis Zwickau, latinisierte er seinen Namen wirkungsvoll als Georgius Agricola (1494–1555). Der als *Vater der Mineralogie* Gerühmte galt als großer Renaissance-Gelehrter mit profunden Kenntnissen in Pädagogik, Philosophie, Medizin und Geschichte. Der Sohn eines Tuchmachers und Färbers brillierte vor allem mit dem Hauptwerk *De re metallica libri XII*, dem Buch von der Metallkunde. Es beinhaltet die erste systematische technologische Untersuchung des Bergbau- und Hüttenwesens. Gleichermaßen ging er dem Wahrheitsgehalt des Alchimistischen auf den Grund. Neben theoretischen Gedanken zur Entstehung von Erzgängen bot Agricola auch Unterhaltsames, wie beispielsweise zum Thema *Lebenwesen unter Tage*, gemeint waren vermutete Drachen und Kobolde in den Gruben.

Nach Studienzeiten an den Universitäten in Leipzig, Bologna, Padua und Venedig kehrte er nach Chemnitz zurück, um dort 1527 die Witwe Anna Meyner zu ehelichen und sich anschließend in St. Joachimsthal, heute Jáchymov, als Arzt und Apotheker niederzulassen. Dort hielt es ihn vier Jahre, da nun die Stellung als Stadtarzt von Chemnitz durchaus verlockte. Mehr noch, gleich vier Mal bekleidete er das Amt des Bürgermeisters und war als Hofhistoriograf im sächsischen Staatsdienst gefragt.

Längst als Universalgelehrter anerkannt, forschte er in den Bereichen Medizin, Pharmazie, Philologie, Geowissenschaften und Bergbau. Was Agricola zu allen Zeiten auszeichnete, war das Verbinden von humanistischer Gelehrsamkeit mit technischer Kenntnis. So beschrieb er unter anderem Verfahren zur Erzsuche und Erzverarbeitung sowie zur Metallgewinnung. Er begründete die Geowissenschaften im Hinblick auf die Entstehung der Stoffe im Erdinneren, schilderte zudem den Erzbergbau in alter und neuer Zeit.

Nach dem Tod der Anna Meyner heiratete er mit 48 die 30 Jahre jüngere Tochter Anna von Ulrich Schütz dem Jüngeren, dem Besitzer der Saigerhütte und reichstem Bürger der Stadt. Als Agricola mit 61 starb, wurde ihm, dem Katholiken, die letzte Ruhe auf der inzwischen nach der Reformation protestantisch gewordenen Chemnitzer Flur verweigert. Des Mannes treuer Freund, der Bischof und Gelehrte Julius von Pflug (1499–1564), ermöglichte die Beerdigung in der Schlosskirche von Zeitz, der Dom- und Residenzstadt im Tal der Weißen Elster zwischen Gera und Leipzig.

Nach Agricola benannt sind die Universitätsbibliothek der Bergakademie Freiberg mit einem Bestand von rund 718 000 Büchern, die Fachhochschule Bergbau in der Ruhrrevier-Stadt Bochum und ein Bau der Westsächsischen Hochschule in Zwickau.

Der Klang vom Silbermann

Wenn es im Barock um Orgeln ging, dann war weit über Sachsen und das Erzgebirge hinaus ein Name von ganz besonderem Klang, der von einem der vier Söhne eines Bauern und späteren Zimmermanns aus Kleinbobritzsch bei Frauenstein: Gottfried Silbermann (1683–1753), Mitteldeutschlands bedeutendster Orgelbauer, schuf mit seinem Bruder Andreas und dessen Sohn Johann Andreas Aerophone, giechisch *órganon*, die sogenannten über Tasten spielbaren Instrumente von bis heute weltweit währendem Ruf. Um die 50 Orgeln werden ihnen zugeschrieben. Auch für die Weiterentwicklung von Cembali, Clavichorden, einem Saiteninstrument, und Hammerflügeln ist er zu nennen. Gottfried erlernte das Tischler- und bald darauf in Straßburg das Orgelbauerhandwerk und kehrte als Meister nach Sachsen zurück, um in Frauenstein seine erste Orgel in Angriff zu nehmen. Den überraschenden Verzicht auf Lohn begründete er mit den Worten, dass Frauenstein sein Vaterland sei und er alles Gott zu Ehren und der Kirche zuliebe tue. Sein nächstes Projekt war die große Orgel im Freiberger Dom St. Marien, fertiggestellt in vier Jahren; weitere fünf in Freiberg folgten.

Eine schwere Erkrankung setzte Silbermanns Schaffen ein Ende. Seinem ehemaligen Lehrling Zacharias Hildebrandt (1688–1755), auf den schon Johann Sebastian

Eine der 50 Silbermann-Orgeln.

Die Flucht bestimmte sein Leben: Stülpner-Darsteller auf Burg Scharfenstein.

Bach große Stücke hielt, übertrug er den Orgelbau in der Dresdner Hofkirche; um den bereits begonnenen Neubau in Frankenstein bei Oederan kümmerten sich Silbermanns Mitarbeiter. Die letzte Ruhe fand er auf dem Johanniskirchhof in Dresden. Als Universalerben hatte der zeit seines Lebens ledige Orgelbauer seinen Neffen Johann Daniel Silbermann (1717–1766) mit dem Nachlass von rund 10 300 Talern eingesetzt.

Räuber, Schmuggler, Wilddieb

Als des Erzgebirges und somit Sachsens Robin Hood, gilt Karl Stülpner (1762–1841), geboren und getauft als Carl Heinrich Stilpner in Scharfenstein bei Drebach als achtes Kind eines Tagelöhners. Früh flügge geworden, verließ der spätere Soldat, Wildschütz, Schmuggler und Unternehmer (!) das Elternhaus und verdingte sich in Chemnitz als königlich-sächsischer Musketier, desertierte allerdings nach fünf Jahren und war von nun an auf der Flucht. Sie führte ihn über die böhmischen Berge nach Österreich, Ungarn, Hessen und Baden, schließlich wurde er in Hannover ergriffen und in ein

Dragonerregiment gepresst. Bald wieder fahnenflüchtig, lief er den Preußen in die Arme, mit denen er als Infanterist im Ersten Koalitionskrieg (1792–1797) gegen das revolutionäre Frankreich zu kämpfen hatte. Eine bei Kaiserslautern erlittene Verwundung bewog den Umtriebigen erneut zur Flucht, diesmal zurück ins heimatliche Scharfenstein.

In den Jahren danach erfreute er sich eines unbehelligten Lebens als Wilddieb, Räuber und Schmuggler, der ihm den Ruf des Beschützers und Unterstützers der Armen einbrachte. Das gelang insofern, da ihn die Scharfensteiner aus Dankbarkeit vor der Verfolgung durch die Justiz zu bewahren wussten. Zudem verliebte er sich in dieser Zeit in seine spätere Frau, in Johanna Christiane Wolf, die Tochter des Ortsrichters.

Um vermutlich als Familienvater Ruhe und Sicherheit in sein bewegtes Leben zu bringen, trat er wieder in die sächsische Armee ein. In der Doppelschlacht bei Jena und Auerstädt (1806) gegen die napoleonischen Truppen geriet er in Gefangenschaft. Als das Gesuch auf Entlassung, um die kranke Mutter in Scharfenstein pflegen zu können, abgelehnt wurde, floh er ins böhmische Daubitz, heute Doubice. Seitdem kümmerte sich Christiane um sie bis zu deren Tod. Der nicht untätig Gebliebene hatte inzwischen eine Zwirnfabrik gegründet, die ihm einen gewissen Wohlstand bescherte.

Die 1813 erfolgte Generalamnestie ermöglichte Stülpner die Heimkehr und den Kauf des Geburtshauses. 1820 musste er Sachsen wieder verlassen, da er erneut als Schmuggler rückfällig geworden war. Im selben Jahr starb Christiane. Wieder zurück in Böhmen, ehelichte er Anna Veronika Ventzora, die er 1828 verließ, um ins Erzgebirge zurückzukehren. In den letzten Lebensjahren zog er durch die angestammte Heimat als bestaunter Geschichtenerzähler, der die Wahrheiten seines Lebens mit Legenden und der Romantik des Wilderns verwob. Von der Altersschwäche gezeichnet und zuletzt fast erblindet, musste er aus der Scharfensteiner Armenkasse versorgt werden. Stülpners bis heute erhaltene Grabstätte befindet sich auf dem Friedhof von Großolbersdorf nahe der Stadt Zschopau. Eine besondere Ehrung erfuhr der Lebenskünstler posthum im Jahr 2000: Ein von der Volkssternwarte Drebach entdeckter Planetoid trägt die offizielle Bezeichnung „13816 Stülpner". Er bewegt sich zwischen Mars und Jupiter um die Sonne.

Der Sänger aus Gottesgab

Was in Bayern als Heimat mit *Dahoam is dahoam* (und nicht nur in der legendären TV-Serie) benannt wird, das war für Anton Günther (1876–1937) *Drham is' drham*, eines der Lieder des bekanntesten Volksdichters und Sängers des Erzgebirges. Der aus der böhmischen Ortschaft Gottesgab, heute Boží Dar an der sächsisch-böhmischen Silberstraße, stammende Sohn eines Musterzeichners kam früh mit dem Gesang der Heimat in Berührung, da sich der als *Toler-Hans* auftretende Vater mit dem Musizieren das bescheidene Einkommen aufbesserte. Ehe Anton, einer der sieben Günther-Sprösslinge, in seine Fußstapfen trat, lernte er bei einem Lithografen in Buchholz, arbeitete in Prag in einer Hoflithografie-Anstalt und traf sich regelmäßig

Eine der frühen Aufnahmen von Anton Günther, dem Volksdichter des Erzgebirges.

zur Gitarre mit den unter Heimweh Leidenden zum *Guttsgewer Obnd*, zum *Gottesgaber Abend*. Auf einem dieser Treffen entstand *Drham is' drham*, ein Lied, das bald Verbreitung fand. Das brachte Anton Günther auf die Idee zur Erfindung der Liedpostkarte mit einfachen Notenbildern, Texten und Zeichnungen. Nach dem Tod des Vaters kehrte er ins Elternhaus zurück, um sich um die Geschwister zu kümmern, da die geerbte kleine Landwirtschaft kaum fürs Auskommen der Familie reichte. Dem Vater gleich, trat er fortan als *Toler-Hans-Tonl* auf und verkaufte zudem die Liedpostkarten im Selbstverlag.

Der einsetzende Aufschwung beiderseits des Gebirgskamms dank der Kurgäste und der nach Erholung und Unterhaltung Suchenden ließen Anton Günther bald zu einem gefragten Sänger aufsteigen. Der Erfolg zahlte sich in barer Münze aus, was ihn zur *Toler-Hans-Tonl-Stiftung* bewegte. Sie diente der Unterstützung von Alten, Armen und Kranken in Gottesgab.

Auch nach dem Ersten Weltkrieg (1914–1918), den er als österreichischer Soldat erlebte, ließ die Beliebtheit des bescheiden Gebliebenen nicht nach. Als Unterhalter und Sänger mit der Gitarre trat er nun in Dresden, Berlin und Leipzig auf. Heiß begehrt waren seine

Schellack-Schallplatten. Das Städtchen Gottesgab würdigte ihn am 5. Juni 1936 anlässlich des 60. Geburtstages mit der Einweihung eines noch heute erhaltenen Gedenksteins auf dem Marktplatz. Weitere entstanden nach 1991, neu errichtet oder wieder aufgestellt, vorrangig im Erzgebirge, einige in Tschechien, Österreich, Bayern, Baden-Württemberg, Niedersachsen und Hessen.

Um Spruchweisheiten war er nie verlegen, der Anton Günther. Ein paar Kostproben im Folgenden: „Wenn ich be menn Haisl stieh on's Pfeifl zu mer namm, do denk ich mir on bleb dabei: Derham ist doch derham!" – „Erst musst dich schinden, kümmern un plogen, nort lässt sich's Gute besser ertrogn." – „E bissel Sonneschei, e bissel Regn, dos brengt erscht Nutzen ei, dos brengt erscht Segn. E bissel Fröhligkeit, e bissel Laad (Leid), dos gibt en ganzen Laabn erscht's rachte Klaad (Kleid)." – „Ich bi kaa Politiker, Gelerter ka ich aah net sei, mei Haamit is mein Arzgebirg, mei Volk is mei Partei."

Lyrik und Liebeslieder

Um 1630 brachte er eine Ode zu Papier, von der er zutiefst überzeugt war: *In all meinen Taten laß ich den Höchsten raten.* Seitdem zählt sie zum festen Bestandteil des evangelischen Gesangbuchs (Nr. 368) im deutschen Sprachraum. Paul Fleming (1609–1640), Arzt und bedeutendster Lyriker seiner Zeit, verfasste eine Vielzahl deutscher und lateinischer Gedichte, wobei die Liebeslieder größten Anklang fanden, wie beispielsweise *Ein getreues Hertze wissen.* Der im Städtchen Hartenstein im Westerzgebirge geborene Sohn des Abraham Fleming, des dortigen Schuldirektors, Kandidaten der Theologie und späteren Pfarrers von Topfseifersdorf, heute Ortsteil von Königshain-Wiederau, studierte in Leipzig Philosophie und Medizin. Ein Freundeskreis junger Dichter aus Schlesien machte ihn auf das Werk *Von der deutschen Poeterey* ihres berühmten Landsmannes Martin Opitz (1597–1639) aus Bunzlau aufmerksam, der für Fleming zum Schlüsselerlebnis und zum Leitstern seines dichterischen Schaffens wurde.

oben: Das Fleming-Denkmal vor dem Hartensteiner Rathaus.
unten: Das Geburtshaus des Barock-Lyrikers.

Die Treue zum Glauben, zu sich selbst und zur Heimat waren Hauptmotive seiner Dichtungen, wie sie in der *Elegie an sein Vaterland* zum Ausdruck kommen, entstanden aus Heimweh und Erinnerung an die Hartensteiner Kinderjahre während einer Fahrt übers Kaspische Meer im fernen Russland. Manches Gedicht beinhaltet zugleich die Thematik Krieg und Frieden. So mahnte er in der *Neujahrsode 1633* im Hinblick auf den in die Geschichte eingegangenen Dreißigjährigen Krieg (1618–1648): „Denket, dass der Friede nährt; denket, dass der Krieg verzehrt; denket, dass man doch nichts kriegt, ob man schon auch lange siegt!" Das Gedicht schließt sinngemäß mit der Empfehlung, Degen und Spieß zu Pflug und Spaten umzuschmieden.

Nachhaltiges von Carl von Carlowitz

Wenn heutzutage vom überlebenswichtigen Prinzip der Nachhaltigkeit die Rede ist, dann fällt im Erzgebirge der Name einer historischen Persönlichkeit ins Gewicht: Hans Carl von Carlowitz (1645–1714), kurfürstlich-sächsischer Kammer- und Bergrat, aufgewachsen als zweitältester Sohn von insgesamt 16 Geschwistern auf Burg Rabenstein bei Chemnitz. Er war es, der den Grundstein zur deutschen Forstwirtschaft legte. 1711 zum Oberberghauptmann in Freiberg ernannt, kümmerte er sich vornehmlich um die Holzversorgung, die durch Raubbau und Kahlschlag zu erliegen drohte. Erzgruben und Schmelzhütten verbrauchten Unmengen des Rohstoffs zur Gewinnung von Energie. Die Holznot erhöhte sich noch durch das Bevölkerungswachstum in den Städten und Dörfern. All das fand Eingang in der *Sylvicultura oeconomica*, dem ersten geschlossenen Werk zur Forstwirtschaft, die „pfleglich und nachhaltend" zu sein habe, versehen von Carlowitz mit der „naturmäßigen Anweisung zur wilden Baum-Zucht". Geboren worden war der Begriff der Nachhaltigkeit im speziellen Fall zur planmäßigen Aufforstung und Vermehrung in Baumschulen – ganz im Sinne des Gleichgewichts von geschlagenem und nachwachsendem Wald.

Horch, Phaeton und Audi

Sprung in die Neuzeit zu einem, der einst die sächsische Automobilindustrie aufbaute. Selbst nicht aus dem Erzgebige stammend, ist sein Name untrennbar mit der Bergstadt Zwickau verbunden, die ihn zu ihrem Ehrenbürger erhob. August Horch (1868–1951), geboren in Winningen an der Mosel als Sohn einer alten Familie von Winzern und Schmieden, begründete die Horch- und Audi-Werke. In seiner Biografie von 1937 bekannte der Maschinenbau-Ingenieur: „Ich habe mein Leben lang ununterbrochen in immerwährender Arbeit meinen bescheidenen Beitrag zur Entwicklung des Volkes,

links: August Horch, der nach Zwickau Zugereiste.
rechts: Nachgebaute Tankstelle der 1930er-Jahre im Glanz der Modelle. – Noble Karossen in eleganter Szenerie.

aus dem ich komme und dem mein Herz und alle meine Gedanken gehören, geliefert. Ich baute Autos."

Bis er 1901 den Phaeton, seinen ersten Wagen, bauen konnte, durchlebte er nach der Lehre zum Schmied in der väterlichen Werksatt bewegte Jahre: Wanderschaft, Studium am Technikum Mittweida, Betriebsleiter, Konstrukteur und die eigene Reparaturwerkstatt in Köln. 1902 folgte die Verlagerung der Autoproduktion ins vogtländische Plauen. 1904 kommt es mit Zwickauer Unternehmern zur Gründung einer Aktiengesellschaft, Stammkapital 110 000 Reichsmark. Horch-Modelle waren im Rennsport überaus erfolgreich. Dann die

Umbennung und Gründung der Audiwerke AG (*audi* lateinisch gleich *horch*).

Den Rückblick auf Westsachsens automobile Historie im Verlauf von 100 Jahren bis zur Nachwende-Produktion am VW-Standort in Zwickau-Mosel vermittelt das August-Horch-Museum im ehemaligen Audi-Werk. Von besonderer Faszination sind die rund 70 Großexponate und die Vielzahl kleinerer Gefährte. Der Reigen der blitzblanken Karossen reicht vom ältesten Wagen bis zu den eleganten Horch-Luxusmodellen der 1930er-Jahre. Ergänzung finden die Prachtstücke mit dem damals bahnbrechenden Frontantrieb

des Kleinwagens DKW F17 und dem Nachbau des Auto-Union-Rennwagens vom Typ C durch den umwerfenden Sound. Prototypen und Fahrzeuge der Nachkriegszeit sind allen voran der die DDR wie ein Wahrzeichen prägende Trabant (P 70, 50, 601) und der erste 1er Trabant mit dem VW-Polo-Motor. Nicht zu vergessen der *P 240*, ein eleganter Oberklassewagen.

Das älteste Gasthaus

Von eher stiller Zurückhaltung mutet eine Adresse mit schmuckem Innenleben zur gastlichen Einkehr in Crottendorf nahe der in Richtung Schlettau und Aue

sprudelnden Zschopau an. Eher unauffällig verweist die Inschrift auf der Fassade auf Besonderes: Stammhaus der Glasmacherfamilie Wander(er) um 1550, was noch nicht die ganze Wahrheit ist. Das einst einem gewissen Lorenz Schurer gehörende Anwesen war vermutlich schon um 1450 als Glashütte, als Gehöft und Gastwirtschaft mit Brau- und Schankrecht seit 1490 bekannt. 1497 ging es in den Besitz von Ambrosius Wanderer über und wird seitdem von Generation zu Generation trotz aller Widrigkeiten wie Brände, Kriegsereignisse bis zu ersten Zerfallserscheinungen weitergeführt. Wie auch immer das gelang, lässt sich nicht mehr belegen,

dafür aber scheint eines über jeden Zweifel erhaben: Diese Einkehr, benannt seit 1803 als Gasthof zur Glashütte ist offensichtlich die älteste des Erzgebirges, was auch das Roß in Zwönitz für sich in Anspruch nimmt, doch dort steht das Jahr 1537 für den Anbeginn. In Wolkenstein ist der Gasthof zur Heinzebank zu nennen, um 1550 eine Ausspannstation an der Kreuzung von Silber- und Salzstraße. Bliebe noch das Rechenhaus von 1556 am Floßgraben zur Zwickauer Mulde von Albernau zwischen Bockau und Schlema, ehemals ein Wärterhäuschen mit der Genehmigung zum Ausschank für die durstigen Flößer.

Was sich der bescheiden-zurückhaltenden Wirtin und Besitzerin des Gasthofs zur Glashütte nicht unbedingt entlocken lässt, findet sich gerahmt an der Wand des Nebenstübchens mit der Beurkundung des Annaberger Adam-Ries-Bundes vom 10. Juli 1996. Nämlich dass Maria Sonja Oeser, geborene Braun, auf der Grundlage vorgelegter Nachweise als Nachfahrin des Rechenmeisters Adam Ries in der 14. Generation anerkannt wurde. Darauf angesprochen, lächelt sie lediglich und entschwindet in die Küche, um Erzgebirgisches, wie beispielsweise den gewünschten Sauerbraten mit Klößen und Rotkohl, zu bereiten, in Auftrag gegeben von Roland Jeltsch, dem Nebeneinsteiger ins gastliche Fach, der vor Längerem einmal „nur aushelfen wollte" und dann geblieben ist. Wenn nach ganz Speziellem gefragt wird, dann empfiehlt er die Bröselgetzen, die *Breeselgetzen* mit Butterflocken und mit Zucker bestreut, eines der vielfach abgewandelten einfachen Gerichte aus den Küchen des Erzgebirges. Zu den Zutaten gehören Butter, Zucker und bis zu 500 g Kartoffeln vom Vortag. Man reibe die gekochten Kartoffeln fein, würze sie mit etwas Salz, drücke sie leicht in die gebutterte Pfanne (je dünner, desto knusprige), backe sie auf kleiner Flamme beidseitig goldgelb, bestreue sie mit feinem Zucker und verteile darauf Butterflöckchen. Zu guter Letzt mit Minze- oder Zitronenmelisse-Blättchen garnieren.

Einst Glashütte, landwirtschaftliches Gehöft und seit 1490 Gasthaus.

Freie Republik Schwarzenberg
Von der literarischen Auslegung einer historischen Besonderheit von 1945

Die Legenden um die Hintergründe der für 42 Tage unbesetzten Zone in und um
die als „Perle des Erzgebirges" gerühmte und von sanften Hügeln umrahmte Bergstadt.

Es war 1984, als ein Roman im Münchner C. Bertelsmann Verlag erschien, der das Städtchen der rund 17 500 Einwohner an der romantischen Schleife des Schwarzwassers schlagartig in das Licht der Öffentlichkeit rückte und dauerhaft für einen unverhofften Bekanntheitsgrad sorgte. Stefan Heym (1913–2001), Sohn eines jüdischen Chemnitzer Kaufmanns, hatte mit *Schwarzenberg* etwas angestoßen, was bis dahin kaum von Interesse gewesen war, zumal weithin nicht bekannt. Der von fiktiven Personen handelnde Roman fußte auf der historisch einzigartigen Tatsache, dass die Amtshauptmannschaft Schwarzenberg mit der Umgebung von 21 Städten und Dörfern nach der bedingungslosen Kapitulation der Wehrmacht am 8. Mai 1945 von den alliierten Siegermächten 42 Tage lang unbesetzt geblieben war.

Die schöne Utopie

Des Autors (Roman-)Utopie von der *Republik Schwarzenberg* mit basisdemokratischem Verständnis hielten seinerzeit die DDR-Oberen für zu sozialistisch, für zu systemkritisch, sodass sie das Werk nicht zum Druck zuließen. Erst nach dem Untergang des ersten Arbeiter- und Bauern-Staates konnte das Buch 1990 im Verlag Der Morgen, Berlin, herausgegeben werden. Der Schwarzenberger Bildhauer Jörg Beier, Jahrgang 1946, von der *Künstlergruppe Zone* wiederum begründete im selben Jahr ganz im Hochgefühl der deutschen Wiedervereinigung den Begriff von der *Freien Republik Schwarzenberg*, hatten doch „in der Ermangelung der Besatzer beherzte Frauen und Männer ihr Schicksal selbst in die

rechts oben: Sein Roman ließ Schwarzenberg zu einer Berühmtheit werden.
rechts unten: Altstadt-Impression.

Hand genommen". Heidrun Hiemer, Schwarzenbergs Oberbürgermeisterin seit 2001, nimmt an, dass es eben diesen Tatkräftigen in den sogenannten *antifaschistischen Aktionsausschüssen* vor allem um Sicherheit, Ordnung und ums Überleben in den Nachkriegswirren ging. Das geschah zudem in einer Zeit, als ein Päckchen Ami-Zigaretten oder gar eine ganze Stange mit Lebensnotwendigem aufgewogen werden konnte. Für Heidrun Hiemer ist im Blick auf diese Vergangenheit die Republik nicht denkbar: „Sie hätte auch nicht funktioniert." Längst gilt als belegt, dass sie auch nicht wirklich geplant war.

Versionen der Legenden
Der Bildung von Legenden tat das keinen Abbruch. Die simpelste ist ebenso beeindruckend wie kurz und bündig: Das Gebiet war schlichtweg vergessen worden. Eine andere Version beinhaltet das Bestreben der Amerikaner, auch im von der Roten Armee eroberten Berlin präsent zu sein, wofür sie den Sowjets das Uranrevier um Johanngeorgenstadt und Schlema überließen. Eine weitere Möglichkeit wurde in einer geografischen Verwechslung angenommen. Die US-Army sollte nach Absprache mit den russischen Streitkräften bis zum Fluss Mulde vorrücken. Doch im Erzgebirge gibt es gleich drei: die Vereinigte Mulde, die Zwickauer und die Freiberger. Diese Annahme stützt Günther Nollau (1911–1991), Präsident des späteren Bundesamtes für Verfassungsschutz, der sich laut seinen Memoiren (*Das Amt*, 1978, Bertelsmann, Güterloh) in der Nähe von Rochlitz an der Zwickauer Mulde aufhielt.

Hartnäckig hielt sich das Gerücht, Großadmiral Karl Dönitz (1891–1980), letztes Staatsoberhaupt des Deutschen Reiches, habe die Amerikaner bewogen, die Region unbesetzt zu lassen, um den deutschen Verbänden den Weg in deren Gefangenenlager zu ebnen, statt in die der Russen.

Der geheime Fall Grün
Dietmar B. Reimann (1947–2011), bis an sein Lebensende unermüdlicher Fahnder nach dem legendären

herausgegeben vom Briefmarkensammlerverein Schwarzenberg e.V. anlässlich des 60. Jahrestages der Unbesetzten Zone um Schwarzenberg mit freundlicher Unterstützung der Kartonagen Schwarzenberg GmbH

© h.moeckel   Druckerei & Verlag Mike Rockstroh, Aue

Within image: USA flag; Sowjetische flag; Löβnitz, Schneeberg, Aue, Grünhain, Beierfeld, Lauter, Schwarzenberg, Markersbach, Sosa, Schönheide, Eibenstock, Johanngeorgenstadt

von amerikanischen Truppen besetztes Gebiet

von sowjetischen Truppen besetztes Gebiet

Schwarzenberger Aufdruckprovisorien gültig vom 10. Juni bis zum 7. August 1945

Tschechoslowakei

Bernsteinzimmer im Erzgebirge, vermutete zum anderen in *Das versteckte Königreich*, Verlag Bock & Kübler, 2000, dass die Verschwörer vom 20. Juli 1944 nach einem erfolgreich verlaufenen Attentat auf Adolf Hitler (1889–1945) die neue deutsche Regierung in Abstimmung mit den Westalliierten im unbesetzten Bereich der Städte Aue und Schwarzenberg etablieren wollten. Verhandlungen hierüber sollen unter der Bezeichnung *Fall Grün* in der Schweiz geführt und in einem Geheimarchiv von Bern registriert worden sein. So schilderte er auch eine Begebenheit an einem Wochentag nach dem 8. Mai 1945, als zwei Jeep-motorisierte US-Soldaten auf dem Marktplatz von Aue eintrafen, um die

Waffenniederlegung deutscher Truppenteile zu beobachten. Nachdem das für sie unterhaltsame Schauspiel vorüber war, fuhren die beiden vergnügt wieder davon, ohne sich weiter für die Waffen interessiert zu haben.

Suche nach weiteren Wahrheiten

Als sich die Sowjetische Militäradministration Deutschland (SMAD) am 9. Juni 1945 in Berlin konstituiert hatte, erfolgte nach und nach die Besetzung des Landkreises Schwarzenberg. Am 24. Juni befahl der russische Kommandant die Auflösung aller Aktionsausschüsse. Vereinbarungsgemäß hatten sich die Amerikaner inzwischen aus Zwickau und Westsachsen nach Bayern zurückgezogen, ohne dass ihnen jemals die Thematik *Republik Schwarzenberg* untergekommen wäre. Im Marschgepäck trugen sie vielleicht die Erinnerungen an die Notleidenden mit sich, die selbst um die Besetzung ersucht haben sollen, wie auch an die zuerst in Annaberg-Buchholz Stationierten der Roten Armee. Obwohl das 42 Tage dauernde Unbesetztsein eigentlich als aufgearbeitet gelten könnte, meint der Künstler Jörg Beier im Blick auf seine Fiktion Freie Republik Schwarzenberg nach nunmehr 70 Jahren seit den Ereignissen von 1945: „Dennoch geht von diesem Mythos eine immer größer werdende Faszination aus, die uns auf die Suche nach Wahrheiten treibt." Er und die Künstlergruppe *Zone* sind zudem um Originelles nicht verlegen: Per Internet wie auch dem Schwarzenberg-Besucher zur Freude halten sie Formulare zur Aufenthaltsgenehmigung, Einbürgerung und Ausstellung eines Ausweises bereit: für den Europäischen Reisepass der Freien Republik Schwarzenberg mit dem Symbol der 12 Europasterne. All das war so recht geeignet zum bunten Straßenfest in der Altstadt, zu 70 Jahre unbesetzt im Jahr 2015. Als einer der Höhepunkte des Veranstaltungsreigens galt die Uraufführung des Theaterstücks *Schwarzenberg* nach der Romanvorlage von Stefan Heym, was den historischen Begebenheiten eine große Bühne bot.

Der Eingang zu Jörg Beiers *Kunst und Kneipe* mit dem Wappen der *Republik Schwarzenberg*.

Ein persönliches Wort von Heidrun Hiemer, Oberbürgermeisterin der Großen Kreisstadt Schwarzenberg

Die historische Besonderheit

„Wir wissen, dass es in den sechs Wochen der unbesetzten Zeit in Schwarzenberg keine Republik gab. Es gab aber Menschen, die anpackten, der Not gehorchend handelten, die sich vieles einfallen ließen, damit das öffentliche Leben auch ohne alliierte Truppen nicht im Chaos versank. Aus dieser historischen Besonderheit erfand Stefan Heym die *Republik Schwarzenberg*. Sie ist und bleibt die Erfindung eines genialen Schriftstellers. Aus dem Mythos der Republik wurde in künstlerischer Spielart die Freie Republik. Sie fasziniert uns wie so viele andere und wir nutzen diesen Mythos, um für uns zu werben."

Burgen und Schlösser
Eine Auswahl imposanter Anlagen

Zwischen Dresden und Zwickau lassen sie als Zeugen der Zeit Geschichte
und Geschichten lebendig werden. Sie prägen das Gebirge auf besondere Weise.

Augustusburg

Weithin sichtbar beherrscht sie majestätisch die Landschaft und gab auch dem 800 Jahre alten Städtchen den
Namen, die Augustusburg. Der mächtige Bau von 1572
auf dem Schellenberg am Nordrand des Erzgebirges
nahe Chemnitz diente einst den sächsischen Kurfürsten als Jagd- und Lustschloss. Eine Besonderheit ziert
die prachtvolle Anlage: die Schlosslinde. Sie zählt in
Deutschland zu den ältesten Bäumen, da nachweisbar
gepflanzt anno 1421 und damit 151 Jahre älter als das
Schloss. Es beherbergt neben Gaststätten drei Museen
mit den Schwerpunkten Kutschen, Motorräder, Jagd-
tier- und Vogelkunde. Ein Blickfang ist die aus Sandstein
gehauene Jägerfigur mit Hund aus dem Jahr 1600 im
Treppenhaus. Von Erdmannsdorf führt eine Standseilbahn, eröffnet 1911, zum Schloss. Auf einer Länge von
1 237 Metern bewältigt sie einen Höhenunterschied von
168 Metern in acht Minuten bei konstant 11 km/h.

Scharfenstein

Auf einem Bergsporn bei Drebach im Tal der Zschopau
um 1250 errichtet, beeindruckt die Burg mit der Dauerausstellung *Sehnsucht nach dem Licht*, zusammengestellt
von Andreas Martin, einem aus Hamburg stammenden
Sammler von erzgebirgischer Volkskunst. Die Ausstellung *Volkskunst mit Augenzwinkern* wiederum vereint die
besten Exponate und lädt zum Berühren, Kurbeln und
Ausprobieren ein. Mehrmals im Jahr wird Scharfenstein
zur Märchenburg. Hexen, Prinzen und Feen verzaubern
Erwachsene und Kinder gleichermaßen. Vom Bergfried,
dem heutigen Aussichtsturm, reicht der Blick in die sogenannte Siedlung *Gänsewinkel*, in der ein gewisser Karl
Stülpner, der *Robin Hood des Erzgebirges*, zur Welt kam.
Siehe hierzu auch das Kapitel *Berühmte Erzgebirgler*.

Lichtenwalde

Von Wasserspielen umgeben ist die barocke Anlage,
um 1230 als Burg bei Niederwiesa entstanden. Zum
Schloss wurde sie im Jahr 1730 – nach dem Abriss. Der
damals angelegte Park hatte über Jahrhunderte hinweg
nichts von seiner Faszination verloren, gekürt 2005
zu einem der schönsten in Deutschland. Im Museum

Innenhof von Schloss Augustusburg, ein beliebter Treffpunkt der PS-Ritter.
rechts oben: Nacht über dem Jagd- und Lustschloss.
   rechts unten: *Die Sehenswerten Drei*. Burg Scharfenstein hoch über dem Tal der Zschopau.

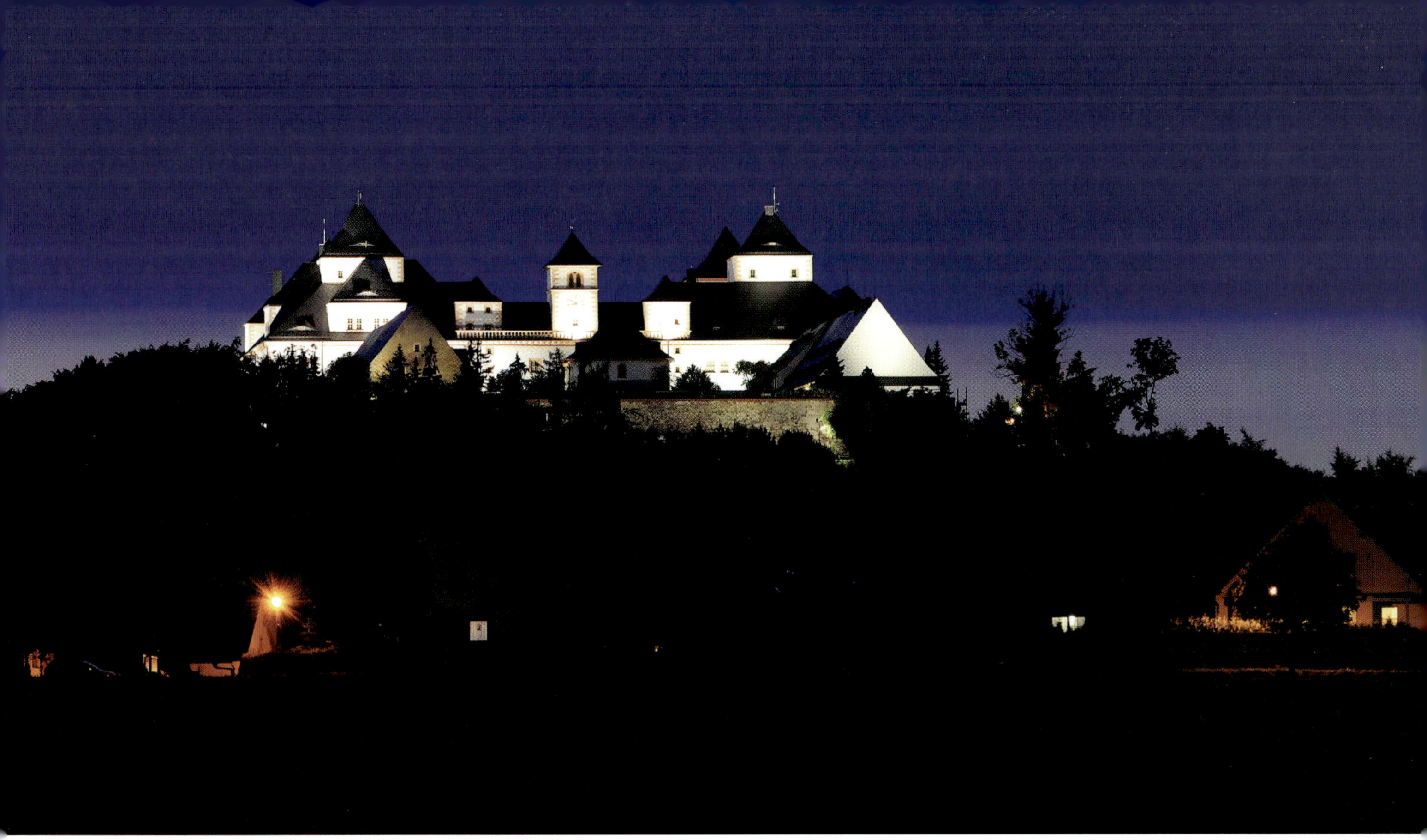

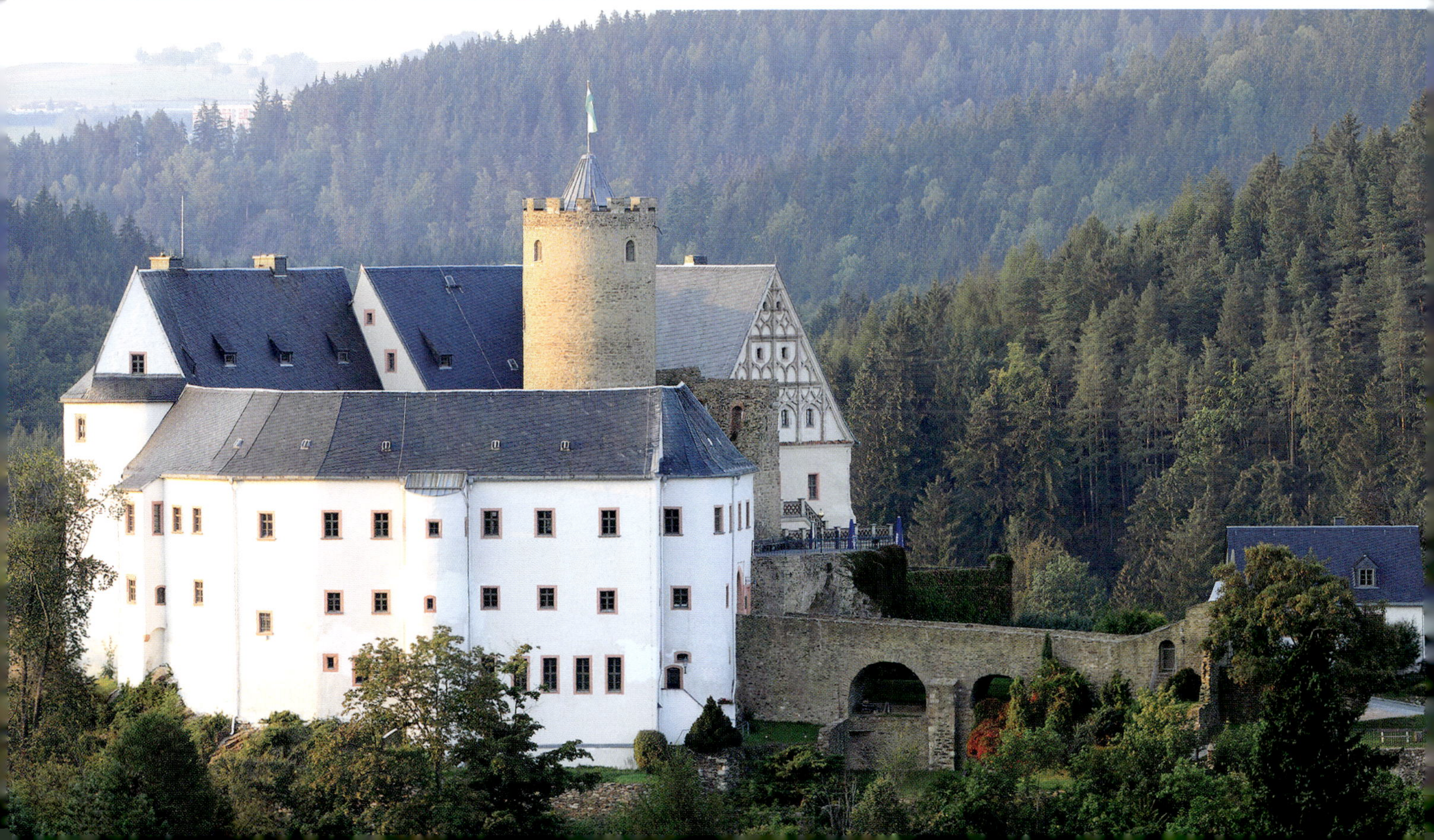

ein weiterer Schwerpunkt: Leben und Werk von George Bähr (1666–1738), Baumeister der Dresdner Frauenkirche. Eine weitere Präsentation ist namhaften sächsischen Künstlern und deren Landschaftsdarstellungen gewidmet. Wem ein wenig schaurig zumute sein möchte, der begebe sich in die mittelalterlichen Verließe des Schlosses.

Schlettau

Es gilt als eines der bedeutenden Baudenkmäler in der gleichnamigen Stadt an der Salz- und Silberstraße, das im 14. Jahrhundert im gotischen Stil erbaute Schloss

sind Ausstellungsbereiche zur Geschichte des Schlosses, Scherenschnittkunst, zur Kunst und Kultur Westafrikas, Ostasiens und der Himalaya-Region sowie eine Galerie für Design etabliert. In weiteren Räumen beeindrucken Gemälde, historisches Mobiliar und asiatisches Porzellan.

Lauenstein

Die Renaissance hat die einstige Burg von 1242 bei Altenberg geprägt. Von der Kunstsinnigkeit des Bauherrn Günther von Bünau (1557–1619) zeugen viele Details, besonders im Musikzimmer wie auch im Wappen- und Vogelsaal. In über 30 Räumen ist das Ostgebirgsmuseum untergebracht, darunter die Dauerausstellungen zur Geschichte der kursächsischen Postmeilensäulen und zur Historie der Eisenbahn im Müglitztal. Nicht zu vergessen

Schloss Schlettau: Berühmt ob der Sammlung erzgebirgischer Landschaftskunst. Im Bild die *Dorflandschaft*, ein Farbholzschnitt von Rudolf Manuwald, 1958.

mit dem Mittelteil aus der Renaissance von 1620 und den barocken Flügeln von 1700. Umgeben ist die Anlage von einem romantischen Park mit zwei Teichen. Als einzigartig und ein wertvolles Erbe der Region gilt die *Sammlung erzgebirgischer Landschaftskunst* mit mehr als 100 Bildern und Grafiken. Sie belegt eindrucksvoll, dass die Künstler nicht nur in der Landschaft leben, sondern gleichsam mit ihr. Die Vielfalt des Kulturellen beinhaltet neben anderem die Reihe *Musik und Literatur im Rittersaal* und Veranstaltungen zur Advents- und Weihnachtszeit. Mit historischen *Tafeleyen* empfiehlt sich der Weinkeller.

Schwarzenberg

Im Tal des zur Zwickauer Mulde strömenden Schwarzwassers erhebt sich inmitten der pittoresken Schwarzenberger Altstadt auf einem Felsen das Schloss aus dem 12. Jahrhundert. Als Kulturzentrum des Erzgebirgskreises erfreut es sich der Resonanz von Jung und Alt, beispielsweise als Volkskunstschule mit der Thematik Klöppeln und Schnitzen, als Museum zur Stadt- und Berggeschichte mit Schätzen aus Eisen, Zinn und Spitze(n) sowie als Musik- und Volkshochschule. In den Werkstatträumen des Schlosses wird das traditionelle Handwerk von einst erlebbar. Auf mancher Station der

Schloss Schwarzenberg auf einem Felsen inmitten der Altstadt.

musealen Einrichtungen kann selbst Hand angelegt werden, beispielsweise zur eigenen Gestaltung eines Schwibbogens.

Wolkenstein

Errichtet im 13. Jahrhundert auf einem Felsenvorsprung zum Schutz der gleichnamigen Stadt und der Handelsstraße nach Böhmen, wurde das Burg-Schloss 1372 als *slosz* beurkundet. Nach Wechselfällen in der jüngeren Geschichte wandelte sich die Anlage nach der Wiedervereinigung Deutschlands im Jahre 1990 zum Heimatmuseum mit einer Gastwirtschaft namens *Zum Grenadier* und zum Standesamt im historischen Trauzimmer. Der Fürstensaal steht für kulturelle Veranstaltungen bereit.

Wildeck

Erstmals 1286 als die Stadt Zschopau begründende Burg benannt, wurde sie unter Herzog Moritz von Sachsen (1521–1553) zum weithin sichtbaren weißen Jagdschloss im Renaissance-Stil ausgebaut. Zu den Merkmalen der dreiseitigen Anlage zählen der 30 Meter hohe Wach- und Wohnturm *Dicker Heinrich* und der Treppenturm *Schlanke Margarete*. Derzeit sind in dem von einem Barockgarten umgebenen Schloss eine öffentliche Bibliothek, eine Mineraliensammlung, ein Hochzeitszimmer, eine Münzwerkstätte sowie ein Druckerei- und Motorradmuseum untergebracht.

Reichstädt

Der Ursprung des späteren Schlosses bei Dippoldiswalde nahe Dresden geht auf ein bereits im 13. Jahrhundert bestandenes Rittergut zurück, das 1535 zum Wasserschloss umgebaut und um 1750 zur barocken Anlage gewandelt wurde. Heute zeigt es sich nach aufwändiger Sanierung in neuem Glanz und genießt den Ruf eines Hochzeitsschlosses. Möglich sind evangelische, katholische und ökumenische Trauungen.

Stein

Am felsigen Ufer der Zwickauer Mulde in Hartenstein erhebt sich die Burg Stein, vermutlich entstanden um 1200. Weithin bekannt geworden war sie anno 1455 durch den Junker und Entführer Kunz von Kauffungen, siehe hierzu das Kapitel *Der sächsische Prinzenraub*. Das Burgmuseum informiert umfangreich über die erzgebirgische Feudalgeschichte wie auch über die Historie der Hartensteiner Umgebung mit kulturgeschichtlich wertvollen Exponaten aus dem Mittelalter und der Neuzeit. Unweit der Burg befindet sich die Ruine des einstigen Schlosses Hartenstein, das 1945 einem Bombenangriff der US Air Force zum Opfer fiel. Seit 2002 ist der Förderverein *Schlossruine Hartenstein e.V.* aktiv. Dessen Ziele sind unter anderem der Wiederaufbau der Sophienkapelle, der Rüstkammer und des Schlossturms, die Restaurierung der Mauer mit Zinnen und Wehrgang sowie die Einrichtung eines Museums.

Freudenstein

Anno 1168 als Burg zum Schutz des Bergbaus entstanden, gilt sie seit 1525 als Schloss namens Freudenstein. Die vierflügelige Anlage am Rand der Freiberger Innenstadt diente als Residenz und wird als Standort für Jagdausflüge in den Dresden nahen Tharandter Wald bevorzugt, der als der schönste Sachsens gerühmt wird. Das Schloss ist untrennbar mit dem nach den Welfen zweitältesten deutschen Adelsgeschlecht, den Wettinern, verbunden. Die Dynastie brachte seit dem Hochmittelalter bedeutende Persönlichkeiten hervor: Markgrafen von Meißen, Landgrafen von Thüringen wie auch Herzöge, Kurfürsten und Könige. Genutzt wird das Schloss als Ausstellungs- und Archivgebäude, wie beispielsweise für die Sammlung *Terra mineralia*, die weltweit größte ihrer Art mit rund 80 000 Mineralienstufen. Es beherbergt zudem das Bergarchiv Freiberg für den sächsischen und deutschen Montanbereich mit rund 4 600 Akten und 106 000 Karten, die bis ins 15. Jahrhundert zurückführen.

Burg Stein: Entstanden vermutlich um 1200.

Nostalgie unter Dampf
Eine Auswahl der schönsten Strecken

Fast zu allen Jahreszeiten auf schmaler Spurweite durchs Gebirge im Hinauf und Hinab zu den Zielen zwischen Wiesen und Wäldern, vorbei an Flüssen und Bächen.

Die *Bahn'l*, wie sie liebevoll im Erzgebirge genannt werden, sie haben es in und an sich, wenn sie zischend, rauchend und fauchend durchs Erzgebirge dampfen. Mit scheinbar letzter Maschinenkraft erklimmen sie Höhen oder befördern gemächlich auf schmaler Schienenspur von exakt 75 Zentimetern durch die Täler inmitten der Wälder und Wiesen, vorbei an Dörfern, Flüssen und Bächen ihr erlebnisfrohes Publikum ans jeweilige Ziel. Wem die Nostalgie auf ganzer Strecke noch nicht genug ist, der verweile in den Museen der stählernen Rösser und versetze sich in die Zeit, als die dampfenden Gefährte um 1835 begannen, die von Pferden gezogenen Waggons abzulösen. Nostalgie unter Dampf, belegt an einigen Beispielen.

Preßnitztalbahn

Die Press, ein jeder in der Umgebung weiß, wer gemeint ist, sieht sich ganz der Tradition verpflichtet, was die Liebe zum Detail ausmacht. Die acht Kilometer lange Strecke führt von Jöhstadt im Kreis Annaberg-Buchholz bis zur Endstation Steinbach bei Wolkenstein. Bis zur Einstellung im Jahre 1980 war sie seit 1892 ein reguläres Verkehrsmittel, entstanden aufgrund der schwierigen Geografie des Preßnitztals. Dieses behinderte eine Vielzahl von Betrieben, darunter die von der Wasserkraft abhängigen Sägewerke und Papiermühlen, hinsichtlich des Warentransports aufgrund der steilen Wege. Die Lösung war die aus dem Tal führende Bahn. 1980 eingestellt, wurde sie nach 1990 wieder aktiviert; Tourismus und Nostalgie hatten sich gefunden. Sie verkehrt im Advent, zu Ostern bis in den Oktober hinein und auch auf Bestellung. Die Preßnitztalbahn betreibt unter anderem auch den auf der Schmalspur dahineilenden *Rasenden Roland* auf Rügen, Deutschlands größter Insel in der Ostsee vor der pommerschen Küste. Sie fährt täglich von Putbus über Binz, Sellin und Baabe nach Göhren.

Fichtelbergbahn

Auf exakt 17,35 Kilometern, gesäumt von neun Stationen, meistert die Fichtelbergbahn den Höhenunterschied von 238 Metern und passiert sechs Brücken, darunter das Hüttenbach-Viadukt, eine Stahlgitterbrücke mit eindrucksvollen Maßen: Länge 110 und Höhe 23 Meter. All das mit einer geradezu entschleunigten Geschwindigkeit von 25 Stundenkilometern. Die beschauliche Reise beginnt nach dem Umstieg von der Erzgebirgsbahn im Spurwechsel-Bahnhof Cranzahl bei Annaberg-Buchholz und führt über Neudorf nach Oberwiesenthal, Deutschlands höchst gelegener Stadt (siehe hierzu auch das Kapitel *Silberstraße*), und damit in das Wander- und Skigebiet am Fichtelberg zu beiden Seiten des sächsisch-böhmischen Gebirgskamms. Feierlich eröffnet wurde die Strecke 1897, was den Fichtelberg als Ferienziel zusätzlich belebte. Einen besonderen Blick bietet die Bahn nach dem Halt in Unterwiesenthal, wenn sie sich aus dem Pöhlbachtal herausschlängelt: Sichtbar sind dann rechts der Fichtelberg (1 215 m) und links auf tschechischer Seite der Keilberg (1 244 m). Großer Beliebtheit erfreuen sich die Abendprogramme von Mai bis September mit viel (Dampf-) Romantik im Mondschein, Wanderungen mit Lagerfeuer und herzhaften erzgebirgischen Spezialitäten.

Gastfreundschaft und Naturerlebnis: Gemächlich durchs Gebirge.

Weißeritztalbahn

Sie ist die dienstälteste Schmalspurbahn Deutschlands und eine der schönsten Europas, in Betrieb genommen im Jahre 1882. Auf genau 26,335 Kilometern führt sie von Freital-Hainsberg nahe Dresden durch das Tal der Roten Weißeritz und den wildromantischen Rabenauer Grund über Dippoldiswalde zum Kurort Kipsdorf bei Altenberg im Osterzgebirge. Mit einer Geschwindigkeit von 30 km/h passiert sie 32 Bauwerke, wie die Stabbogenbrücke von Rabenau und das Schmiedeberg-Viadukt, hält an 13 Stationen und überwindet einen Höhenunterschied von 350 Metern. Höchster Punkt ist der Bahnhof von Kipsdorf mit 533,7 Metern. Wie schon 1897, kam es 2002 durch Hochwasser zu schweren Beschädigungen. Aufwändig war der Millionen fordernde Wiederaufbau, bestritten durch Spenden von Freunden der Eisenbahn, von Geldern des Bundes und des sächsischen Freistaates. Der Andrang nach der Wiederaufnahme des Zugverkehrs war enorm: Täglich waren bis zu 10 000 Reisende gezählt worden. Seit Beginn hat sich die Weißeritztalbahn auch als Versuchsstrecke bis 1982 einen Namen gemacht. 1885 testete beispielsweise der englische Hersteller Hawthorn zwei Lokomotiven der Gattung II K.

Museumsbahn Schönheide

Im Westerzgebirge, etwa 20 Kilometer südlich von Aue, hat sich die Dampf-Nostalgie ein 4,5 Kilometer langes Teilstück von Schönheide bis Stützengrün-Neulehn der stillgelegten Strecke von Wilkau-Haßlau über Kirchberg nach Carlsfeld zurückerobert. Auch hier waren im Verein zusammengefundene Freunde der historischen Eisenbahn maßgeblich daran beteiligt. 1993 wurde die Museumsbahn noch von einer betagten

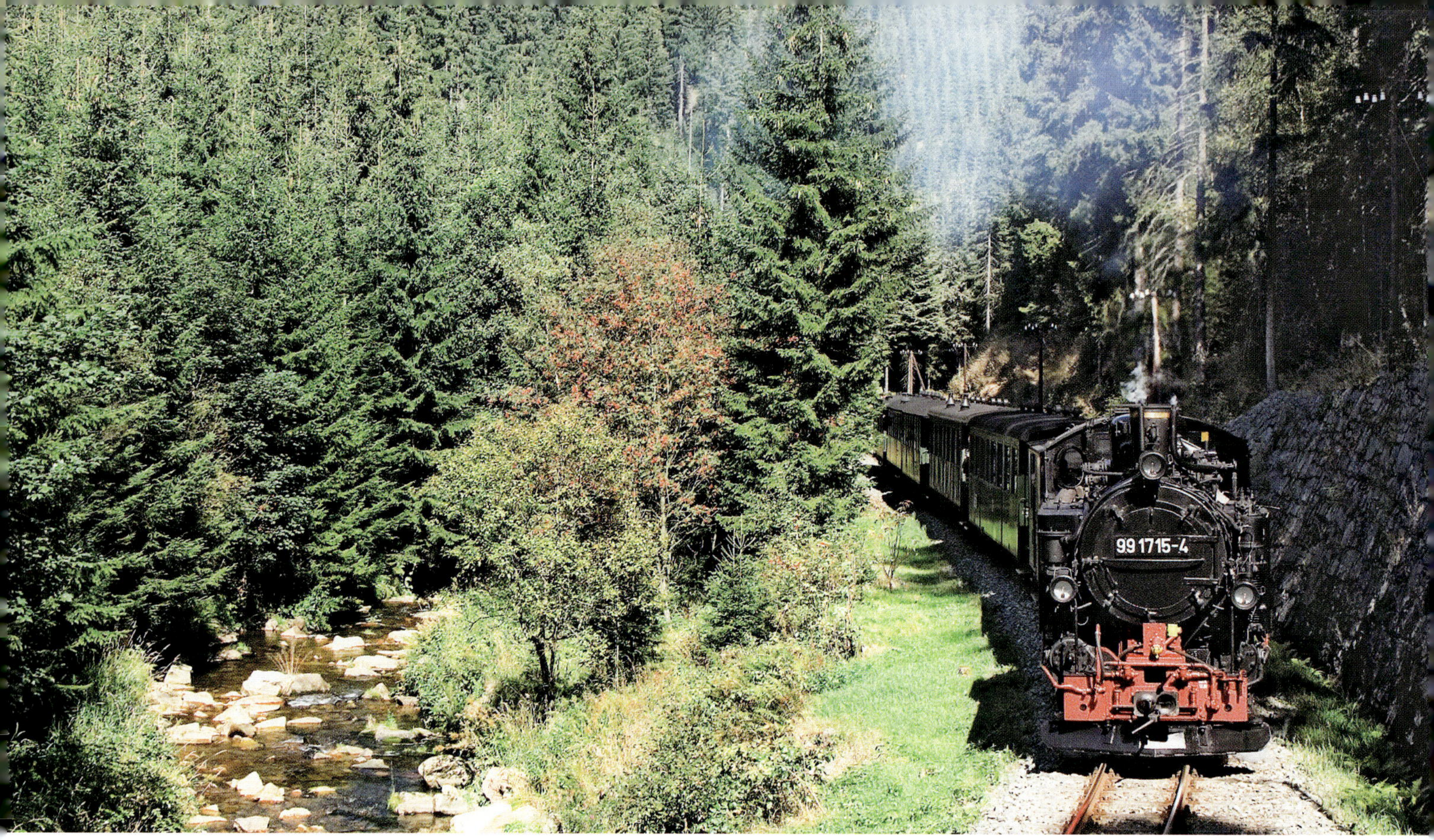
99 1715-4

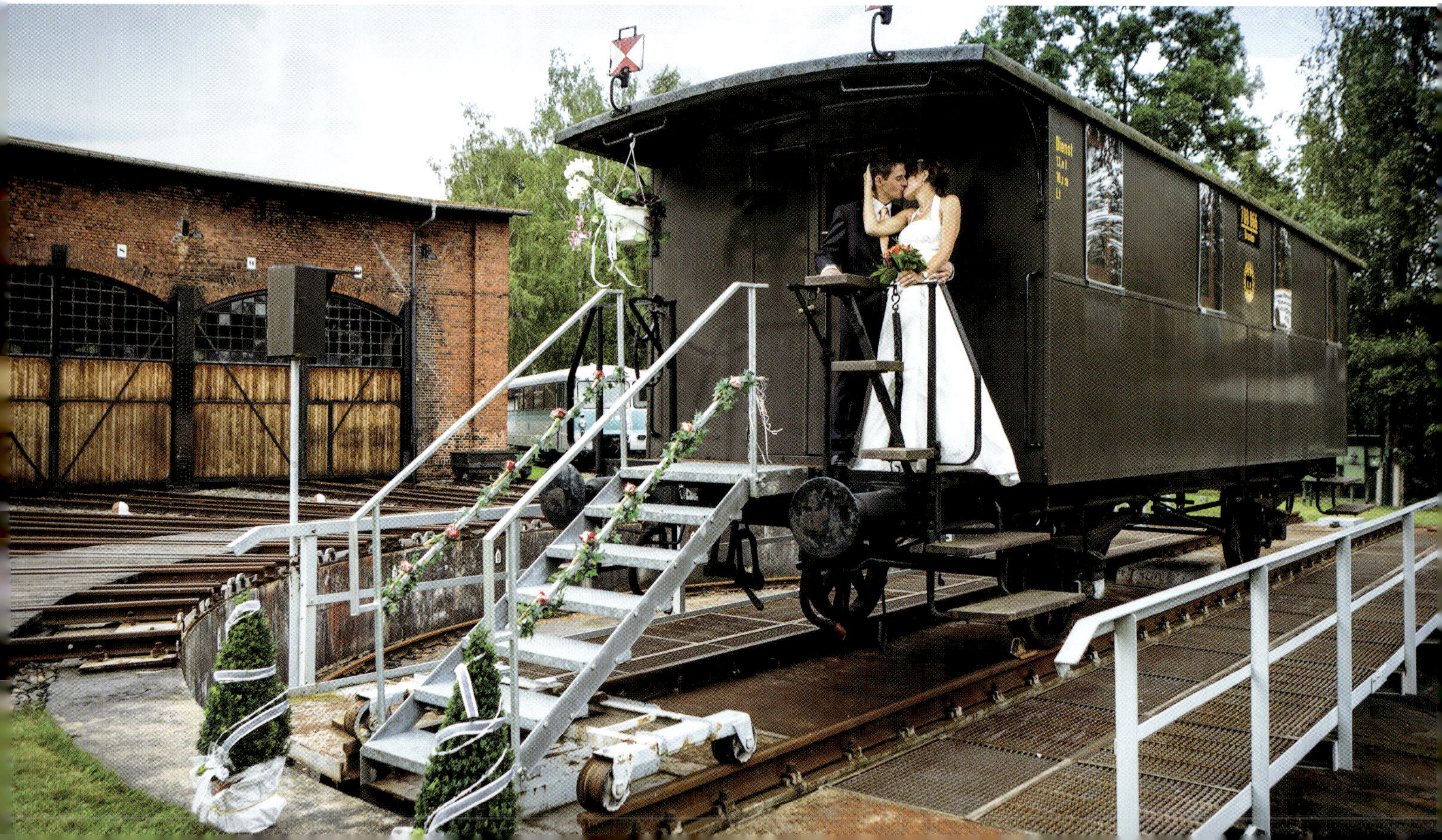

Diesellok gezogen; im Jahr darauf war es eine vereinseigene (!) unter Dampf stehende mit der Nummer 99 582. Der Aufschwung der Textilindustrie um 1850 im Raum Kirchberg bewirkte das Entstehen der mit 42 Kilometern 1881 eröffneten längsten sächsischen Schmalspurbahn. Als Auslöser galt die überaus schlechte Verkehrsanbindung der Region. Seinerzeit war wöchentlich nur vier Mal eine Botenpost nach *Silberstraße* unterwegs, heute ein Ortsteil von Wilkau-Haßlau, ergänzt von zwei Mal täglich fahrenden Postkutschen.

Sehenswerte Stationen

Mit oder ohne Dampf, es empfiehlt sich eine Reihe sehenswerter Stationen. Das *Eisenbahnmuseum Schwarzenberg*, das einzige zum Thema Normalspur, beeindruckt mit befeuerten und mit Diesel angetriebenen Loks gleichermaßen. Zu sehen sind zum anderen über 50 historische Reisezug- und Güterwagen, die zu Sonderfahrten zum Einsatz kommen, auch für Hochzeitsfeierlichkeiten. Da traut sich manche(r) gern.

Auf dem ehemaligen Bahnhof Hermsdorf-Rehefeld bei Altenberg am Kamm des Osterzgebirges erinnert ein Traditionszimmer der Eisenbahner an die Vergangenheit, im Außengelände die alte Stationsuhr, der Wasserkran und die Lichtsignalanlage. Das Museum birgt rund 400 Sammelstücke von der Uniform bis zum legendären Mitropa-Geschirr in den Speisewagen. Mitropa ist ein Akronym, abgeleitet von MITteleuROPäische Schlaf- und Speisewagen Aktiengesellschaft, das bis 2004 genutzt wurde.

Das Sächsische Schmalspurbahn-Museum Rittersgrün im Tal des Pöhlwassers nahe Breitenbrunn und Schwarzenberg besteht aus dem Bahnhof von 1889, der einstigen Endstation der 1971 stillgelegten Strecke Grünstädtel-Oberrittersgrün. Im Wartesaal erfreut sich der historische Schalter mit dem Lösen gedruckter Fahrkarten regen Zuspruchs. Lokschuppen und das Freigelände mit reizvollen Eisenbahn-Exponaten, darunter eine Zugeinheit von 1890 und ein Postwagen von 1992, mit Modellbahn-Anlagen, intaktem Läutewerk sowie Wasser- und Kohlekran ergänzen die Ausstellung.

Das Sächsische Eisenbahnmuseum in Chemnitz-Hilbersdorf, bis 1988 beheimatet im einstigen Bahnbetriebswerk für Dampflokomotiven, verfügt über 26 Ringlokschuppen mit 20-Meter-Drehscheiben. Hinzu kommen Bekohlungs- und Besandungsanlagen, Wasserkräne und eine funktionsfähige Achsensenke. Umfangreich ist der Bestand an Dampf-, Diesel- und Elektroloks, insgesamt 37. Zu sehen sind zudem 40 Personen- und Güterwagen. Angegliedert ist die sogenannte *Feldbahngruppe*. Es handelt sich hierbei um die auch Lorenbahn genannte Schmalspurbahn zur Beförderung von Holz, Gesteinen, Sand und anderen Rohstoffen. Alljährlich Ende August steht das Museum im Zeichen des großen Heizhausfestes mit der Lokparade.

Europa, Erzgebirge, Egrensis
Vom Prinzip der Partnerschaft in den deutsch–tschechischen Euroregionen

Von der Bündelung gemeinsamer Interessen angefangen bei der Umwelt bis zum Tourismus im Sinne der guten Nachbarschaft und der gemeinsamen Historie.

Es ist die Initiative von unten, die europaweit viele Väter hat: Städte, Gemeinden und Regionen, auch Vereine und Verbände. In ihrer facettenreichen Gesamtheit verbindet sie das in allen Bestrebungen verankerte Ziel zur Gemeinsamkeit über Ländergrenzen hinweg. Den Anfang machte 1958 die Euroregion Gronau längs der deutsch-niederländischen Grenze. Heute sind es hierzulande über 25, in Europa um die 160, und alle entstanden auf der Basis der Freiwilligkeit im Sinne der guten Nachbarschaft, der Förderung, des Austauschs, der Begegnung und der Bündelung gemeinsamer Interessen in vielen Bereichen. Mit einem Wort: Es gilt das Prinzip der Partnerschaft. Das wiederum ist auch im Zusammenhang mit den Erschütterungen zweier Weltkriege im Abbau von Vorbehalten und Vorurteilen gegenüber dem jeweiligen Nachbarland manifestiert. Thematische Schwerpunkte sind unter anderem die Umwelt, wirtschaftliche Weiterentwicklungen, Kulturelles, Sport und Tourismus.

Historische Städte
Neben den sächsischen Regionen Neisse-Nisa-Nysa (D, CZ, PL) und Elbe-Labe (D, CZ), siehe hierzu auch den Band *Naturjuwel Riesengebirge*, Verlag Anton Pustet, fanden 1992 beiderseits des Gebirgskamms um Fichtel- und Keilberg die Landschaften zur *Euroregion Erzgebirge-Krušnohoří* zusammen. Auf deutscher Seite ist der Landkreis Erzgebirge unter anderen mit den Städten Annaberg-Buchholz, Aue, Zschopau, Marienberg und Schwarzenberg vertreten. Im Norden schließt der Landkreis Mittelsachsen an, zu dem beispielsweise die

Städte Augustusburg, Freiberg, Mittweida und Döbeln gehören. Im tschechisch-böhmischen Bereich sind es die Kreise Most (Brüx), Chomutov (Komotau), Louny (Laun), Teplice (Teplitz-Schönau) und Litoměřice (Leitmeritz). Alle verbindet seit Jahrhunderten eine große wie wechselvolle Geschichte.

Von Aue bis Eger
Zur Gründung der ins Westerzgebirge reichenden *Euregio Egrensis* kam es 1993 zwischen Deutschland und Tschechien mit Gebieten von Oberfranken, der Oberpfalz, des Vogtlands, von Thüringen und den nordwestlichen Kreisen in Böhmen. Auf der sächsisch-thüringischen-bayerischen Seite sind zum Beispiel die Städte Aue, Plauen, Greiz, Kronach, Hof, Bayreuth, Wunsiedel im Fichtelgebirge und Schwandorf vertreten. In Tschechien gehören Karlovy Vary (Karlsbad), Tachov (Tachau), Sokolov (Falkenau an der Eger) und Cheb (Eger) zum Verbund.

Eghaland, Egire, Chebsko
Der Name dieser europäischen Region leitet sich aus dem Lateinischen als Adjektiv zu *Egra* ab, zu *Eger*, der *Regio Egire*, der historischen *Provincia Egrensis*, des ehemaligen *Egerlandes*, auch *Eghaland*, tschechisch *Chebsko*. Bewohnt war die Region bis 1945 in der Mehrzahl von sogenannten Deutschböhmen. Legendär ist die noch heute fortlebende Herstellung von Musikinstrumenten in Luby (Schönbach), gerühmt einst als das Cremona Österreichs. Unvergessen bleibt europaweit für viele Ernst Mosch (1925–1999), der Musiker und

oben: Genannt der „doppelt(e) heilige Nepomuk" in der
Nähe des Oberpfälzer Schönsees in der Euregio Egrensis.
Mal blickt er nach Böhmen, mal nach Bayern.
unten: Tschechisch-deutsches Bergwiesenlager
in der Euroregion Erzgebirge-Krušnohoří.

Komponist, auch König der Blasmusik genannt, mit
seinen *Original Egerländer Musikanten*. Der böhmische Dudelsack, der Bock, war übrigens der letzte im
deutschsprachigen Gebiet, der noch nach 1945 gespielt
wurde. Ein Blick in die Vergangenheit: In Eger wurde der böhmische Feldherr Albrecht von Waldstein
(1583–1634), tschechisch Valdštejna, von kaiserlichen
Offizieren ermordet. Friedrich von Schiller (1759–
1805), der Dichter und Historiker, setzte ihm in der
Dramen-Trilogie *Wallenstein* ein Denkmal.

Das Erzgebirge der sieben Facetten
Die montane Kulturlandschaft zu beiden Seiten des Höhenzugs

Den außergewöhnlichen, den weltweit universellen Wert repräsentiert das
Zusammenspiel zur Einheit von historischen und geografischen Gegebenheiten.

DEUTSCHE SEITE - ELEMENTE (ANZAHL DER BESTANDTEILE):

1. Montanlandschaft Altenberg – Zinnwald (7)
2. Sachzeugen der Uhrenindustrie Glashütte (1)
3. Hochmittelalterliche Silberbergwerke Dippoldiswalde (1)
4. Bergbaulandschaft Brand-Erbisdorf (3)
5. Historische Altstadt von Freiberg (2)
6. Bergbaulandschaft Himmelfahrt Fundgrube (7)
7. Bergbaulandschaft Zug (1)
8. Hüttenkomplex Muldenhütten (1)
9. Freiberger Nordrevier mit Erzkanal (4)
10. Bergbaulandschaft Gersdorf mit Kloster Altzella (2)
11. Bergmännisches Wasserwirtschaftssystem Freiberg (2)
12. Jagdschloss Augustusburg (1)
13. Kalkwerk Lengefeld (1)
14. Historische Altstadt von Marienberg (2)
15. Bergbaulandschaft Lauta (1)
16. Grüner Graben Pobershau (1)
17. Saigerhüttenkomplex Grünthal (1)
18. Sachzeugen des Kunsthandwerkes in Seiffen (2)
19. Bergbaulandschaft Ehrenfriedersdorf (2)
20. Papiermühle Niederzwönitz (1)
21. Historische Altstadt von Annaberg (1)
22. Montanlandschaft Frohnau (3)
23. Bergbaulandschaft Buchholz (3)
24. Bergbaulandschaft Pöhlberg (2)
25. Geotop Scheibenberg (1)
26. Eisenhütte Schmalzgrube (1)
27. Sachzeugen der Montangeschichte in Aue (3)
28. Schneeberger Floßgraben (1)
29. Bergbaulandschaft Bad Schlema
30. Historische Altstadt von Schnee
31. Weißer Hirsch Fundgrube (1)
32. Montanlandschaft Schneeberg (1)
33. Blaufarbenwerk Schindlers Wer
34. Bergbaulandschaft Hoher Forst
35. Bergbaulandschaft Eibenstock
36. Eisenhütte Erlahammer (1)
37. Schloss Schwarzenberg (1)
38. Sachzeugen des Uranbergbaus
39. Sachzeugen des Steinkohlenbe

TSCHECHISCHE SEITE - BESTA

CZ1. Montane Kulturlandschaft Jách
CZ2. Montane Kulturlandschaft Abertamy – Boží Dar – Horní Bla
CZ3. Roter Turm des Todes (Rudá věž smrti)
CZ4. Montane Kulturlandschaft Krup
CZ5. Montanlandschaft Vrch Mědník (Kupferberg)
CZ6. Kalkwerk in Háj bei Loučná pod Klínovcem

BESTANDTEILE DES SAMMELGUTES „MONTANE KULTURLANDSCHAFT ERZGEBIRGE / KRUŠNOHOŘÍ"

Repräsentiert wird die Montane Kulturlandschaft Erzgebirge/Krušnohoří durch 85 Bestandteile. Die Auswahl der Bestandteile erfolgte so, dass alle bedeutenden Merkmale des Erzgebirges dokumentiert und die Welterbe-Kriterien erfüllt sind.

Auf sächsischer Seite wurden 79 Bestandteile ausgewählt, die zu 39 regionalen Elementen zusammengefasst sind. Die tschechische Seite des Erzgebirges wird durch 6 Bestandteile repräsentiert.

Es waren die Silberfunde vor fast 850 Jahren, die das sächsisch-böhmische Erzgebirge prägten, tiefgreifend und nachhaltig. Sie brachten Einzigartiges hervor, zu entdecken an ungezählten Stellen und damit zum Erlebnis werdend, was bis heute allein schon das alljährlich so ganz eigene Weihnachtliche im Erzgebirge bewirkt. Im Großen und Ganzen eine montane Kulturlandschaft, die all das bündelt, was das Unverwechselbare ausmacht: Traditionen und Brauchtum, Städte und Dörfer von besonderem Reiz, Literatur, Musik, Kunst und Kultur, wissenschaftliche und soziale Wegweisungen, Bildung, Handwerk, Industrie, Hüttenwesen und Bergbau, unter und über Tage. All das erschaffen, gehegt, gepflegt und weiterentwickelt bis heute von Leuten sprichwörtlich heiteren Gemüts, dem zugereisten Fremden freundlich zugetan und Neuem durchaus in Besonnenheit aufgeschlossen.

Das Faszinosum der Idee

Das Erzgebirge, tschechisch Krušnohoří, steht als montane Kulturlandschaft auf dem Prüfstand der UNESCO mit Sitz in Paris zur Anerkennung und Verleihung des Titels zum Weltkulturerbe. Als weitgehend erfüllt gelten die gültigen Kriterien, wie beispielsweise die Integrität, betont hiermit die Unversehrtheit der Stätte(n), das Authentische, die historische Echtheit sowie Schutz und Verwaltung des sogenannten Sammelguts.

Zur Idee des universellen Erbes heißt es im Welterbe-Manual der deutschen, luxemburgischen, österreichischen und Schweizer Kommission: „Es geht bei der Welterbeliste nicht um den Reiz, den die Exklusivität einer Hitparade den Auserwählten verleiht. Das eigentliche Faszinosum der Welterbeliste ist die Idee des gemeinsamen Menschheitserbes." Dieses Faszinosum manifestieren die deutsch-tschechischen Antragsteller, Förderverein und Welterbekonvent, mit den sieben Facetten der Montanregion.

Montandenkmäler über- und untertägig

Facette eins: Vom Mittelalter bis in die jüngste Vergangenheit hinterließ der Bergbau typische Anlagen wie Fördergerüste, Schachtgebäude, Bergschmieden, Huthäuser, Schächte, Gruben und Stollen. Schmelzhütten, Montanfabriken, Poch- und Hammerwerke zeugen von der Verarbeitung der Rohstoffe in der unmittelbaren Umgebung der Bergwerke. Hüttengebläse, Wasserräder, Turbinen oder Dampfmaschinen dokumentieren neben anderem die Funktionsweisen. Voraussetzungen hierfür war die montane Infrastruktur mit entsprechender Energieversorgung, wovon die gut erhaltenen Systeme der bergmännischen Wasserwirtschaft heute noch zeugen.

Das alte Bergstädtchen Kupferberg, heute Měděnec, auf der böhmischen Seite des mittleren Erzgebirges am Fuß des Kupferhübel, des Mědník (910 m), in dem seit dem 10. Jahrhundert nach silberhaltigem Kupfererz geschürft wurde.

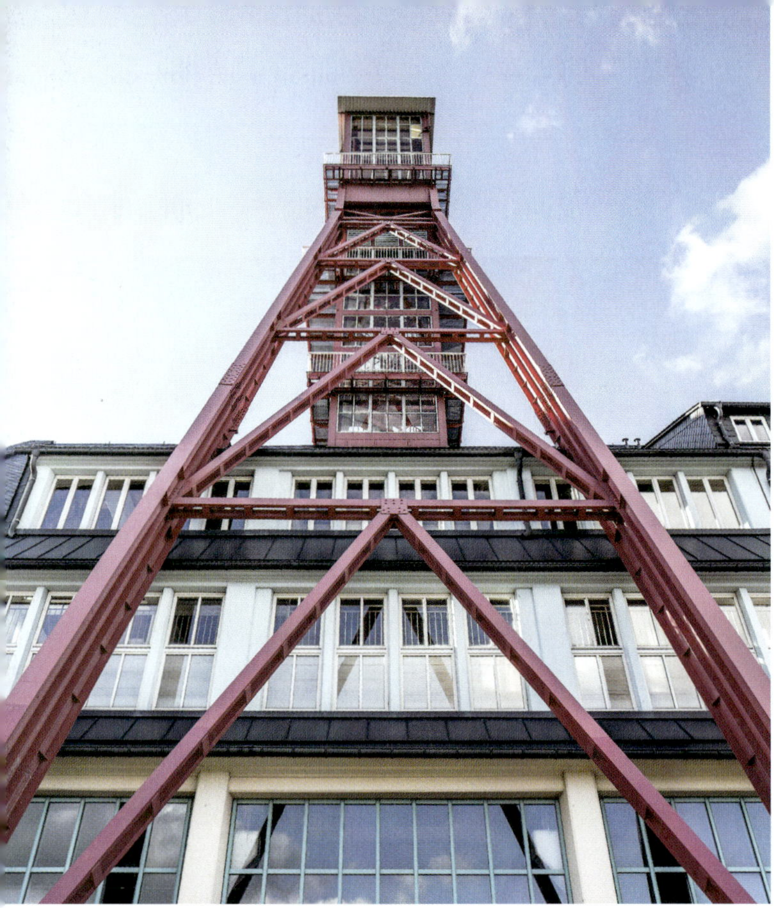

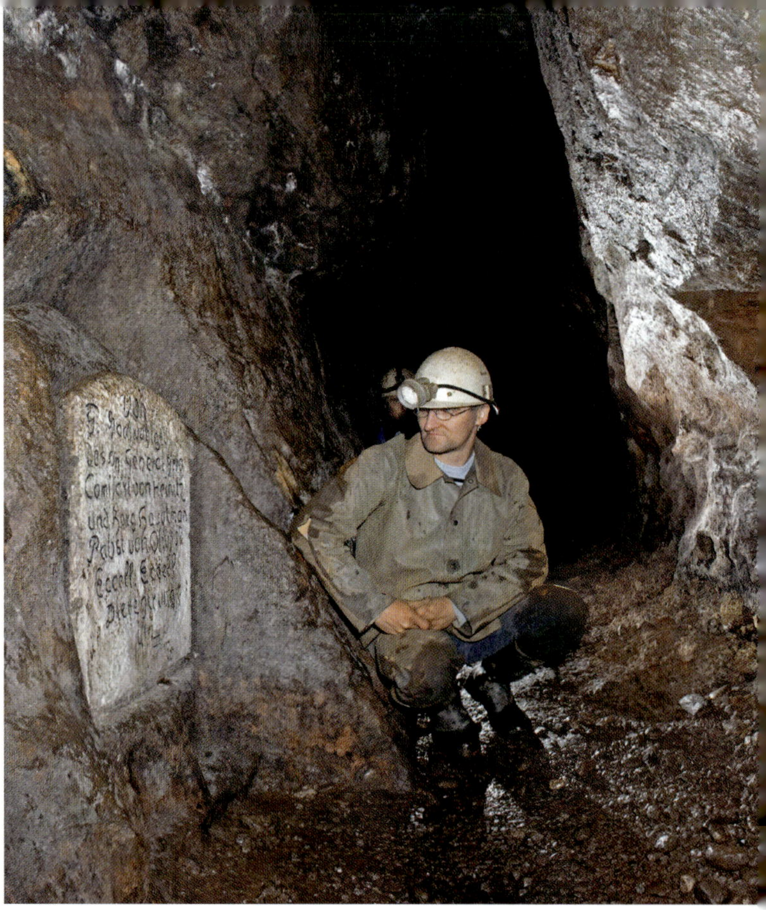

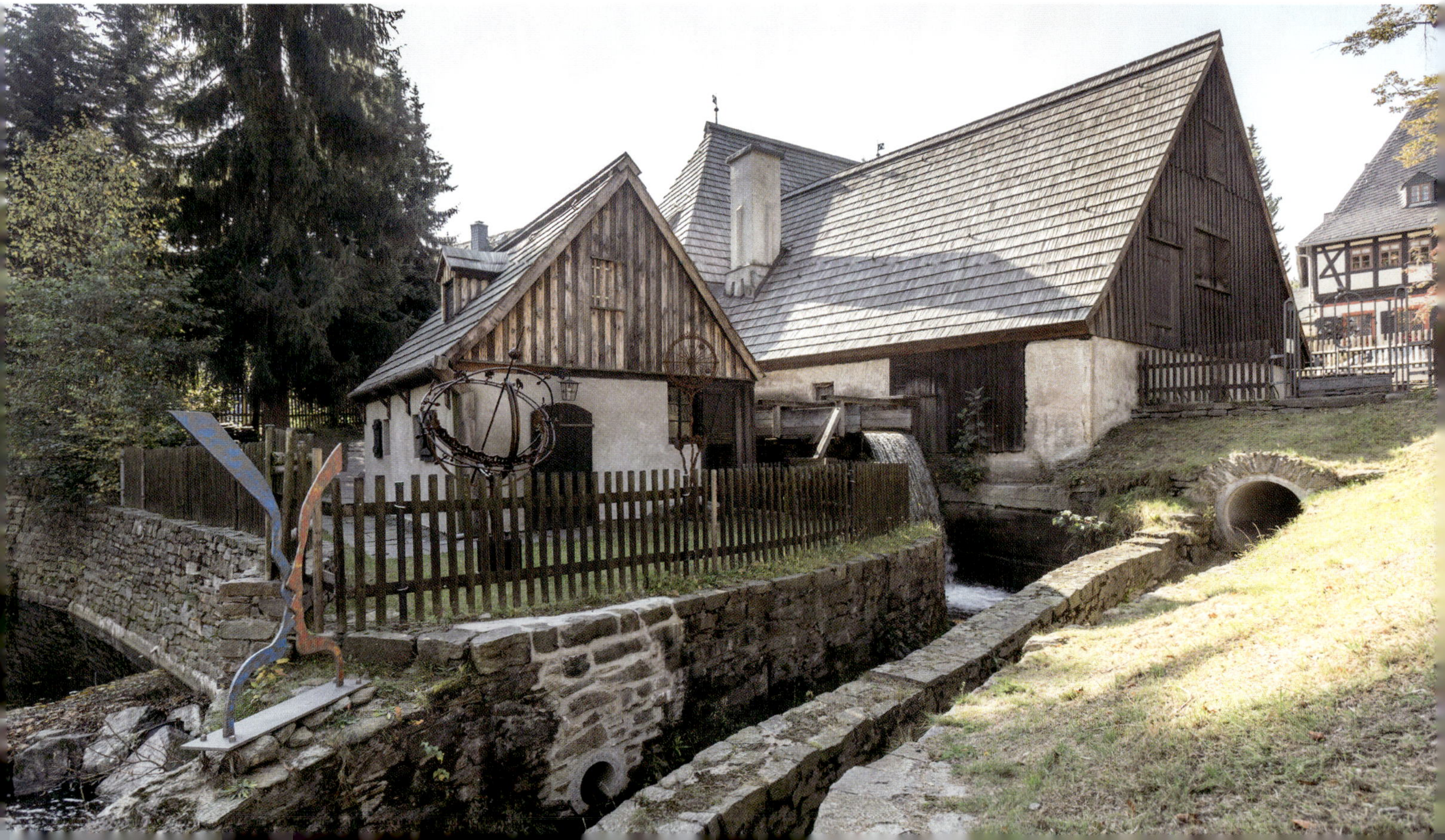

Obere Reihe: Fördergerüst in Altenberg. Schießtafel in Freiberg. Kalkbruch in Lengefeld.
Untere Reihe: Frohnauer Hammer. Deutsches Uhrenmuseum in Glashütte.

Bergbaulandschaften, Flora und Fauna

Facette zwei: Sichtbar sind die Spuren des Montanwesens, die der Landschaft den ganz eigenen Charakter verleihen. Hierzu zählen die ausgedehnten Pingen- und Halden-Areale, die Kunstteiche, Kunstgräben und die Rinnen (Röschen) zur Wasserableitung. Stichwort Pingen: Sie entstanden durch Einstürze vormaliger Schächte. Die Unterschiedlichkeit der Landschaften illustriert auf einzigartige Weise das weite Spektrum des historischen Bergbaus. Die Abraum- und Schlackenhalden wiederum erwuchsen zum Lebensraum zahlreicher geschützter Tier- und Pflanzenarten.

Nachfolgzeit, Industrie, Gewerbe

Facette drei: Im Verlauf der Jahrhunderte schwankten Erträge und Verdienstmöglichkeiten stark, was zu Neben- beziehungsweise zu Nachfolge-Gewerben führte, wie unter anderem der Produktion von Blaufarben, Argentan (Neusilber) oder Porzellan. Als wichtiger Nebenerwerb erwies sich bis heute die mit der Bergbautradition verbundene Holzschnitzerei. Neue Perspektiven eröffneten sich zwecks Behebung der Arbeitslosigkeit in Form von bergbaufernen Branchen, wie Automobilunternehmen und Uhrenmanufakturen.

Bergstädte, Siedlungen, Baudenkmäler

Facette vier: Nach dem Silber führte die Entdeckung weiterer Erzvorkommen im gesamten Erzgebirge zu einer in der Welt einmaligen montanen Siedlungs- und Stadtlandschaft. Im sächsischen Bereich kam es bis ins 17. Jahrhundert hinein zur Gründung von über 30 Bergstädten, im böhmischen Erzgebirge zu rund 20. Waren sie anfangs ungeplant angelegt, wie Freiberg und Graupen (Krupka), so standen sie ab dem 16. Jahrhundert mit den schachbrettartigen Mustern ganz im Zeichen der Renaissance in deren städtebaulicher Idealvorstellung, wie in Marienberg und Platten (Horní Blatná) zu sehen. Zahlreiche architektonisch bedeutende Sakral- und Profanbauten zeugen vom prägenden Einfluss des Montanwesens mit dem teilweise einhergehenden Reichtum. Das belegen eindrucksvoll Kirchen, Rathäuser, Adelspaläste, auch die Wohnhäuser von Bergbeamten und Bergleuten. Darüber hinaus stehen viele charakteristische Sozial- und Verwaltungsbauten aus der jüngeren Zeit des Steinkohlen- und Uranerzbergbaus unter Denkmalschutz.

Kunst, Musik, Literatur

Facette fünf: Über Jahrhunderte bildete das Montanwesen nachhaltig die wirtschaftliche Grundlage fürs künstlerische, musikalische und literarische Schaffen im Erzgebirge. Das betraf ebenso das zentrale Motiv der Darstellung in der sakralen und weltlichen Kunst. Der Bogen des Spektrums spannte sich von der Malerei, der Grafik und Bildhauerei über das Kunsthandwerk und die Volkskunst bis zur Musik und Literatur. Hierzu zählen beispielsweise die ins Bild gesetzten Darstellungen des Bergbaus auf dem 1521 geweihten Annaberger Altar, siehe hierzu auch das Kapitel *Das große Berggeschrey*. Es sind auch die Exponate in der Kunstsammlung der Wismut (Uranbergbau), die montanen Motive des sogenannten Herder-Services, des Meissner Porzellans von 1830, die prächtigen Silbermann-Orgeln. Nicht zu vergessen die frühromantische Dichtung (*Hymnen an die Nacht*) des Studenten an der Freiberger Bergakademie und Salinenbeamten Friedrich von Hardenberg (1772–1801), genannt Novalis.

Volkskunst, Brauchtum, Kunsthandwerk

Facette sechs: Ein zusätzliches oder bei Arbeitslosigkeit überlebenswichtiges Einkommen sicherten sich die Bergleute mit handwerklicher Arbeit. Das geschah auf der Grundlage berufsbedingter Fähigkeiten, Stein und Holz bearbeiten zu können. Im Mittelpunkt standen besondere Anlässe, wie der Advent und das Weihnachtsfest, sowie Motive aus der Arbeitswelt. Neben der sich zu einer einzigartigen erzgebirgischen Volkskunst entwickelten Holzschnitzerei kam die Textilherstellung mit der Spitzenklöppelei auf, ebenso die Glasmalerei und das Zinngießen. Volksdichtung und Volksmusik fußten

oben: Der Obermarkt in Freiberg.
unten: Die Bergmannskanzel in der St.-Annen-Kirche in Annaberg.

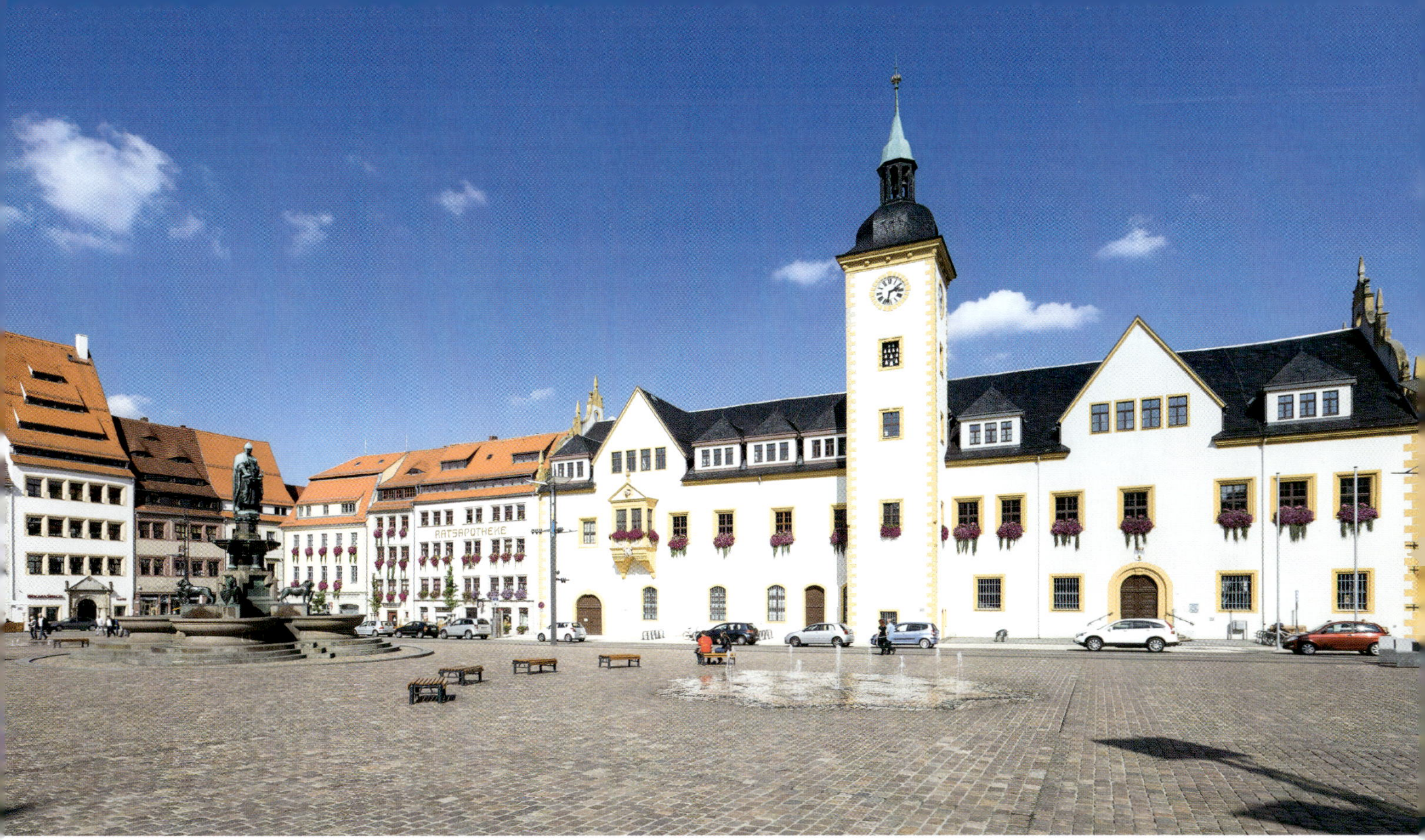
RATSAPOTHEKE

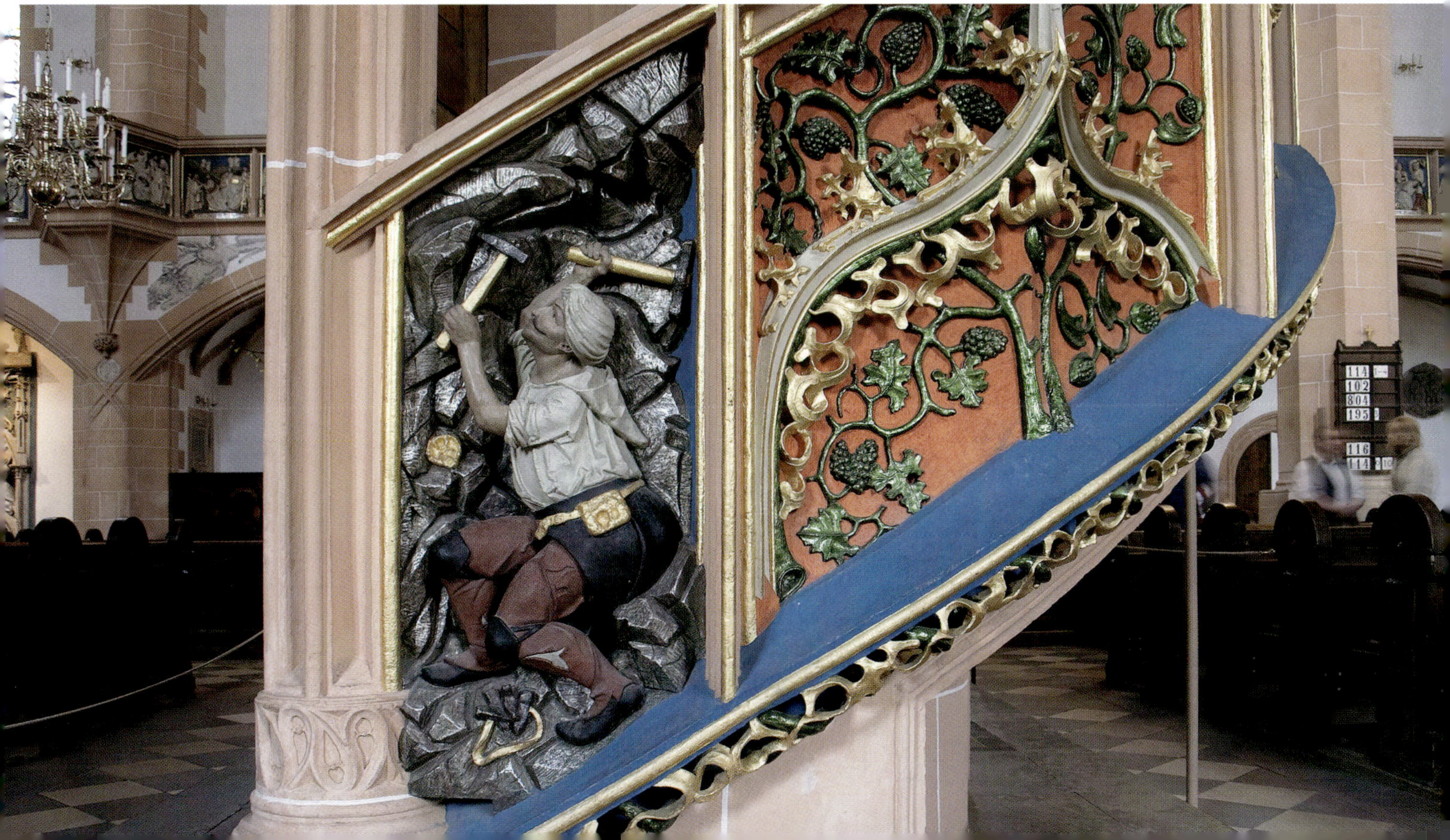

gleichermaßen im Leben und Umfeld der Bergleute. Neben den bedeutenden Sammlungen der Volkskunst ist es vor allem die gelebte Tradition der Bergaufzüge, der Mettenschichten oder der Bergsänger, die daraus entstand. Ebenfalls aus dem Bergbau hervorgegangen ist die Volkskunst in Gestalt der Räuchermänner, der Nussknacker, der Schwibbögen, der Pyramiden und der Bergmannsfiguren.

Bildung, Wissenschaft, Landespolitik

Facette sieben: Die Entwicklung der Montan- und Geo-Wissenschaften, die Entstehung eines montan-wissenschaftlichen Bildungswesens oder die ökonomische, rechtliche und verwaltungsmäßige Herausbildung des frühzeitlichen Staatswesens, zu dem trug das Erzgebirge maßgeblich bei. Eine Entwicklung, die untrennbar im Zusammenhang mit Georgius Agricola (1494–1555) steht, dem Gelehrten und Vater der Mineralogie. Er gründete die erste Montanfachhochschule der Welt 1765 in Freiberg. Er schuf mit dem erzgebirgischen Bergrecht die Grundlagen für das europäische. Das galt auch für die Entstehung eines technisch geschulten Verwaltungsapparates zur Sicherung der Einnahmequellen des sich allmählich entwickelnden sächsischen Staatswesens. Treibende Kraft des wirtschaftlichen Aufschwungs war wieder der Bergbau. Er legte den Grundstein für die heutige Struktur des Erzgebirges. Gleichermaßen trug er dazu bei, dass sich die Markgrafschaft Meißen (das spätere Herzogtum, Kurfürstentum und Königreich Sachsen) ebenso wie das anno 1085 entstandene Königreich Böhmen zu bedeutenden Regionen Mitteleuropas entwickeln konnten.

Die auf dem Bergbau beruhenden Entwicklungen beiderseits des Gebirges waren stets eng miteinander verflochten; die Landesgrenze erwies sich fürs Montanwesen als kaum von Bedeutung. Diesbezügliche Gemeinsamkeiten blieben selbst noch nach 1945 erhalten. In der letzten Periode des Bergbaus im 20. Jahrhundert gehörten hierzu die Zinnförderung im Osterzgebirge bei Zinnwald und Krupka (Graupen) sowie der Uranerzbergbau im Westerzgebirge im Raum Jáchymov (St. Joachimsthal) und Johanngeorgenstadt. Längst wird wieder gemeinsam nach Lagerstätten gesucht. Die in der sächsisch-böhmischen Region erhaltenen, sogenannten *Sachzeugen* spiegeln die aktuelle Rückbesinnung auf die große Tradition, die den Weg zur Aufnahme in die Liste des Welterbes ebnete, welche sich längst als eine einzigartige Erfolgsgeschichte erwiesen hat. „Sie basiert auf einem von nahezu der gesamten Staatengemeinschaft anerkannten Rechtsinstrument", begründet die UNESCO im Welterbe-Manual. „Dem Programm ist es gelungen, den schönen Mythos der sieben Weltwunder auf die heutige Zeit zu übertragen. Dass diese Idee ein tiefes Bedürfnis der Menschen anspricht, zeigt das große Interesse, das der Liste überall auf der Welt entgegengebracht wird."

oben: Berggottesdienst in der Kirche Mariageburt in Měděnec, Kupferberg.
unten: Längst wird wieder auf beiden Seiten des Gebirges geforscht – und das gemeinsam.

Der imposante Venussaal im Schloss Augustusburg.

Entdeckt in Seiffen: Engel und Bergmann unterm Stern.

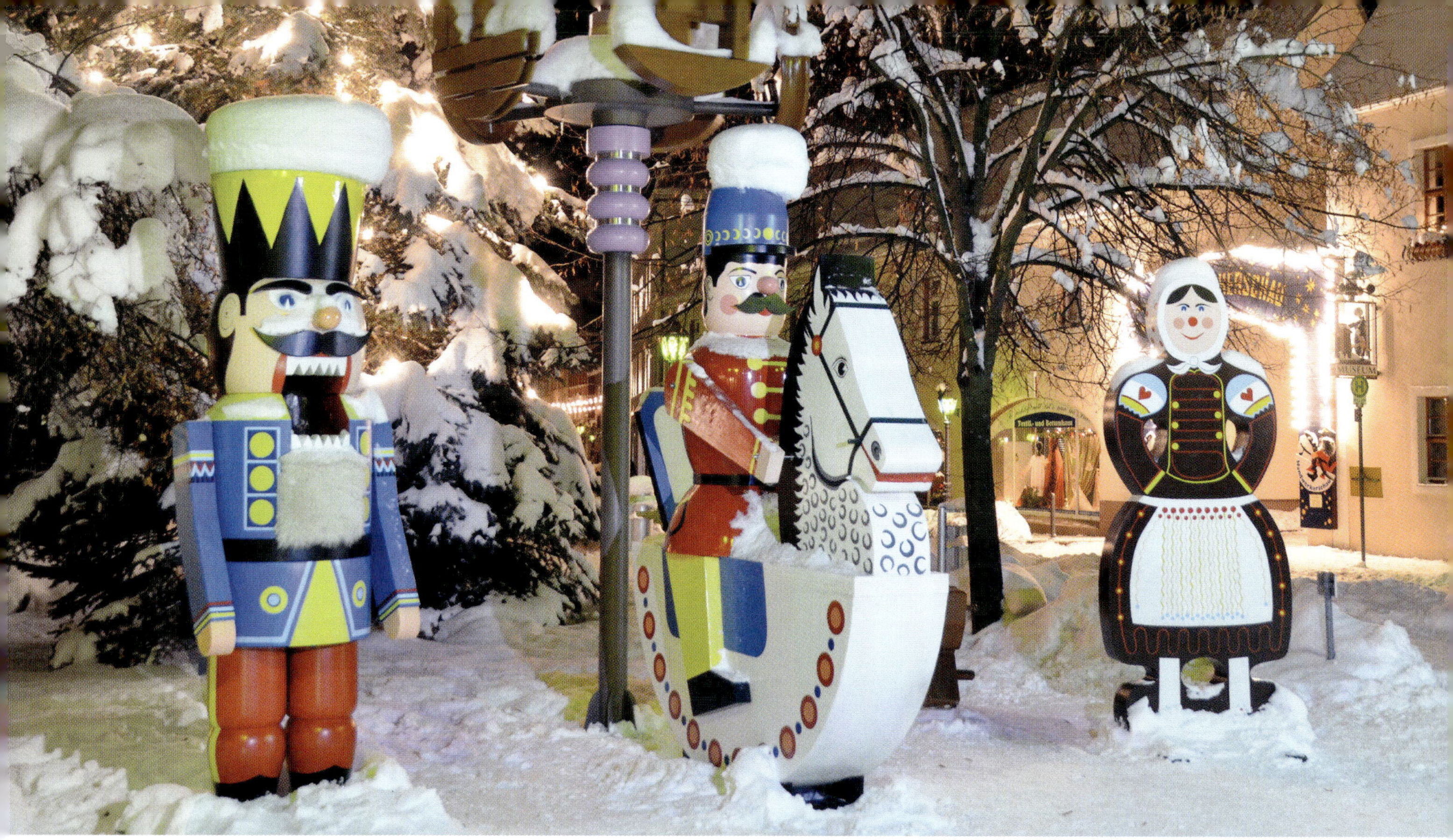
MUSEUM

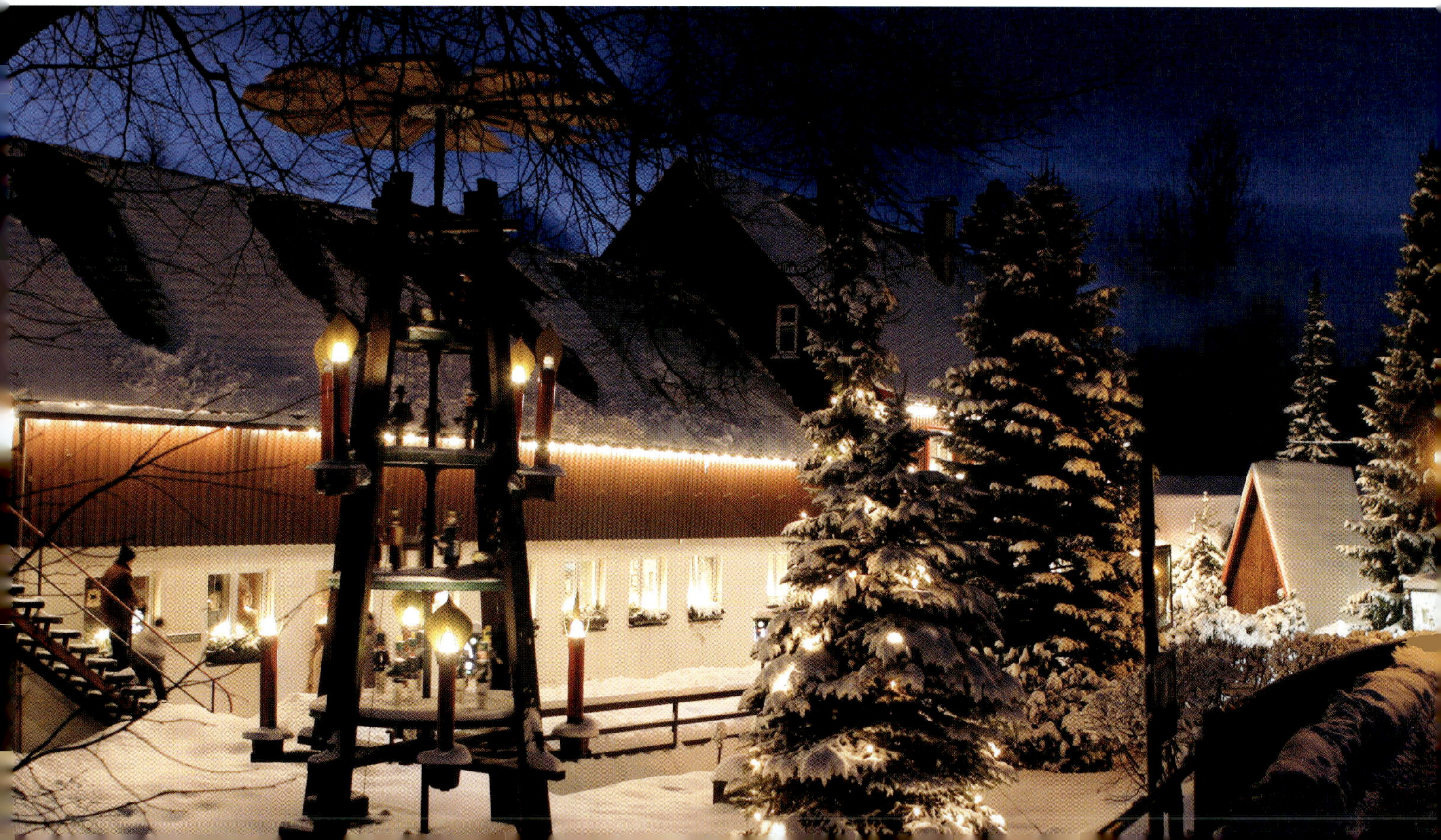

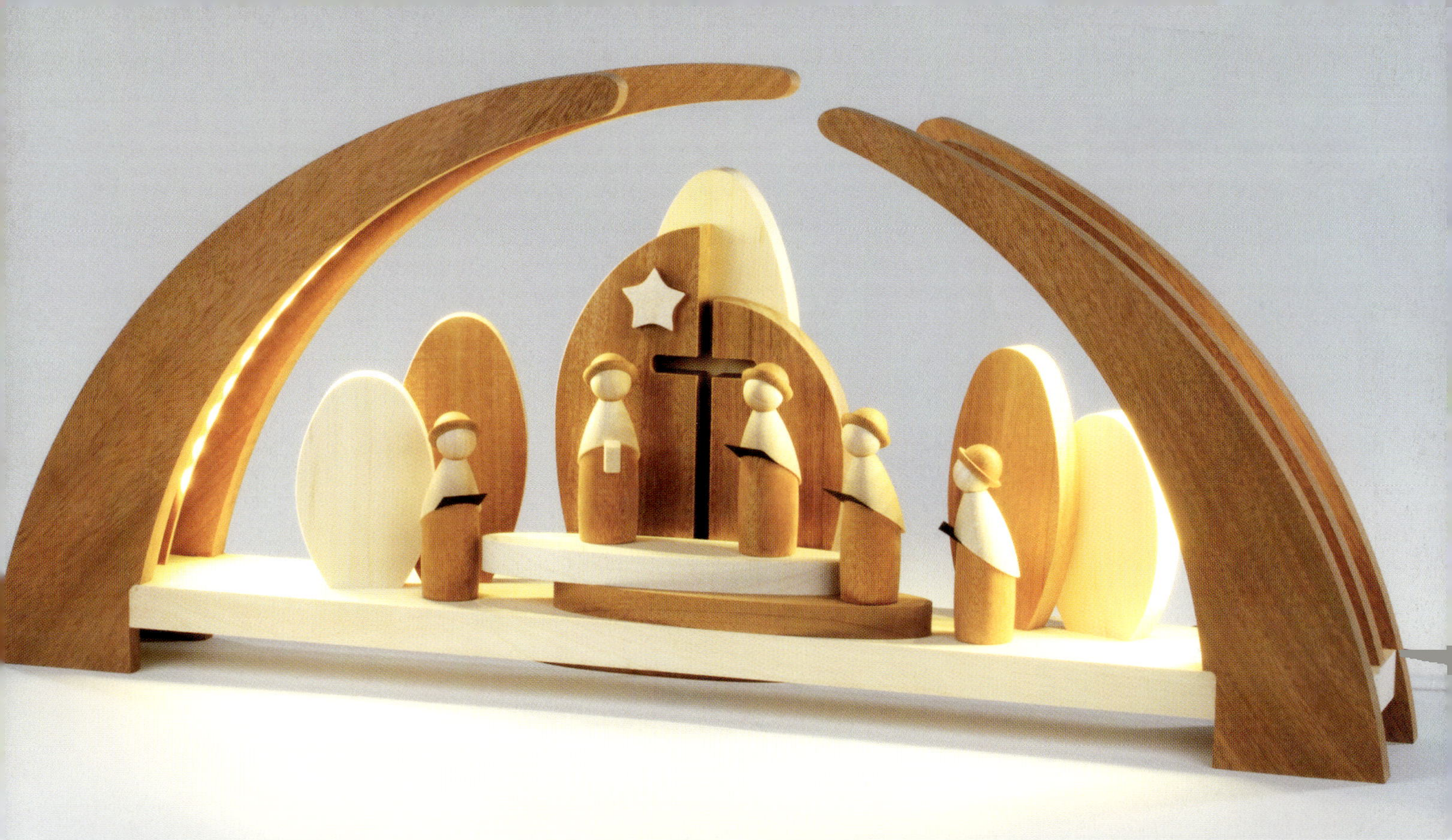

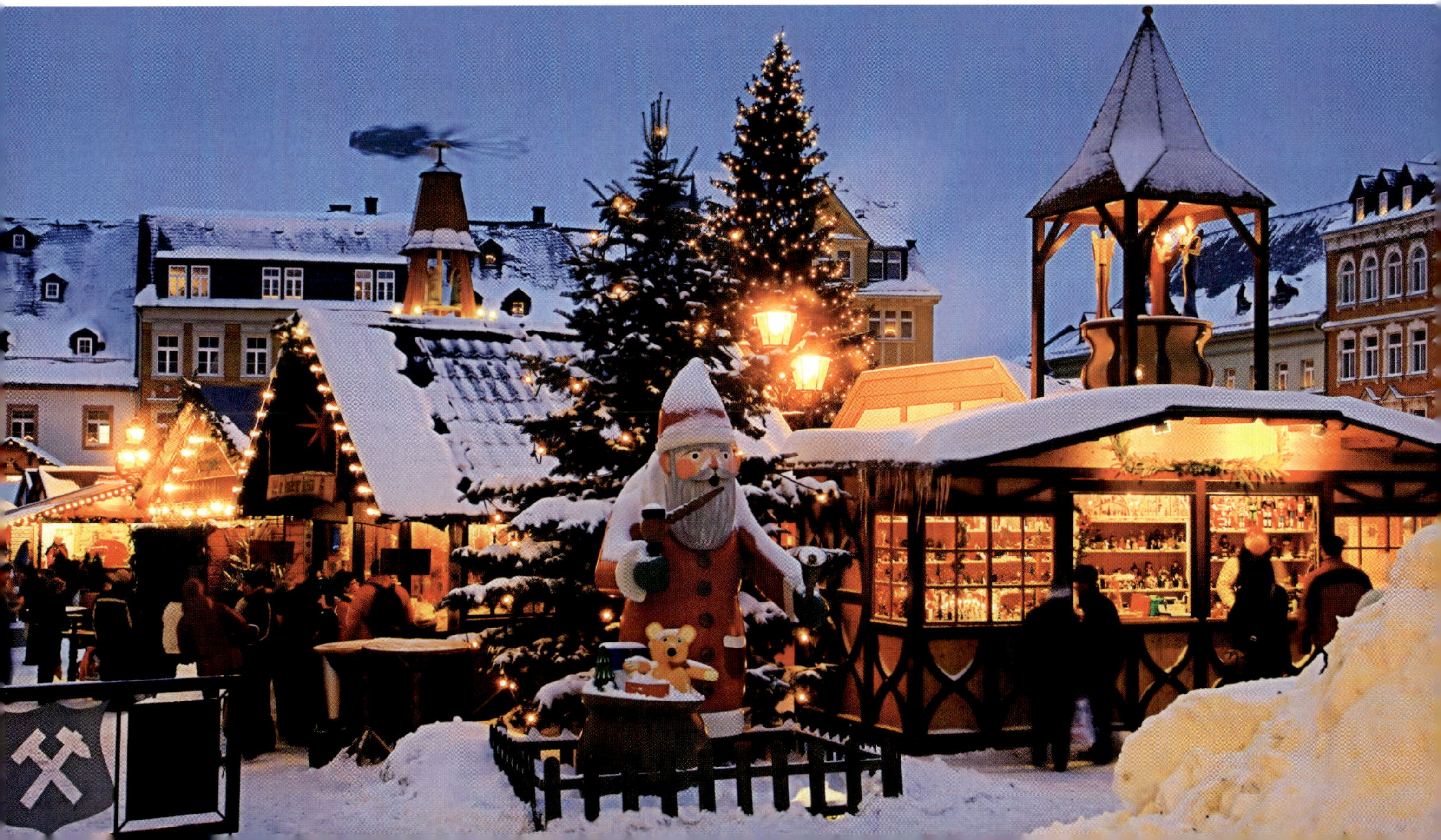

Dank allen, die zum Gelingen dieses Buches beigetragen haben

Roderich Haug, Bamberg. Helmut Grund, Annaberg-Buchholz. Ray Kunzmann, Scheibenberg. Susann Lehmann, Bautzen. Steffen Rach, Marienberg. Gunter Flath, Kurort Seiffen. Holger Kühn, Chemnitz-Kleinolbersdorf. Frieder und Tobias Günther, Crottendorf. Rainer Dohle, Annaberg-Buchholz. Julia Kauper, Wilkau-Haßlau. Tino Bellmann, Rechenberg-Bienenmühle. Michael Zachcial, Bremen. Janine Kirsch, Oederan. Dieter Uhlmann, Olbernhau. Erika Wünsch, Oederan. Steffi Mazanec, Olbernhau. Jörg Bräuer, Annaberg-Buchholz. Chris Gonz, Annaberg-Buchholz. Christian Hahn, Olbernhau. Dieter Legler, Olbernhau. Daniela Zajontz, Kurort Seiffen. Dr. Konrad Auerbach, Kurort Seiffen. René Röder, Weimar. Nicole Gräbner, Annaberg-Buchholz. Matthias Förster, Annaberg-Buchholz. Dana Trenkner, Dresden. Andreas Stein, Hartenstein. Enrico Nawrath, Berlin. Thomas Meyer, Crottendorf. Sonja Oeser und Roland Jentsch, Crottendorf. Heidrun Hiemer, Schwarzenberg. Katrin Hübner, Schwarzenberg. Frank Blechschmidt, Schwarzenberg. Beate Ebenhöh, Freiberg. Alexander Dietz, Marktredwitz. René Jungnickel, Freiberg. Annegret Münch, Annaberg-Buchholz. Annett Kannhäuser, Zwickau. Renate Recknagel, Kamenz. Zuzana Zelezna, Ostrov. Gabriele Jentzsch, Dresden. Falk Titzmann, Dippoldiswalde. Linda Knetsch, Dippoldiswalde, Juliane Herber, Frauenstein. Rudolf Vollnhaus, Zwickau.

Besonderer Dank gilt Doreen Burgold vom Tourismusverband Erzgebirge in Annaberg-Buchholz. Sie führte die Städte und Ortschaften an der Silberstraße in diesem Buch zusammen und sorgte in einem hohen Maß für die attraktive Illustration. Matthias Voigt vom UNESCO-Welterbe-Projekt „Montanregion Erzgebirge" in Annaberg-Buchholz vermittelte eindrucksvoll das weltweit einmalige Erscheinungsbild des Höhenzugs zwischen Sachsen und Böhmen mit all seinen Facetten.

Zu danken ist Gerald Klonner, der als österreichischer Verleger dem deutschen Weihnachtsland ein Denkmal setzte. Nicht zu vergessen die angenehme Zusammenarbeit mit Nadine Löbel, Grafik und Produktion, und Dorothea Forster, Lektorat.

Ulrich Metzner

Bildnachweis

Adam-Ries-Bund, Annaberg-Buchholz: 118; Altenburg Tourismus GmbH: 115–116; ASL Schlossbetriebe: 152; August Horch Museum Zwickau: 124–125; Bergstadt Scheibenberg: 90; Frantisek Bina: 143; M. Borrmann: 146–147, 149, 150; BUR Werbeagentur GmbH: 25, 55, 128; Alexander Dietz: 143; Marcel Drechsler: 56; Dresden Marketing GmbH: 10, 110; Gunther Flath, Seiffen: 50; Förderverein Schloss Schlettau e.V.: 91; Förderverein Schloss Schlettau/Alexander Stoll: 134; Foto-Weigel, Schwarzenberg: 131; Matthias Förster: 76–77, 79; Fotosammlung Frank Nestler: 129; R. Gaens: 17, 29–31; Gemeinde Bad Schlema: 84; Gemeinde Raschau-Marksbach: 89; Gemeindeveraltung Pfaffroda: 103; Uwe Gleißberg: 62–63; Chris Gonz/Jörg Bräuer: 74–75; Chris Gonz, Manfaktur der Träume: 34–35; Frank Graetz: 16, 23, 139–140; Große Kreisstadt Annaberg-Buchholz: 92; Gabriele Günther. Neuhirschstein: 156; Tobias Günther: 41; Kristian Hahn, Olbernhau: 156; Tilo Harder: 109; HODREWA Legler. Kunstgewerbe Werkstätten Olbernhau. Hobler, Grünheinichen: 64–65; Hotel Saigerhütte: 101; René Jungnickel: 114; Manja Kraus-Blechschmidt: 87, 129 (unten); Ustecky Kray: 144–145; J. Kugler 147, 149, 150; Holger Kühn: 40; Ray Kunzmann. Rainer Dohle: 52; Uta Lares-Büttner: 96; Manfred Lohse: 97; Bernd Maerz: 44; Uwe Meinhold: 11, 37, 45; Mestsky urad Ostrov: 113; Thomas Meyer, Crottendorf: 127; Ulrich Möckel: 150; Detlev Müller: 150; Müller Kleinkunst, Seiffen: 27; Raupp. Reprints Karl-May-Verlag, Bamberg/Sandra Müller: 60–61, 63; Enrico Nawrath: 46; Projektmanagement UNESCO-Welterbe-Projekt Montanregion Erzgebirge: 144; Annaberg-Buchholz Firma Reichelt-Pärnt: 102; René Röder: 51, 79, 122; Lars Rosenkranz: 83; Eva Schalling: 67–69; Schlossbetriebe/Die Sehenswerten Drei: 8–9, 132; Wolfgang Schmidt: 17, 43–44, 135; Schutzverband Dresdner Stollen e.V.: 57; www.shutterstock.com: 13; Silbermann-Museum, Frauenstein: 120; Stadt Brand-Erbisdorf: 104; Stadt Dippoldiswalde: 107; Stadt Hartenstein: 117, 123; Stadtverwaltung Freital: 108; Stadtverwaltung Hartenstein: 137; Stadt Kurort Oberwiesenthal: 93; Stadtverwaltung Marienberg: 99; Stadtverwaltung Schwarzenberg: 131 (oben); Stadtverwaltung Wilkau-Haßlau: 82; Marcel Stöckel: 95; Studio2media: 33, 51, 140; Wolfgang Thieme: 21, 49, 105; Tourismusverband Erzgebirge: 6-7, 10, 12, 15, 18–19, 73, 80, 112, 153, 154, 157; Verband des Erzgebirgischen Kunsthandwerks: 4; Sandra Wermes: 38–39; Lutz Zimmermann/ASL-Schlossbetriebe: 121, 132–133.

Quellenverzeichnis

Seite 19: Schreyer: Dar Vuglbärbaam. Keller: Klarheit über den Vuglbeerbaum. Erzgebirgische Heimatblätter 5/1980.
Seite 20: „Wir sind's, die ins Verborg'ne dringen ..." Clausthaler Kommersliederbuch, Bremen.
Seiten 22, 54 und 57: Heiligobndlied. Deutsches Volksliederarchiv, Bremen.
Seite 25: Max Wenzel: Erzgebirgsbücher, Graser 1910.
Seiten 25, 27 und 37: Erich Lang, Mundartdichter. Quelle: Lutz Lang, 2015/Wikipedia.
Seite 28: Heinrich Hoffmann: König Nussknacker und der arme Reinhold. Inselverlag, 1994.
Seite 42: Glückauf, der Steiger kommt. Deutsches Volksliederarchiv, Bremen.
Seite 46: Döring: Bergmannsgruß. Deutsches Volksliederarchiv, Bremen.
Seite 46: Theodor Körner: Deutsches Volksliederarchiv. Wikisource: Körner - Quellen und Volltexte.
Seite 47: Steigermarsch. Deutsches Volksliederarchiv, Bremen.
Seite 51: Hutznlied: Anton Günther, Verlag J. Günther, 1898.
Seite 54: Christian Gottlieb Wild: Churfürstlich-Sächsischer Hof- und Staatskalender, 1799.
Seite 58: Franziskus von Assisi. Franziskus-Quellen, Kevlaer, 2009.
Seite 59: Schramm. Mario Kaden: 's Kleene Getuh, Altis Verlag, 2005.
Seite 60: Erzgebirgische Dorfgeschichten: Reprints der Karl-May-Gesellschaft, Bamberg.
Seite 61: Weihnachtsabend. Schmidt: Anhang des Reprints Weihnacht, Karl-May-Verlag, Bamberg.

Weitere Titel unseres Autors Ulrich Metzner:

Mythos Berchtesgadener Land
Von Menschen, Ereignissen und der Majestät der Natur

Mystisch, menschlich, majestätisch
Das ins Salzburgische ragende Berchtesgadener Land mit Deutschlands einzigem alpinen Nationalpark in Bayerns südöstlichster Ecke – das ist vor allem die umgebende atemberaubende Natur von voralpin bis hochalpin, vom lieblichen Rupertiwinkel bis zum Königssee, überragt von der alles beherrschenden Majestät des Watzmann-Massivs, des Berchtesgadener Schicksalsberges mit der berüchtigten Ostwand und ihren Helden von einst und heute.

Das Berchtesgadener Land fasziniert mit einer Vielfalt an Sehenswertem zu allen Jahreszeiten, gerühmt als „Oberbayerns touristisches Highligh". Hierzu zählen unter anderem das auf einem Felsensporn thronende Kehlsteinhaus, der zur reizvollen Normalität (zurück-)geführte Obersalzberg, Deutschlands einziger alpiner Nationalpark, das Berchtesgadener Königliche Schloss, die Präsenz des Salzes als das „Weiße Gold" nicht nur im Bergwerk, und Bad Reichenhall, die Kur- und Kulturstadt.

144 Seiten, 21 x 24 cm, Hardcover
durchgehend farbig bebildert
ISBN 978-3-7025-0758-9, EUR 25,–

Naturjuwel Riesengebirge
Geschichte und Geschichten eines sagenumwobenen Höhenzugs

Von Bergen, Tälern und der Sagenfigur Rübezahl
Beiderseits der 1602 Meter aufragenden Schneekoppe, Mitteleuropas höchster Erhebung nördlich der Alpen, ist er seit urdenklichen Zeiten gegenwärtig – der Herr der Berge, Rübezahl. Als Mythos führt er auf der schlesisch-polnischen Seite ebenso wie auf der böhmisch-tschechischen zurück in die raue Einöde voller Gefahren von einst. Ein Mythos, der Grenzen überwand, der Slawen, Deutsche, Österreicher und Älpler in Jahrhunderten Geschichte(n) schreiben ließ.

Grandios das Riesengebirge und die Schneekoppe als Quellberg der Elbe, die Tschechien und Deutschland auf 1094 km durchströmt. Sie bedeuten die Entdeckung romantischer Täler, wild rauschender Wasserfälle und verwunschener Seen, einer unvergleichlichen Bergwelt und das zu allen Jahreszeiten. Und über allem steht das geflügelte Wort von der zaubermächtigen Sagengestalt, verborgen inmitten bizarrer Felsformationen: „Es grüßt euch viel Tausend Mal, der Herr der Berge – Rübezahl!"

144 Seiten, 21 x 24 cm, Hardcover
durchgehend farbig bebildert
ISBN 978-3-7025-0747-3, EUR 25,–